KB178804

중국인의 성(性)풍속

이명수 지음

성(性)과 역사는 지배 권력에 의하여 세밀하게 조작되고
걸러져 왔다. 지배 권력의 인식에 따라 성풍속은 색깔을 달리한다.
중국의 성과 역사가 어떻게 변천해 왔는가를 우리 문화와 비교하여
검토하면 흥미롭고 유익한 사색(思索)이 될 것이다.

지성문화사

■책머리에

소설가에게 있어서 남자와 여자는 중요한 작품소재임과 아울러 영원한 탐구의 대상이다. 작품을 위해서는 다양한 개성과 복잡한 심리를 가진 온갖 유형의 여자와 남자가 필요하고, 그들의 삶 속에서 소설가는 살아가고 있다.

소설가는 작품 구상을 위하여 인물·사건·배경을 생각한다. 어떤 문화·사회적인 현상과 인간 관계를 좇다보면, 그 밑변에 이르러 필연적으로 만나게 되는 문제가 에로스이다.

'에로스(eros)'하면 우리는 흔히 색정적(色情的)·성욕적인 연애, 곧 섹스를 연상한다. 그래서 봉건 윤리가 잔존하는 우리 사회에서 에로스는 무수한 오해와 공정하지 못한 평가를 받아왔다.

본디 에로스는 숭고한 것이다. 우리가 인간으로 존재할 수 있는 것이 에로스로부터 비롯되었다는 것을 상기한다면 이론의 여지는 없다. 사랑하는 두 남녀, 부부간의 섹스는 그 자체로 신성한 것이며 당당하고 자연스러운 욕구이다.

그러나 성(性)은 가장 숭고하면서도 가장 추악하게 소모될 수 있는 속성을 지닌다. 섹스가 지닌 쾌락성 때문이다. 성이 합법적으로 사용될 때 그것은 아름답고 창조적인 것이지만,

성이 불법적으로 사용될 때는 인간의 마음과 육신을 썩게 만든다.

모랄이 없는 쾌락주의는 존귀한 인간성의 조종(弔鐘)이다. 인간에게서 인간성이 사라지면 동물 중에서도 가장 추악한 동물의 격으로 전락한다. 모랄이 없는 쾌락주의가 인간을 얼마나 타락의 심연(深淵)에 밀어넣으며, 얼마만큼의 추악한 비극을 잉태하는지를 오늘날 우리는 피부로 느낄 수 있다.

쾌락의 산물로 출생하여 버림받는 사생아들이 제멋대로 성장하여 복수의 칼날을 갈고 있다.

사악한 낙태 행위가 어두운 곳에서 성행하고 있다.

'신(神)의 형벌이라 일컫는 에이즈(AIDS) 환자가 기하급수적으로 늘어나고 있다. 그들 중의 일부는 동물처럼 섬뜩한 눈을 번뜩이며 죽음의 동반자를 찾기 위해 거리를 어슬렁거리고 있다.

하루가 멀다하고 치정(癡情) 사건이 벌어진다.

우리 주위에는 에로스의 비극에 우는 사람들이 참으로 많다. 성의 해방이 어쩌고, 인생을 즐긴다는 것이 저쩌고 하면서 방탕을 일삼다가 비참한 상황에 처하고나서야 후회하는 가련한 인생들이 허다하다.

우리는 이미 성적 메타포의 범람 속에 살고 있다. 자본주의 이념 아래 신문·방송·영화·출판 등의 대중매체에서 성이 상업화되고, 예술과 표현의 자유라는 미명 아래 성은 유희적이면서 쾌락적인 방향으로 치닫고 있다.

음성적으로 성행하던 성문제가 양성화되어 자유롭게 토론된다는 사실 자체는 나쁘지 않다. 그것이 올바른 방향으로만 전개된다면, 필요 이상으로 과장되고 왜곡된 성관념을 바로잡는 데 큰 역할을 담당할 것이다.

문제는 성을 불량한 의도로 이용하는 데 있다. 교활한 무리들이 생식기 위주의 성을 상품화한다. 불륜·탈선·매춘·변태·환각 섹스 등을 인간의 본능적 욕망이라고 살살 부추긴다. 도대체가 구역질나는 반인륜적 행태를 여러 가지 이유를 들어 합리화시킨다.

인간의 성에는 자유와 의무가 있다. 이 두 가지 요소를 수반하지 않는 성은 어느 경우를 막론하고 동물적이다. 동물들에게는 성적 자유가 거의 없다. 발정기에 한정되고, 발정기가 되면 본능에 의해 자동적으로 교미하게 된다. 이런 이유 때문에 성교의 형식은 미리 정해져 있으며, 그것을 배울 필요나 선택할 여지는 거의 없다. 이를테면 전세계 개들의 교미 방법은 예나 지금이나 변함이 없고 일률적이다.

동물의 교미는 기본적으로 생식작용을 위해 행해진다. 그러나 인간에게는 많은 선택의 자유가 있다. 하는 것과 하지 않는 것을 스스로 결정하고, 그 결과에 대해서는 전적으로 책임을 져야 하는 것이 인간의 성이다.

인간의 삶에서 성이 차지하는 지위와 영향은 실로 막대하다. 성은 가정을 이루고, 사회를 지탱시키며, 국가를 이끌어 나간다. 따라서 포괄적인 의미에서 성은 곧 인간 존재의 의의이며, 역사 그 자체이다.

성을 바라보는 세계의 시각은 다양하다. 비교적 자유롭게 허용하는 나라가 있는 반면에 상대적으로 규제가 심한 나라도 있다. 우리 나라는 후자에 속한다.

미국을 비롯한 서구 여러 나라에는 공인된 나체촌이 있다. 그곳에서는 나체주의자들이 적나라한 알몸으로 자유롭게 생활한다. 또한 거의 모든 분야에서 성의 표현이 방종을 느낄만큼 자유롭다. 네덜란드나 영국에서는 동성연애자들이 광고에 버젓이 등장하고, 프랑스·일본 등의 나라에서는 섹스숍(Sex Shop) 등이 성행하고 있다.

성은 한 사회의 내면 풍경을 설명한다. 그렇다면 성의 표현이 자유로운 나라의 성도덕은 문란하고, 억압된 나라의 성도덕은 건전한가? 그것은 아니다. 성의 표현이 자유로운 나라의 성도덕이 심각할 정도로 타락의 지경에 처해 있는 것은 아니며, 우리처럼 억압한다고 해서 건전한 성도덕이 유지되는 것은 아니다.

성을 바라보는 시각은 다분히 주관적이다. 시대와 사회에 따라, 사람에 따라 그에 대한 해석을 달리한다. 그러므로 성에 대하여 절대 기준을 설정한다는 것 자체가 불가능하다.

지구상에 존재하는 나라는 저마다 독특한 성풍속을 유지하고 있다. 그 나라에서 행해지는 다양한 풍속은, 적어도 그 나라 사람들에게는 자연스럽다. 그러한 풍속을 자연스럽게 받아들이게 되기까지는 그들 나름대로의 진통을 겪었을 것이다.

크고 작은 진통을 겪으면서 역사적·사회적인 적응 기간을 거친 후에 그들의 풍속으로 형성된 것이다.

그러한 풍속을 두고 우리가 왈가왈부할 일은 아니며, 우리의 도덕 잣대로 잴 일도 아니다. 그들의 풍속은 그들에게 의미가 있고, 우리의 풍속은 우리에게 의미가 있는 것이다.

풍속은 서서히 변해간다. 절대 불변하는 풍속은 없다. 작금은 서양의 풍속이 세계의 풍속을 주도하고 있는 듯한 느낌이지만, 미래에는 동양적인 풍속이 세계를 주도할 것임은 틀림없다. 이런 것을 '풍속의 윤회성'이라 할 수 있을 것이다.

생명의 원동력인 성풍속을 역사적으로 개관하면 시대에 따라 끊임없이 부침하며 변천했다는 것을 알 수 있다. 금세기에 들어와 기승을 부리는 프리 섹스를 놓고 보더라도, 이미 오래 전 동양에서 성행했던 풍조 중의 하나이다.

유행을 놓고 보더라도 그렇다. 요즘 '한다 하는' 서양 여성들 모두가 옛날 동양에서 유행했던 것을 재탕(再湯), 삼탕(三湯)으로 우려내어 써먹고 있다.

중국 한(漢)나라 때, 손수(孫壽)라는 독창적인 패션 대가(大家)가 있었다. 이 여인은 '수미(愁眉)'라는 화장법을 개발했다. 눈썹을 다 밀어내고 청색이나 검은색의 먹으로 눈썹을 새로 그리는 화장법을 말하는데, 어쩐지 쓸쓸해 보이기 때문에 '수미'라고 불렀다.

근간에 이탈리아 출신 영화배우 소피아 로렌이 '수미'라는 화장법을 도용하여 세계적으로 유행시켰다. 1900여 년 전에 유행했던 중국의 화장법이 오늘날 다시 각광을 받은 것이다.

허리가 부러질 듯 한들한들, 엉덩이는 엉덩이대로 이리저리 흔들리는 마릴린 먼로의 도발적인 걸음걸이도 역시 중국의 손수가 창안한 '절요보(折腰步)'이다.

이렇게 따지자면 현재 유행하고 있는 것들 중에서 독창적인 것은 거의 없다. 어느 시대에선가 이미 유행했던 것이 돌고돌아 다시 표면으로 드러난 것이다.

성은 중요한 문화현상이다. 한 민족의 문화와 국민성을 근본적으로 알려면 그 나라 남녀간의 관계를 아는 것이 무엇보다 선행되어야 한다.

필자는 한국 정신문화의 근간을 탐구하는 과정에서 성과 문화의 함수관계를 인식했고, 그 결과 《한국인과 에로스》를 펴냈다.

본서는 《한국인과 에로스》를 정리·해석하면서 얻어진 부산물이라 할 수 있다. 우리 나라는 고대로부터 중국과 문화적·사상적으로 밀접한 관계를 맺어 왔다. 그러므로 우리의 전통문화를 연구하려면 중국의 전통문화와 비교 연구하지 않을 수 없다.

문화 수준이 높았던 중국인은 일찍부터 성문제에 큰 관심을 보였고, 성을 중시하여 숭배했다. 중국 사상의 양대 산맥이라 할 수 있는 유가(儒家)와 도가(道家) 사상은 모두 성을 중시하는 입장에 있다. 유가의 자손 중시와 조상숭배사상 이면에는 생식숭배의 관념이 깊숙이 침투되어 있고, 도가의 자연주의 사상도 성을 자연의 한 흐름으로 이해하는 강한 인간적 색채가 흐르고 있다.

이런 사상적 바탕에서 송나라 이전까지 중국의 성과학은 자유롭게 논의되고 세밀하게 연구되어 깊이 있게 발달하였다.

중국에서 성이 본격적으로 억압되기 시작한 것은 송나라 때 신유학(新儒學 ; 성리학)이 일어나고부터이다. 송 왕조가 백성을 통치하기 위한 수단으로 엄격한 유교 윤리를 강화하여 그것을 지키도록 강요한 것이다.

중국에서 봉건적인 성윤리가 무너진 것은 1919년 5·4운동을 전후해서이다. 새 중국에 들어와서 중국은 "시대가 달라졌으니 남녀는 똑같다. 남자가 할 수 있는 일이면 여자도 할 수 있다. 여성도 하늘의 절반을 받칠 수 있다."는 의식 아래 남녀가 평등하다는 사상이 깊이 뿌리를 내리고 있다.

필자는 여러 차례의 중국 기행 중 몇몇 가정을 방문하여 그들의 생활상을 유심히 살펴보았다. 농촌에서는 아직도 남

존여비의 봉건 유풍이 그런대로 남아 있지만, 도시의 가정
에서는 아내와 남편의 균형이 적절히 조화를 이루고 있다는
느낌을 받았다. 오히려 남편이 아내의 비위를 살살 맞추면
서 사는 듯한 경향도 보였는데, 어쨌든 가정과 사회에서의
중국 여성들의 영향력은 막강하다.

한번은 어떤 중국 여인에게 필자가 물었다.

"중국 여인들은 왜 남편에 대한 태도가 불손합니까?"

그 여인은 주저없이 대답했다.

"우리는 똑같이 일을 해요. 그러니 평등해야 하지 않겠어
요? 한국에서는 그렇지 않은가요?"

"……."

중국인들의 표현의 자유는 우리의 상상을 초월한다. 청춘
남녀들은 공공장소에서도 거리낌없이 포옹을 하고 키스를
한다. 가정에서도 예외는 아니다. 손님(필자)이 보는 앞에
서도 스스럼없이 대담한 애정 표현을 했다.

이런 것으로 볼 때 중국에서 전래된 유교적 전통이 우리
사회에 더 많이 남아 있는 것을 피부로 느낄 수 있다.

성과 역사는 지배 권력에 의하여 세밀하게 조작되고 걸러
져 왔다. 지배 권력의 인식에 따라 성풍속은 색깔을 달리

한다. 중국의 성과 역사가 어떻게 변천해 왔는가를 우리 문화와 비교하여 검토하면 흥미롭고 유익한 사색(思索)이 된다.

필자는 사학가(史學家)는 아니다. 재주와 학식이 부족한 소설가의 관점으로 이국(異國)의 성문제와 역사의 변천을 그렸기 때문에 분명 적잖은 오류가 있으리라 생각된다. 이는 전적으로 필자의 책임이다.

본서에서 다루어진 시대는 중국사의 왕조 구분을 따르려고 했다. 문헌의 인용에 있어서도 가급적 원전 그 자체를 인용하려고 애썼다. 그러나 중국의 문헌은 너무도 방대했기 때문에 한학자들의 노력으로 번역된 서적들을 많이 참고했음을 실토하지 않을 수 없다.

아무쪼록 본서가 《한국인과 에로스》와 더불어 우리 정신문화의 근간을 이해하는 참고 자료로 활용되기 바라며, 끝으로 필자가 잘못 알고 있는 내용에 충고가 주어 진다면 언제라도 고맙게 받아들여 수정·보완할 것을 약속드린다.

頭輪山房에서 李 明 洙

차례

제2장

제3장

1

중국인과 에로스

중국, 중국인 ①

중국인의 몇 가지 기질적 특성

민족성을 나타내는 이런 우스개 이야기가 있다.

한국·중국·일본인을 돼지우리 속에 넣어 돼지와 함께 지내게 했다. 맨 먼저 일본인이 한나절도 못 견디고 비명을 지르며 뛰쳐나왔다. 그 다음은 은근과 끈기의 민족성을 지녔다고 자부하는 한국인이 이틀밤을 보낸 후에 혀를 내두르며 나왔다.

그로부터 며칠이 지난 다음 무엇이 고개를 절레절레 흔들며 나왔다. 놀랍게도 그것은 돼지였다. 돼지마저 못견디고 나온 지저분한 돼지우리 속에서 중국인은 태연히 낮잠을 즐기고 있었다.

이 우스개는 한·중·일, 동양 3국인의 보편적인 기질과 성격 등에 착안하여 만든 이야기인데, 꽤나 풍자적이면서도 여러 가지 뜻을 함축하고 있다. 일반적인 일본인의 성격은 경박하리만치 약삭빠르고 청결한데 반하여 중국인은 상대적으로 굼뜨고 비위생적인 면이 없지 않은 것 같다. 한국은 지정학적으로나 문화적으로나 중국과 일본의 중간쯤에 해당하는 경향이 짙다.

칸막이 없는 화장실

중국과 일본의 문화유적을 두루 시찰할 기회를 가졌던 필자는 피상적으로나마 두 민족의 국민성과 문화적 차이를 관찰할 수 있었다. 일본에서 느꼈던 전체적인 이미지는 조밀조밀하면서도 아기자기하고, 사람들은 청결하며 친절하다는 것이었다. 중국은 상대적으로 낙후되어 있었지만 유구한 역사와 문화대국의 숨결을 느낄 수 있었다. 중국 사람들은 유연하면서도 어딘지 모르게 거만함을 풍겼다. 이 거만함의 정체는 '중화사상(中華思想；중국이 세계의 중심이라고 하는 사상)'에서 찾을 수 있는데, 뒤에서 다시 언급하고자 한다.

중국과 일본에서 가장 인상적이었던 일을 한 가지씩 말한다면, 중국에서는 공중화장실, 일본에서는 공중목욕탕이었다.

북경의 과림장성(만리장성의 일구간)에 갔을 때 필자는 화장실 문제로 정신없이 진땀을 뺐다. 뒤가 몹시 급하여 눈에 불을 켜고 공중화장실을 찾았으나 좀처럼 찾을 길이 없었다. 안절부절못하다가 가까스로 화장실을 찾았는데, 코를 찌르는 악취와 특이한 구조 때문에 넋이 빠질 지경이었다. 벽과 문이 없는 화장실에 서너 사람이 앉아 태연히 이야기를 주고받으면서 용변을 보고 있었던 것이었다.

그런 체험이 있은 후 중국하면 먼저 끔찍했던 화장실 풍경이 떠오르는데, 최근에 중국을 다녀온 사람들의 말에 따르면 지금은 현대식으로 지은 공중화장실이 많이 생겼다고 한다.

배설을 하면서 옆사람과 얘기를 하거나 책을 읽는 것은 중국의 오랜 풍습이다. 기록에 따르면 고대 중국인은 배설해야 될 경우 아무 금기가 없었다. 밤에 사용한 야호(夜壺 ; 요강)는 침상 옆에 놓고 다른 사람의 눈을 의식하지 않고 거리낌없이 사용했다. 다시 말해서 친구나 하인이 곁에 있어도 스스럼없이 엉덩이를 까고 야호에 앉아 그들과 대화를 했던 것이다.

또한 주인이 배설을 할 때 여자 하인이 손 씻을 물과 수건을 들고 곁에 서 있는 관습이 명나라 때까지 존재했다. 이에 대한 기록을 《조후유사(趙后遺事)》에서 찾아볼 수 있다. 송나라 학자 진순(秦醇)이 쓴 이 책은 한나라 성제(成帝)의 아내 조황후에 관하여 전해 오는 이야기를 기록하고 있다. 조황후가 황제와의 교접을 회상하는 장면을 인용하면 다음과 같다.

나는 황제가 용변 보는 일을 시중들기 위하여 황궁에 들어갔다. 어느 날, 황제께서 소변을 보다가 곤룡포에 (오줌)방울이 묻었다. 그것을 닦아내려하자 황제께서 말씀하셨다.

"그냥 두어라. 이 얼룩을 보면 네 생각이 나리라 !"

그 후 얼마 지나지 않아서 나는 후궁으로 들어갔고, 애정이 지나치신 황제께서 내 목을 물어 상처가 났다.

고대 중국의 문헌에는 이러한 기록이 적지 않게 나타

난다. 악명 높은 측천무후(則天武后)도 황태자 치(治;뒤의 '고종·高宗')의 배설 시중을 들다가 서로 눈이 맞은 것으로 되어 있다. 고종이 아버지의 첩인 무부인(武夫人)과 얽힌 것은 중국 역사상 아주 유명한 사건인데, 뒤에서 보다 상세히 다루려고 한다.

중국인의 사고와 행동은 이율배반적인 면이 적지 않다. 배설 문제를 놓고 보더라도 상반된 관념이 노출되어 있다. 타인의 눈을 의식하지 않고 배설하는 것은 상당히 야만적인데(한국인의 관념으로 보아서), 배설에 관한 표현만큼은 조심스럽기 그지없다.

중국인들의 관념에서 화장실은 듣기조차 민망한 단어이기 때문에 입에 담는 것을 꺼린다. 그래서 화장실을 '모방(茅房;오두막집)' 또는 '측소(厠所;뒷간이 있는 곳)'라고 하며, 화장실에 간다는 직접적인 말을 피하고 '편의를 보러 간다'는 은유적인 표현을 즐겨 쓴다.

문화의 차이에서 생기는 이질감

어쨌든 앞에서 소개한 우스개 이야기는 중국인의 비위생적인 면과 둔한 행동에 대비시켜 일본인의 조급성과 청결성을 잘 캐치하고 있다.

주지하는 바와 같이 일본인의 청결성은 세계적으로 인정되고 있으며, 대부분의 일본인은 하루도 거르지 않고 목욕을 한다. 일본인의 일상화된 목욕 습관은 섬나라 특유의 습한 기후에서 비롯된 것인데, 아무튼 그들은 씻는 데 이골이 난 민족임은 틀림없다.

필자가 일본에 처음 갔을 때 요코하마의 어느 공중목욕탕에 들어갔다가 적이 당황했던 경험이 있다. 그때 필자는 목욕을 끝낸 후 무심코 탈의실로 나왔다가 젊은 여자와 정면으로 맞닥뜨렸다. 얼굴이 갸름하고 몸매가 풍만한 30대 전후의 부인이었다. 실오라기 하나 걸치지 않고 있었던 필자가 놀랐던 것은 당연했다. 난데없는 젊은 부인의 출현에 필자는 몸을 소스라뜨리며 손으로 황급히 요처를 가리면서 시선을 피했다. 그런데 시선을 피한다고 피한 곳이 여자 탈의실 쪽이었다. 남자 탈의실과 여자 탈의실 사이에는 널판지가 놓여 있었는데, 얼멍얼멍한 틈새로 발가벗은 여체가 살짝살짝 보이는 것이었다. 뜻하지 않았던 눈요기가 결코 싫지는 않았지만, 막상 닥치는 순간 거북했던 것은 사실이다.

중국의 공중화장실과 일본의 공중목욕탕은 이방인인 필자의 눈에 몹시도 낯설고 생소하게 느껴졌었다. 한국인의 잣대로 평가하면 아무리 온화하게 표현해도 흉한 풍속인데, 그들은 전혀 그렇게 생각하지 않는 것 같았다. 바로 이런 관념이 문화의 차이에서 생기는 이질감일 것이다.

한 민족의 특성이나 문화를 극단적인 언어로 표현하는 것은 무리가 있다. 어떤 민족에게도 우수한 면이 있는가 하면 열등한 면도 있다. 좋은 사람이 있는 반면에 나쁜 사람도 있고, 같은 민족이라고 해서 그 기질과 품성이 동일한 것은 아니다. 그래서 필자는 이제부터 다루려고 하는 중국인의 특성과 문화에 대하여 극단적인 결론을 내리는 것을 자제하려고 한다.

만만디

흔히 중국인을 일컬어 '만만디(慢慢的)'라고 한다. 행동이 굼뜨거나 일의 진척이 느린 것을 우습게 이르는 말이다. 행동이 완만한 중국인의 특성은 그들의 격언 및 속담과도 상통된다.

일찍이 노자(老子)는 대기만성(大器晩成)이란 말을 설파하여 유연한 기질을 찬양했다. 이 말은 '대방무우 대기만성(大方無隅 大器晩成)'에서 유래되었는데, 큰 솥이나 큰 종 같은 것을 주조하는 데는 시간이 오래 걸리듯이, 사람도 크게 될 사람은 늦게 이루어진다는 말이다.

이런 관념은 고대로부터 현대에 이르기까지 중국인들에게 뿌리 깊게 심어져 왔다. 그래서 중국인들은 느린 것을 탓하지 않는다. 오히려 서두름을 경계하고, 중도에서 포기할까를 염려한다.

"서둘지 마라, 급히 들어가면 금방 물러나게 된다."
"빨리 하려고 하면 일이 되지 않는다."
"천천히 하는 것은 겁나지 않다. 다만 중도에서 멈출까 봐 두렵다."

이러한 속담과 격언처럼 중국인은 일을 할 때 언제나 여유 있게 하며 서두르는 법이 없다. 인간교제도 그렇고 성행위도 예외가 아니다. 매사에 생각하고 행동에 옮기는 것은 굼뜨지만, 우직한 황소처럼 한걸음 한걸음 멈추지 않고 나아가는 것이 중국의 저력임과 동시에 무서운 힘이다.

인내심의 4천년 사

여기에서 다시 앞의 우스개 이야기를 생각해 보자. 돼지 우리는 환경을 뜻하는 말로 해석할 수 있다. 그렇다면 열악한 환경에서 견디는 힘은 일본인과 한국인에 비하여 중국인이 월등하다는 얘기가 되며, 이것은 곧 중국인의 인내력을 말하는 것이기도 하다.

누군가 필자에게 중국의 4천년 역사를 한마디로 표현하라고 한다면 '인내심의 4천년 사(史)'라고 말하겠다. 우리가 중국인에게 배울 점도 소심줄처럼 질긴 인내심이라고 필자는 생각한다.

민족성을 형성하는 인자(因子)를 크게 환경과 유전(遺傳)에서 찾을 수 있다. 중국인의 만만디 기질도 환경에서 기인되었음은 분명하다. 중국인은 황하(黃河) 유역에서 기원하여 서서히 남부로 분포하였다. 따라서 중국의 역사는 황하의 치수(治水) 역사에서 시작되었다고 해도 무리가 없다. 황하의 범람은 중국인에게 있어서 공포의 대상, 바로 그것이었다.

그러나 이것은 천재(天災)임과 동시에 인재(人災)에 유래하는 경우도 많았다. 이미 전국시대(戰國時代)에 청동기, 철기 등의 제작에 대량의 목탄용 목재가 필요했기 때문에 벌목을 함부로 했다. 그리하여 산은 벌거숭이가 되었는데, 심지어는 관(棺)을 짤 나무조차 구할 수 없는 황량한 산하로 변하고 말았다.

수목을 베어 내기만 하고 식목을 하지 않은 관계로 화북(華北)은 완전히 폐허된 황토층의 천지가 되어 홍수가 나고

황진(黃塵)이 일어났다. 여기에 설상가상으로 극심한 가뭄이
뒤따라 말로 형용할 수 없는 자연의 시련이 중국인들을 괴
롭혔다.

산림의 폐허는 황하에 흘러들어오는 토사(土砂)를 증대시
켰고, 그 토사는 하천의 바닥을 높였기 때문에 홍수의 범람
을 발생하게 했던 것이다. 이런 황하와의 기나긴 투쟁이 중
국인에게 끈질긴 인내력을 깊이 박히게 한 것이다.

또한 중국인의 인내심은 인간관계 및 가족관계와 깊은 연
관이 있다. 중국에는 '불구인(不求人)'이란 말이 있다. 이 말
을 한국식으로 풀이하면, 구인이 필요없다든지 구인하지 않
는다는 뜻이 된다. 그러나 중국어의 불구인은 "남의 힘에 의
존하지 않고 자기 힘으로 해나간다."라는 뜻이다. 실제로
중국인은 남에게 의지하지 않고 자기 능력으로 뭐든지 해나
간다는 것이 그들의 신조이기도 하다.

신의에 목숨을 건다

중국인의 거국적인 단결력은 희박한 반면에 혈연과 지연
의식은 놀랍도록 강하다. 원래 의심과 조심성이 많은 중국
인은 쉽게 사람을 믿지 않는다. 어지간해서는 남을 믿지 않
기 때문에 그들과 친구가 되는 것은 쉽지 않다. 그러나 일단
친구가 되면 이해타산을 초월하여 신의를 지킨다.

중국인이 대인관계에서 신용을 중요시하는 정도는 상상
이상이다. 그들은 혈연과 지연을 돕는 일에 이익과 손해를
따지는 법이 없다. 친구가 부탁하면 자기 일은 제쳐놓고 나
선다. 막대한 손해를 입더라도, 설령 목숨을 버리는 한이 있

더라도 친구를 위해 칼을 차고 나서는 것이 중국인의 신(信)과 협(俠)의 정신이다.

《삼국지》를 비롯한 중국 고전문학을 보면 신의를 지키기 위해 목숨을 초개와 같이 버린 인물들의 이야기가 숱하게 나온다. 다음의 일화도 신의를 중시하는 중국인의 기질을 잘 암시하고 있다.

전투에 참가한 어느 군졸이 등에 큼직한 종기가 나서 고통을 당하고 있었다. 그것을 안 장군이 입으로 군졸의 등에 난 종기를 빨아 낫게 했다. 이 소문은 꼬리에 꼬리를 물고 널리 퍼졌다. 마침내 군졸의 늙은 어머니가 그 말을 듣고 몹시 슬피 울었다.

"아니, 왜 우십니까? 지체 높은 장군께서 졸병인 댁의 아들의 더러운 종기를 직접 입으로 빨아서 낫게 했는데, 기뻐하지 않고 우시다니요. 그 까닭은 무엇입니까?"

소문을 전한 사람이 묻자 군졸의 어머니는 긴 한숨을 내쉬며 말했다.

"이젠 우리 아들도 죽었어."

"예?"

"지난날 그 장군은 내 남편의 종기를 빨아 주었었지. 그래서 남편은 장군을 위한 일이라면 목숨이 아깝지 않다 하고 전쟁에 나가 싸우다가 죽었어. 그런데 내 아들마저 종기를 빨렸으니……, 이제 그 애는 장군을 위해서 무슨 짓이라도 할 게 아니겠소? 그 장군 때문에 남편을 잃고 아들마저 잃게 되었으니……."

참으로 시사하는 바가 큰 이야기다. 중국에는 "여인은 사랑하는 남자에게 팬티끈을 내리고, 남자는 자기를 알아주는 사람을 위하여 목숨을 버린다."라는 시쳇말이 있는데, 앞의 일화와 일맥 상통한다.

아무튼 중국인은 사람을 신뢰하기까지에는 시간과 노력이 필요하지만, 입은 은혜는 결코 잊지 않는다. 그들은 은혜를 저버리는 행위와 배신을 최고의 수치로 여기기 때문에, 만약 그런 행동을 한다면 중국 사회에서 사람 취급을 받지 못한다.

백 번 참는다

2천년 이상 중국의 체제 이데올로기였던 유교는 중국인의 성격 형성에 지대한 영향을 미쳤고, 가족의 유대를 동아줄처럼 튼튼하게 결속시켰다. 그런 영향으로 말미암아 부모에 대한 효도와 형제에 대한 우애는 아직도 중국을 따를 민족은 없다고 해도 좋을 정도이다.

중국인은 고대로부터 불과 수십 년 전까지만 해도 모두 대가족제도에서 생활했다. 몇 대에 이르는 대가족이 생사고락을 함께 하는 환경적 요인에 지탱되어 대인관계를 부드럽게 하는 기술을 체득함과 아울러 인내심을 고양시켰다.

중국인은 '백인(百忍 ; 백 번 참는다)'이란 말을 현재까지 도덕적 금언으로 받아들이고 있다. 이 말은 대가족제도에서 유래되었는데, 간단히 소개하면 다음과 같다.

당나라 초, 장공예라는 재상이 있었다. 그의 집안은 9대가 한지붕 밑에서 함께 사는 복(福)을 받았다고 모두 부러워하였다. 소문을 들은 황제 고종(高宗)이 친히 그 집을 방문하여 어떻게 그런 복을 받았는지 비결을 물었다. 이때 장공예는 묵묵히 지필묵을 준비하여 '참을 인(忍)'자를 백 번이나 써서 황제께 바쳤다.

가정의 화목은 인내력에 있다고 믿는 중국인은 지금도 정월 초하룻날 아침, 붉은 종이에 "참는 것이 제일 보물이다."라는 글귀를 써서 집집마다 대문에 붙여놓는다.

중국 사회에서 참을성은 '생존하기 위한 이유'가 된다. 그러므로 중국인의 인내력은 인생이란 오직 한 번뿐이라고 하는 현세주의(現世主義)와도 깊은 관계를 가지고 있다.

중국, 중국인②

인구 특급 열차

중국의 땅덩어리는 실로 광활하다. 세계 육지 면적의 15분의 1을 차지하는 중국은 러시아·캐나다에 이어 세계에서 3번째로 넓은 국토를 가지고 있으며, 인구는 12억을 상회한다(1996년 2월 15일자 베이징일보[北京日報] 조사 결과에 따르면 12억 778만 명으로 되어 있음).

필자가 중국에 갔을 때 놀란 일 중의 하나는 입을 쩍 벌릴 만큼 사람이 많다는 것이었다. 도시의 거리거리마다 그대로 인산인해(人山人海)를 이루고 있었다. 대한민국 임시정부청사가 있었던 도시 상해의 난징로[南京路]는 정말 무지하게 사람이 많았다. 출근 시간의 거리는 보행자의 어깨가 서로 부딪쳐 걸음을 옮기기가 힘이 들 정도였고, 도로에는 자전거의 행렬이 꼬리에 꼬리를 물고 이어져 마치 자전거 박람회장을 연상케 했다.

그리고 워낙 사람이 많은 관계로 대중교통을 이용하거나

▶ 자전거로 통근하는 중국인들, 중국 장안의 거리

식당에서 식사를 할 때 장사진을 이루는 것은 다반사였으며, 심지어는 명승고적을 배경으로 사진 한 장 찍는 데도 한참이나 줄을 서서 기다려야 했다. 아무튼 중국은 면적으로 보나 인구로 보나 대국은 대국이었다.

중국은 중원(中原)에서 일어난 한족(漢族)과 55개 소수 민족이 수천 년 동안 전쟁과 이주와 화친을 거치면서 형성된 다민족 국가이다. 한족이 전체 인구의 94퍼센트를 차지하고 있는 관계로 한족 이외의 55개 민족을 '소수 민족'이라 한다.

백릿길마다 풍속이 다르다

넓은 땅덩어리에 복잡한 민족, 워낙 많은 인구가 얽혀 살고 있음으로 말미암아 풍속·종교·혈통·문자·언어 등이 지역마다 다르다. 그래서 중국에는 "10월에 부는 바람은 변화가 많고, 백릿길마다 풍속이 다르다."라는 속담이 있다. 따라서 중국 민족의 국민성을 한마디로 표현하기는 사실상 불가능하다.

외국인이 평가한 중국인의 성격

필자는 이 글을 쓰기 위하여 오랫동안 중국과 관련된 자료를 모으고 서적을 탐독했다. 아울러 중국문화에 이해가 깊은 학자·작가들을 만나 끝없는 질문을 던지면서 중국을 파악하려고 노력했다. 그런데 온갖 자료와 서적은 물론이거니와 사람마다 견해를 달리했다. 어떤 사람은 중국인을 불성실하며 음흉하다고 했고, 또 다른 사람은 성실하며 진솔하다고 했다. 중국 민족을 게으른 민족이라고 경시한 사람이 있는 반면에 근검하고 부지런한 민족이라고 호의적인 평가를 내린 사람도 있었다.

생애의 대부분을 중국에서 보낸 미국 여류작가 펄 벅은 비교적 따뜻한 시선으로 중국인을 보고 있다. 낙천적인 기질을 지니고 있는 민족이기 때문에 쉽게 정서적인 감동을 잘하며, 인간관계를 매우 중시한다는 것이 그녀의 시각이다.

미국의 선교사 아아더 스미드(A.H.Smith)의 평가는 펄

벅에 비하여 부정적이다. 1910년 《차이니스 리코오더
(Chinese Recorder)》의 편집을 단행, 중국에서 가장 존경받
는 선교사의 한 사람으로 알려진 스미드는 그의 저서 《중국
적 성격》에 중국인의 성격적 특성을 세세히 기록했는데, 요
약하면 다음과 같다.

　　중국인의 보편적인 성격적 특징은 너무 체면을 의식한다. 그들은
체면을 잃을까 몹시 두려워하지만 신용은 결여되어 있다. 매사에
정확하지 못하며 시간 관념이 약하다. 동정심이 없고 불성실하다.
서로를 신임하지 않고 단체 의식이 결핍되어 있다. 보수성이 과도
하여 외인(外人)을 경시한다. 기생충 같으며 돼지처럼 신경이 둔
하다.

　　두 미국인(스미드와 펄 벅)이 중국인을 보는 시각이 왜 이
처럼 극단적으로 다른가? 시대적 환경 및 성별의 차이를
비롯한 여러 가지 요인이 있을 것이다. 중국인의 관념은 외
국 여자에 대해서는 비교적 청안시(靑眼視)하지만, 외국 남
자에 대해서는 백안시(白眼視)하는 경향이 짙다. 다시 말해
서 중국인 남자가 외국 여자와 결혼하면 능력있는 남자로
평가를 한다. 반면에 중국인 여자가 외국 남자에게 시집가
면 손가락질을 하는데, 그 당사자는 물론이고 가족까지 냉
대를 받는다고 한다. 그러므로 두 미국인의 관찰은 단편적
일 수도 있고, 선입견에 치우친 면도 적지 않을 것이다.

뿌리 깊은 중화사상

중국인들 중에서도 자국민(自國民)에 대한 평가가 엇갈렸다. 젊은 지식층 중의 일부는 비판적이다. 그들은 중국이 근대화에 뒤진 원인을 뿌리 깊은 유교사상과 보수성에 있다고 신랄하게 비판했다. 하지만 이런 생각을 가진 사람은 극소수에 불과했다.

구이린[桂林] 문화원장 장작옥(張作玉)은 중국인이라는 자부심이 대단했다. 필자가 중국인의 성격에 대하여 질문했을 때 그는 임어당(林語堂)의 글을 인용하며, 그대로가 중국인의 성격이라고 못박았다.

중국인은 사람에 대한 이해가 솔직하며, 자연을 사랑하고, 인내성·안정성이 있으며, 농담을 좋아한다. 또한 가정과 어린아이를 사랑하며, 근검하고, 자기 분수에 맞게 유연자득하여 유머 감각이 넘친다.

장작옥은 의기양양하게 이 글을 읽고 나서 칭찬 일변도의 자기 생각을 덧붙였다. 중국(中國)은 문자 그대로 세계의 중심이며, 고대 중국이 세계 문명을 주도했던 것처럼 미래에도 중국이 세계를 지배하게 된다는 등의 이야기를 지치지도 않고 하는 것이었다. 중국의 다른 지역 문화원장들과 문화예술원 관계자들도 장작옥과 마찬가지로 대국주의 심리는 교만할 정도로 높았다.

앞에서 잠시 언급했지만, 대다수의 중국인은 중화사상의 소유자들이다. 중화사상이란 중국인이 스스로를 '중화(中

華)'라 불러 민족의 우월성을 자랑하는 사상인데, 자기 나라를 중화라 하여 존중하고 주변의 다른 부족을 이적(夷狄)이라 하여 천시하였기 때문에 '화이사상(華夷思想)'이라고도 한다.

여담이지만, 언젠가 필자의 고향 친구가 중국요릿집을 개업하면서 옥호의 작명 선택에 필자의 의견을 물었다. 그런데 그 친구가 이곳 저곳에서 지어온 여러 개의 작명에는 약속이나 한 듯이 옥호 앞에 '중화요리'라는 명사를 쓰고 있었다. 필자는 '중화'라는 말이 사대사상에서 나온 말이니까 '중국요리'로 표기하라고 지적했는데, 나중에 보니 버젓이 '중화요리 ○○○'라는 간판을 달아놓고 있었다.

이는 중국문화에 동화되어 줏대없이 소중화(小中華) 의식을 가졌던 조선 사상의 잔재라고 할 수 있다. 우리를 스스로 낮추고 천대하는 말이므로 쓰지 말아야 한다.

중국인의 기질적 특징 5가지

지금까지 중국인의 기질 중 보편적 일반성이라 할 수 있는 것에 대해서만 말했다. 이것을 크게 다섯 가지로 요약하여 정리하면 다음과 같다.

① 중국인은 느리다 — 그러나 진득하고 끈질기다. 놀라운 인내력을 소유하고 있다.
② 근면하고 자립심이 강하다 — 중국인은 자기 힘으로 뭐든지 해나간다는 것을 신조로 삼고 있다.
③ 단체의식은 희박한 반면에 혈연과 지연의 관계는 강

하다 — 그래서 인간관계가 지나치리만치 신중한데, 한
번 관계를 맺으면 좀처럼 신의를 저버리지 않는다.

④ 체면을 몹시 중시한다 — 중국에 '사가살불가욕(士可殺
不可辱)'이라는 속담이 있다. "차라리 병사를 죽일지언
정 모욕을 주어서는 안 된다."라는 뜻이다. 이 속담처
럼 중국인은 체면에 살고 체면에 죽을 정도이며, 만일
체면을 손상당할 경우 끔찍한 보복도 불사한다.

⑤ 대국주의 심리가 도사리고 있다 — 중국인은 자기들의
조국 중국이 세계의 중심이라고 오늘날도 믿고 있으며,
한국을 포함한 주변의 여러 국가는 중국보다 한 단 아
래의 존재라야 정당한 관계라고 느끼고 있다.

이상의 다섯 가지 특색은 중국인의 전통적인 기질이다.
중국인과 관계를 맺을 때는 이러한 기질을 염두에 두고 교
제를 하면 큰 실수는 없을 것이다. 민족적 공통 기질을 제외
한 부분에 있어서는 각 지역, 각 민족마다 고유의 특성과 풍
속 등을 유지하며 살아가고 있다.

소수 민족의 이색 풍속

중국 대륙에 흩어져 있는 55개 소수 민족의 풍속을 보면
몹시 이채로운 것이 많다. 신강성(新疆省) 남부에 살고 있는
뚱쌍족(東鄕族)은 외지에서 남자 손님이 오면 아내에게 잠자
리 시중을 들게 하는 풍습이 있다.

이러한 풍습이 있다는 말을 듣고 호기심이 동한 필자는
관광가이드를 대동하여 뚱쌍족이 집단 거주하는 곳을 방문

했다. 직접 확인해 보고 싶어서였다.

가이드 운선지(惲仙芝)는 매우 싹싹하고 유머 감각이 뛰어난 청년이었다. 그의 안내로 필자는 비교적 부유해 보이는 집에서 밤을 보내게 되었다. 50대 중반으로 보이는 주인 남자는 활달한 표정으로 가이드 운선지와 무슨 이야기를 한참 동안 나누다가 필자에게 호의적인 미소를 보냈다. 그러면서 뭐라고 말했는데, 운선지가 통역했다.

"멀리서 여기까지 찾아주셔서 반갑습니다. 손님을 위해 내가 집을 비울 테니 나의 아내들과 재미있게 보내십시오."

막상 그런 말을 듣고 보니 몹시 난처하면서도 민망하기 이루 말할 수 없었다. 그래서 필자는 황급히 운선지에게 말했다.

"매우 고맙지만 사양한다고 말해 주게. 최고로 정중한 표현으로……."

운선지는 활짝 웃으면서 주인 남자에게 말했다. 주인 남자는 만족스럽다는 표정을 지으며 밖으로 나갔다.

한참 후에 세 명의 여자들이 방으로 들어왔다. 필자는 퍼뜩 스쳐가는 생각이 있었기 때문에 운선지를 쏘아보며 낮게 소리쳤다.

"주인 남자에게 내 말을 그대로 전하지 않았지요?"

"이들에게 이러한 접대를 사양하는 것은 큰 실례가 됩니다. 그러니……."

필자가 태어나서 최고로 난처한 밤을 보낸 것은 그때였다. 한국에 돌아와서 그 말을 전했을 때 대다수의 남성들은 지대한 관심을 보이면서 부러움을 표시했다. 그러나 직접 당해보지 않고서는 낭패스럽고 고통스런 그 기분을 짐작할 수도 없을 것이다. '백문이 불여일견'이란 말이 있듯이, 한번 가서 경험해 보면 필자의 기분을 실감할 것이다.

운남성(雲南省)에 사는 이족(彝族)은 축제 때 씨름시합을 하여, 그 시합에서 우승한 남자는 관객 중에서 마음에 드는 아가씨를 마음대로 골라 하룻밤을 보내게 하는 풍습이 있다.

이밖에도 중국에는 이색적인 풍습이 많은데, 이 책의 주제를 벗어나는 내용이기 때문에 여기서 줄이기로 한다.

에로스에 대한 중국인의 기본적인 견해

개인의 행복과 안녕이 제일 소중하다

중국인은 아주 현세적인 성격을 지니고 있다. 그들은 눈에 보이는 것, 직접 확인한 사실과 드러난 결과를 중시한다. 단적으로 말하여 중국인은 구체적인 것만을 신뢰할 뿐 추상적인 일은 믿지 않는다. 그래서 중국인은 겉치레보다는 내실을 기하며, 허황된 꿈을 좇기 보다는 현실에 만족하는 경향이 짙다.

구체적인 것을 신뢰하는 중국인의 현세주의적인 성격은 그들의 사상 체계에 잘 나타나 있다. 고대 중국의 세계관의 하나였던 음양오행설은 본디 일상 경험으로부터의 귀납(歸納)에 의해 성립된 통계학(統計學)이라 할 수 있다. 이것이 역학(易學)사상과 결부해서 구체적인 점술(占術)이 된 것이다.

중국 사상의 가장 중요한 특징은 비류적(比類的)인 방법으로 사상을 표현한 것이다. 비교할 만한 비슷한 종류의 저것을 끌어들여 이것을 말하고, 먼 데 있는 것을 가져다가 가까운 곳에 있는 현상을 설명하는 식인데, 그 좋은 예를 유교 경전에서 찾아볼 수 있다.

《논어》를 비롯한 《맹자》 등의 유교 경전은 격언식 말을 많이 써서 사상을 표현하고 있다. 주지하는 바와 같이 《논어》는 공자의 격언을, 《맹자》는 맹자의 격언을 모아논 책이라 하여도 과언이 아니다.

속담과 격언은 그 민족의 오랜 생활체험에서 얻어진 진리이다. 때문에 그 속에는 구체적인 사상과 문화, 풍습과 생활습관이 담겨 있다. 이렇듯 비류적인 방법으로 사상을 표현한 민족이니만큼 중국인의 사고는 매우 현실적이고 영악하다.

현세주의 성격을 지닌 중국인은 언제나 그 개인의 행복과 안녕을 제일 귀중하다고 생각한다. 때문에 반만년의 유구한 역사를 가지고 있으면서도 그것이 불편할 때는 곧잘 체제를 바꾸고 풍습을 바꾼다. 그리고 그 체제와 풍습에 곧 동화되는 놀라운 적응력을 보인다.

중국이 모택동 사상에 동조하여 급격히 공산화된 원인도 중국인의 현세주의적인 성격과 무관하지 않다. 개인의 행복과 안녕이 위협받지 않는다면 체제 이데올로기 따위는 상관하지 않는다는 심리가 중국인의 심령을 지배하고 있는 것이다.

음양천인감응관

사실 중국 역사를 보면 숱한 제국과 왕조가 생성되었다가 사라졌다. 또한 오랜 세월 동안 대륙의 일부, 혹은 대륙 전체가 외세에 의해 지배당하기도 했다. 그렇지만 오늘날까지 중국은 영속적이고 균질적인 문화와 혈통을 유지하고 있으며, 하나로 통일된 독립국가의 저력을 세계 만방에 떨치고 있다.

내란으로 분열되었다가 다시 뭉치고, 외세에 지배되었다가도 하루아침에 힘을 만회하는 저력이 중국 민족의 무서움이다.

동서의 많은 학자들은 중국이 문화·경제·군사 등 모든 면에서 세계 최강이 될 날이 멀지 않았다고 진단한다. 중국 민족의 놀라운 탄력성과 중국 문화의 현저한 응집력, 혈통과 인구의 힘이 그렇게 만든다는 것이다.

그렇다면 대륙을 지탱하는 중국인의 강렬한 민족의식은 어디에서 기인되는 것일까? 역시 생명의 원동력인 성(性)과 밀접한 관계가 있음은 분명하다. 그러므로 중국의 문화와 민족성을 근본적으로 알려면 남녀간의 관계를 아는 것에서 부터 출발하는 것이 가장 바람직한 접근 방법일 것이다.

중국인의 우주관을 이룬다는 데 근거하고 있다. 이것이 바로 음(陰)과 양(陽), 천(天)과 인(人)은 서로 감응한다는 '음양천인감응관(陰陽天人感應觀)'이며, 음양오행설의 기조이다.

고대 중국인들은 하늘과 땅, 음과 양이 서로 만나 합쳐야 만물이 생겨난다고 믿었다. 때문에 성행위도 자연의 일부로 생각하여 자신들의 성생활을 숨기지 않았다. 성을 죄악시하거나 신비화시키지 않았을 뿐만 아니라 오히려 성을 중요시하여 남녀간의 자유로운 연애가 허용되었다. 이것은 중국의 문헌에서 많이 찾아볼 수 있다.

어미만 알고 아비는 모른다

중국은 예로부터 모계적 경향이 두드러졌다. 기원전 3세기 무렵에 씌어진 《여씨춘추(呂氏春秋)》를 비롯한 여러 문헌에 원시모계사회를 시사하는 대목이 실려 있다.

태곳적 사람들이 모여서 함께 생활하게 되었을 때, 백성들은 단지 그 어미만 알고 아비를 알지 못하였다. (《여씨춘추》)

천지가 자리잡자 백성이 태어났다. 그 당시는 백성들이 그 어미는 알면서 그 아비는 알지 못하였다. (《상군서·商君書》)

이것은 원시모계사회의 존재를 뚜렷이 말해주는 것인데, 근래에 이루어진 수많은 신석기시대 유적의 발굴과 연구에 의해서 뒷받침되고 있다. 또한 중국의 소수 민족 가운데에는 지금까지 마을의 형태가 모권제의 유습(遺習)을 그대로 유지하고 있는 곳도 있다. 그 대표적인 소수 민족은 먼빠족〔門巴族〕이다.

먼빠족은 모계 혈통 사회의 일처다부제(一妻多夫制)를 꾸준히 고수하고 있으며, 아이들도 어머니의 성(姓)을 따른다. 여자는 5명의 남편을 데리고 산다. 아니, 데리고 산다는 표현보다 거느리고 산다는 표현이 더 적합하다. 남편들은 오직 아내를 위하여 열심히 일한다. 일을 잘하고 아내의 말을 잘 들어야 잠자리에 불려가는 영광(?)을 얻을 수가 있기 때

문에 아내에 대한 남편들의 복종심과 충성심은 눈물겨울 정
도로 대단하다.

아마 원시모계사회의 남녀 관계도 먼빠족의 형태와 비슷
했을 것이라 추정된다.

모계사회

오늘날 중국 여성의 위상은 모계사회를 연상시킬 정도
이다. 아내에게 이혼당하는 남편들이 급증하고 있으며, 자
녀의 성(姓)도 부부가 합의하여 결정한다. 다시 말해서 아이
는 아버지의 성을 따르기도 하고 어머니의 성을 따르기도
하는 것이다.

흥미로운 사실은 '성(姓)'이라는 문자 그대로의 현상이 지
금 중국에서 진행되고 있다는 것이다. 성(姓)은 여(女)라는
부수에 '태어나다[生]'라는 의미를 가진 도형의 조합이다.
이것은 '姓'이라는 문자가 만들어진 당시에는 자녀가 어머
니의 성을 따랐다는 본증이며, 자녀가 어머니의 성을 따
랐다는 것은 고대 중국사회가 모계사회였다는 것을 분명하
게 밝혀 주는 하나의 증좌이다.

필자는 중국을 방문하기 전에는 여러 가지 선입관을 가지
고 있었다. 사회주의 국가이기 때문에 개인의 자유를 통제
받고 있을 것이라는 것과 남녀 관계, 즉 성문제가 매우 경직
되어 있을 것이라는 생각이었다. 그러나 그것은 전혀 어긋
난 선입관이었다.

중국인의 애정 표현은 한국 사람들의 상상을 초월한다.
대낮에 공공장소에서 남녀가 포옹을 하고 키스를 하는 광경

은 쉽게 목격할 수 있으며, 정부의 시책을 비판하거나 사회적인 병폐를 규탄하는 것은 우리와 별반 다르지 않았다.

특히 놀라운 사실은, 부부관계의 주도권을 여성이 꽉 쥐고 있다는 것이었다. 아내의 눈치를 살피고 알아서 기는 공처가형 남편들이 참으로 많았는데, 이 또한 현실에 치중하는 중국인 특유의 탄력성으로 이해할 수 있다.

태곳적부터 음양오행설을 신봉했던 중국인은 자연히 생식숭배사상을 가지게 되었다. 생식(生殖)을 숭배했다는 것은 곧 성행위를 중시했다는 뜻이며, 그런 이유에서 임신·출산·육아의 기능을 지닌 여성이 사회의 주도권을 잡는 모계사회를 형성했던 요인이 되었을 것이다. 이러한 원시적인 생식숭배는 대를 잇는 것을 중시함과 아울러 조상숭배사상으로 변천했음을 어렵지 않게 짐작할 수 있다.

중국인은 모든 것을 현실감각으로 파악하지 않고는 직성이 풀리지 않는다

후손을 중시하고 조상을 숭배했던 사상의 이면에도 역시 중국인의 현세주의가 깔려 있다. 중국에서는 전설상의 제왕 황제(黃帝)를 민족의 조상으로 받들고 있다. 그는 복희씨(伏羲氏)·신농씨(神農氏)보다도 중국 문명의 개발자로서의 수많은 영예가 주어져 있다.

황제는 소거(巢居)나 혈거(穴居) 대신에 처음으로 가옥을 만들었고, 실과 삼으로 의복을 짜는 것을 고안했다. 배와 수레를 발명하여 교통의 편리를 개척했고, 문자를 만들고 천문역산(天文曆算)의 학문을 일으킨 것도 황제였다. 이밖에

◀ 황제

도 그는 고대 중국 문명의 시초가 되는 많은 것을 개발한 제왕으로 여겨 중국인의 마음에서 우러나온 경앙(敬仰)의 대상으로 숭배되었다.

황제(皇帝)란 본래 천상(天上)을 지배하는 최고 주신(主神)을 의미한다. 그러나 중국인의 관념에서 황제란 '황색의 제왕'이란 뜻, 즉 인간으로 이해하고자 하는 경향이 짙다. 왜냐하면 황색은 다름아닌 중국을 상징하는 빛깔이기 때문이다.

공자에 따르면 중국 역사는 신(神)이 아닌 인간 치세(治世)에서 시작된다. 요(堯)와 순(舜)이 바로 그들이다. 또한 수당시대(隋唐時代)의 성의학서(性醫學書) 《소녀경(素女經)》을 보면 황제(黃帝)가 성교 불능으로 고민하다가 섹스 카운슬러인 소녀(素女)라는 여도사에게 "어떻게 하면 좋겠소?"하고 묻는데서부터 시작된다.

이렇듯 전설상의 제왕마저 인격화시키려고 애써 노력한

민족이 중국 민족이다. 아무튼 중국인은 무엇이든 현실 감각으로 파악하지 않고서는 직성이 풀리지 않는다. 이것은 그들의 언어구조 및 역사기록에도 잘 나타나 있다.

프랑스의 동양학자 그라네(Granet Marcel)는 중국의 언어에서 현실 감각을 찾고 있다.

"중국인은 그들의 언어 배후에서 항상 실재(實在)를 예상할 수 있는 민족이다."

"《시경(詩經)》에 나오는 3천여 개의 글자 속에 단 한 글자도 추상적인 글자가 없다."

그라네의 이와 같은 견해는 비교적 날카롭다. 간단히 말해서 중국어는 개념(의미)어 중심 언어로 하나의 음(音), 또는 글자 한 자가 한 의의를 표시한다. 그래서 중국어는 성음(聲音)을 표시하는 글자가 대단히 많은데, 이것은 중국어가 실물을 대표하는 것이라고 말할 수 있다.

옛부터 중국인은 역사를 중시했다. 가히 역사벽(歷史癖)을 가진 민족이라 해도 좋을 정도이다. 역사 중시는 인간사를 중시하는 중국 민족의 특성을 반영하고 있다.

사마천(司馬遷)의 《사기(史記)》는 중국 최초의 통사(通史)이다. 사마천은 역사를 움직이는 것은 바로 인간이라는 생각에서 역사적 인물의 개인 전기(傳記)를 기전체(紀傳體)로 쓰고 있다. 이것을 미루어 보더라도 중국인이 공유한 인간 중심의 현세주의는 뿌리가 깊다.

인간지상주의에서 파생된 방중술

내세(來世)를 믿지 않는 중국인은 죽음의 공포에서 벗어날 방법 찾기에 여념이 없었다. 그러다가 생각해 낸 방법이 후손을 통한 '자기 재생(自己再生)'이었다. 곧 자기의 혈통이 이어지는 한 후손의 피와 심령 속에서 자기는 영원히 살아 있을 것이라는 믿음인데, 유교는 거기서 천년 후세에 이름을 남길 것을 생각하게 된 것이다.

좀더 쉽게 말하자면, 육체는 소멸하나 역사상 불후의 명성을 남김으로써 불사(不死)를 실현할 수 있다고 믿은 것이다. 물욕에 부정적이었던 공자도 명욕(名欲 ; 명성·명예욕)에는 긍정적인 태도를 가진 것은 바로 이런 이유 때문이다.

한편 도가(道家)의 장자(莊子)는 유교의 이러한 사생관(死生觀)을 부정하고 죽음과 삶은 동등하다고 주장했다.

장자는 아내가 죽자 항아리를 두드리며 노래를 불렀다. 문상하러 왔던 친구가 그 광경을 보고 질책했다.

"자네, 지금 너무하는 것이 아닌가? 비록 먼저 갔지만 자네와 함께 살았고, 자네의 아이를 낳아 길렀으며, 자네와 함께 늙은 아내가 아닌가. 그런데 곡은커녕 항아리를 두드리며 흥겹게 노래함은 너무 심하지 않은가?"

노랫가락에 젖어 있던 장자가 말했다.

"여보게, 그렇지 않네. 나라고 어찌 슬픈 감정이 없겠는가? 그러나 아내가 태어나기 이전을 살펴보니 원래는 삶도, 형체도, 기운(氣)도 없었던 것이었네. 원래는 아무것도 아니었던 것이 천리(天理)에 따라서 기운이 있게 되었고, 기운이 변하여 형체가 있게 되었고, 형체가 변화하여 삶이 있게 되었던 것이네. 지금의 내 아내는 또 무언가로 변화한 것뿐이 아닌가? 이것은 봄 여름 가을 겨울의 운행처럼 사라지는 것이 아니라 단지 다른 모양으로 변화해간 것이네. 그런데도 제 슬픔에 겨워 엉엉 우는 것은 하늘의 뜻에 이르지 못한 일이라 여겨 곡하지 않고 노래한 것이네."

이렇듯 장자는 생사를 동등히 한다는 철학을 개진하면서 생사를 초월해서 죽음의 공포를 피하려 했다.

인간은 누구나 죽음을 피할 수 없다. 그래서 가급적 생명을 연장하고자 양생술(養生術)을 연구하게 되었고, 더 나아가 불사장생(不死長生)을 구하는 신선술(神仙術)이 생겨났다.

장생을 추구하는 양생술과 신선술은 모두 방중술(房中術)과 밀접한 관계가 있다. 고대 중국에서는 이러한 성과학을 일반적으로 방중술이라고 불렀다. 원래 방중술은 성기교를 발전시켜 더한 쾌락을 추구하는 데에 있는 것이 아니라 오직 장생 추구가 주요 목적이었다. 그런데 많은 사람들은 섹스 기교를 가르치는 것으로 잘못 인식하고 있다. 방중술은 이 책의 중요한 비중을 차지하는 내용이기 때문에 뒤에서 보다 상세히 다루겠다.

중국인들은 자연의 리듬에 맞춰서 바른 섹스를 하면 질병에 걸리치 않고 장수한다고 했다. 남성은 양, 여성은 음이기 때문에 음양이 교환해야 비로소 균형이 잡혀 건강하고 자연스러운 상태가 된다는 믿음을 가지고 있었다.

그래서 성교는 애정이 절정에 이른 최고의 도(道)라고 생각했다. 이러한 사상은 쾌락만을 좇는 성행위와는 다르며, 욕망을 따라서 현세의 행복을 추구했던 중국인의 인간지상주의가 투영된 것이다.

신화와 고매 제사를 통해 본 에로스

여와의 인간 창조신화

중국은 신화(神話)가 빈곤한 나라라고 말한다. 이는 현실을 숭상하여 추상적인 것을 경시하는 중국인의 현세주의와 그 속에서 생성된 유교사상에서 원인을 찾을 수 있다.

공자는 이렇게 말했다.

"괴력난신(怪力亂神;이성으로는 설명할 수 없는 불가사의한 존재나 현상)을 이야기하지 않는다."

이와 같은 공자의 교설(敎說)에 충실한 나머지 일찍이 신화·전설을 공상이나 미신으로 취급했다. 이런 이유에서 중국의 신화가 뒷전으로 숨은 것이다.

그러나 중국에 신화가 없는 것은 아니다. 다만 그들이 정통성을 인정하는 경서(經書) 및 사서(史書)에서 소외되었을 뿐이며, 비정통적인 고전(古傳)이나 구전 전승 속의 자료에는 적잖은 신화가 담겨 있다.

태곳적부터 중국인은 모든 현상을 음양의 원리를 밝혀 설

▶ 〈복희여와도〉, 중국 신장웨이우얼박물관 소장

명하려고 애썼다. 그래서 중국의 신화는 비교적 합리적인 경향을 보이는데, 인간의 성립 및 혼인에 있어서도 음양의 이치가 적용되어 있다. 즉 우주의 여성적인 요소인 음(陰)과 남성적인 요소인 양(陽)이 여와(女媧)와 복희씨(伏羲氏)의 배필로 의인화되어 있는 것이다.

《십팔사략(十八史略)》을 보면 복희씨가 여와를 처로 삼아 둘이서 혼인의 예를 정한 것으로 되어 있다. 다른 신화에서 여와는 창조신으로 묘사되어 황토를 재료로 하여 인간을 만들었다고 기록하고 있는데, 그 내용이 기발하고 재미있다.

여와는 황토를 반죽하여 정성껏 손으로 주물러서 인간을 만들기 시작했다. 그런데 수십 명의 인간을 만들다보니 싫증이 났다. 손쉽게 많은 인간을 만들어 낼 방법을 생각하던 그녀는 궁리 끝에 한 가지 계책을 생각해 냈다.

여와는 먼저 황토를 묽수그레하게 반죽했다. 그 속에 거친 새끼를 집어넣어 질척하게 휘저은 다음 적당한 때를 보아 새끼를 꺼냈다. 그러자 새끼에 묻은 흙탕이 땅에 떨어지며 엉긴 것을 그대로 인간으로 만들었다.

이를테면 얼렁뚱땅 인간을 대량 생산한 것이다. 그러니 처음에 정성을 다하여 만든 인간과 나중에 성의없이 만든 인간과는 자연히 됨됨이가 달랐다. 인간의 우열이나 빈부의 격차 등이 생기는 것은 그것이 원인이라는 것이다.

이 신화는 중국의 유구한 역사를 특징짓는 사회 계급의 분화와 인구 과잉 현상을 그럴 듯하게 설명하고 있다. 또 원래 인간은 흙을 반죽해서 만들어 졌기 때문에 죽어서 흙으로 돌아간다는 자연주의 사상을 함축하고 있다.

인간 창조와 아울러 여와가 이룩한 대사업은 혼인을 제도

화시킨 것이다. 인간 창조의 큰 역사를 완수한 여와는 자신
이 창조한 인간들이 끊이지 않고 영속되어야 한다고 생각
했다. 그래서 인간의 남녀가 화합하여 그들의 힘으로 자손
을 생산해낼 수 있도록 혼인제도를 만들었다. 중국의 문헌
을 보면 여와가 혼인의 신, 자식을 주는 신으로 간주되어 제
사를 받았다는 기록이 있다.

　여와가 사람들의 혼인을 시키기 시작하면서부터 후세에 나라가
　생기게 되었다. 그리하여 사람들은 고매의 신에게 제사를 지내게
　되었다. (《노사》)

고매 제사도 모계사회 여자 선조의 흔적을 생각하게 하는
대목이다. 고매(高禖)는 고매(皐禖)라고도 하며, 교외(郊外)에
서 제사지냈으므로 교매(郊禖)라고도 한다. 이는 혼인의 신,
자식을 주는 신이라는 뜻이다.

《예기(禮記)》〈월령(月令)〉에는 중춘(仲春)의 현조(玄鳥;제
비)가 이르를 때에 대뢰(大牢;소・양・돼지)로 고매를 제사지
냈고, 이때 천자(天子)를 비롯한 황후와 아홉 후궁이 아들을
낳으라는 뜻에서 화살을 주고받는 의례를 기록해 놓았다.

고매의 제사에 천자와 황후가 참석하고, 소・양・돼지를
잡아 제물로 바쳤다는 것을 미루어 보면 그 제사가 얼마나
성대하게 거행되었던가를 짐작할 수 있다.

현조설화

고매 제사의 기원은 은(殷)나라 시조설화(始祖說話)에서 비

롯되었다. 사마천의 《사기》 〈은본기(殷本紀)〉에 의하면, 은나라 시조 설(契)의 어머니 간적(簡狄)이 '현조'의 알을 삼키고 임신하여 설을 낳았으므로 이를 제사지냈다고 기록하고 있다. 또 주(周)나라의 시조 후직(后稷)의 어머니 강원(姜嫄)도 거인(巨人)의 발자국을 밟은 뒤 임신했다는 감생제설화(感生帝說話)가 있다.

현조설화(玄鳥說話)는 《시경(詩經)》에도 읊어지고 있다.

> 하늘이 제비에게 명하여 상(商)나라 조상 낳게 하고
> 끝없이 넓은 은(殷) 땅에 살게 하셨네. (《시경》〈상송·현조〉)

> 맨 처음 백성을 낳으신 분은 고원씨의 후비인 강원이라네
> 어떻게 낳으셨는가, 정성껏 제사를 드려 아들 없는 재앙을 물리치시고 상제의 엄지발가락 밟자
> 하늘의 은총이 내려 잉태하니 더욱 삼가사
> 아이를 낳고 기르시니 그분이 바로 시조인 후직이시네.
> (《시경》〈생민〉)

주자(朱子)는 주공(周公)이 예를 제정하고 후직을 존중하여 하늘에 제사지냈기 때문에 이 시를 지은 것이라고 했다. 《시경》〈노송〉에도 이와 맥락을 같이하는 시가 나온다.

> 비궁은 청결하고 고요하며 견고하고 아름답도다
> 찬란히 빛나는 강원께서는 그 덕에 조금도 티가 없어
> 상제께서 그 몸에 영검 내리니 사소한 재앙조차 당한 일 없네
> 잉태하여 열 달이 차자 주의 시조 후직을 낳게 하시고…

　　가을 제사지내기 위해 여름부터 복형을 대놓고
　　희고 붉은 황소 잡아바치니 비취로 장식한 술그릇도 아름답
구나

　　통째로 군 고기에 국도 끓여 대그릇 나무그릇에 담아놓으니
　　만무춤 흥겹고 제주에게 큰 경사 있으리…

　　조래산의 소나무와 신보산의 잣나무를 자르고 헤아리며 치수
맞추고 마름질하여 큰 소나무 서까래 삼아 크고 넓은 침전 이룩
하셨네
　　새 사당 아름다우니 해사가 지은 것이라네
이다지도 길고 큰 까닭은 만민의 뜻이 그렇기 때문이네.
　　(《시경》〈노송・비궁〉)

　이 시의 서(序)에서는, 주공이 처음 제후로 봉해졌을 때
노나라 경계를 능히 회복했음을 희공이 칭송한 노래라고
했다. 그러나 주자는 희공이 묘당을 수축(修築)한 일을 칭송
한 노래로 보았고, '비궁(閟宮)' 해석에 있어서는 '굳게 닫
혀 있는 사당'이라 했다. 그리고 비궁에 모신 고매신을 주나
라 시조 후직의 어머니 강원으로 보았다. 따라서 주나라에
서는 여와가 아닌 강원을 고매로 섬겼다.
　근대 중국의 저명한 문헌학자 문일다(聞一多)도 이 시에 나
오는 '비궁'을 고매의 사당이라고 생각했다. 그러나 고매신
이 여와에서 강원으로 탈바꿈한 사실을 지적하고 있다.

성대히 거행된 고매 제사

아무튼 고매를 제사지내는 의식은 당대(唐代)에 이르기까지 성대히 거행하였다. 《한서(漢書)》〈여태자전(戾太子傳)〉에는 아들을 얻기 위해서 매궁(禖宮; 비궁은 매궁이라고도 불림)을 세운 것이 기록되어 있다. 민간에서는 시기를 정해 놓고 남녀가 만나고, 사분(私奔)을 금하지 않았음이 《주례(周禮)》〈매씨(禖氏)〉에 기록되어 있다. '분(奔; 만남)'은 민중의 혼사를 이르는 말이다.

앞에서 소개한 시 〈비궁〉은 고매 제사의 중요성과 규모, 그리고 성격을 잘 시사하고 있다.

가을 제사를 지내기 위해 여름부터 복형(福衡; 소가 뿔로 박는 것을 막기 위하여 두 뿔 끝에 가로댄 나무)을 대놓았다는 대목은 제사를 얼마나 중시했는가를 말하며, '비취로 장식한 술그릇' 등의 표현은 제사의 화려함을 설명하고 있다.

고매 제사 때 흥겨운 춤을 추었는데, 그것은 만무(萬舞)라고 불렀다. 만무는 방패를 들고 추는 춤으로 춤사위가 화려하면서 힘이 넘치고 경쾌하다. 문일다는 만무를 성적 자극이 농후한 춤이라고 해석하고, 고매 제사가 상상 이상으로 음란했을 것이라는 견해를 제시했다.

고매는 남녀간의 교합과 자식을 주는, 즉 성과 관련된 모든 일을 주관하는 여신이기 때문에 그녀를 기쁘게 하는 것은 활발한 성적 욕망을 표출하는 것이라고 본 것이다.

그렇다면 왜 황실에서 고매 제사를 중시했을까?

이쯤에서 그것에 대한 분명한 이유를 짚고 넘어갈 필요가 있다. 왜냐하면 바로 이 점이 오랜 중국의 역사를 지탱한 봉건사회를 이해하는 열쇠이기 때문이다.

앞에서 잠시 언급했지만, 공자는 중국의 역사를 신(神)이 아닌 인간 치세(治世)로부터 잡고 있다. 물론 전설상의 성천자(聖天子)인 요(堯)와 순(舜)을 설명하기 위해서는 그 전에 세상을 통치한 존재에 대한 설명이 불가피해진다.

그러나 그것은 어떤 방법을 쓰더라도 합리적인 설명이 불가능한 세계이기 때문에 거의 모든 나라에서 신화에 의존하고 있다. 이 점에 있어서는 중국도 예외는 아니다.

중국의 창세신화에 의하면 천지와 함께 태어난 신의 이름은 반고(盤古)이다. 천지가 생긴 후에 삼황(三皇)이 출현하여 세상의 기틀을 잡고, 그 뒤를 인간인 요와 순이 계승하여 중국을 통치하게 된 것이다. 그래서 중국의 왕을 천자(天子)라고 했으며, 이는 '하늘의 아들' 또는 '하늘의 뜻을 받아 천하를 다스리는 자'라는 뜻이다.

왕은 하늘의 뜻을 받아 천하를 다스리는 사람이기 때문에 이상적인 성덕(聖德)을 지닌 인물이어야 했다. 군주제도에서 '덕(德)'에 대한 개념이 무엇보다 중시된 이유가 여기에 있는데, 덕은 하늘의 뜻, 곧 자연의 질서에 순응하는 것을 의미했다.

덕은 왕권을 유지하는 가장 근원적인 힘으로 작용했다. 왕이 덕을 잃으면 하늘의 뜻을 거스른 것이라고 하여 폐위되는 이유가 되었고, 새로운 왕조를 세운 사람도 덕을 내세워 자기의 반역을 합리화시켰다.

왕의 자리는 세습되었다. 아버지의 모든 것이 자식에게 물려지고, 또 그 자식의 자식으로 이어졌다. 왕을 비롯한 지배계급은 이런 것을 덕이 많다고 보았다. 아버지의 덕이 자

기에게 이어지고, 또 그것은 자식에게 고스란히 이어진다고
보았기 때문에 덕은 조상과 후손을 단단히 묶어주는 연결고
리로 작용했다.

이렇기 때문에 조상은 자손의 심령 속에 항상 살아 있
었다. 자손을 중시하고 조상을 숭배하는 사상의 뿌리는 여
기에서 비롯된 것인데, 왕은 자기의 덕이 후손에게 길이 이
어지기를 바라는 의미에서 고매 제사를 성대히 지냈던 것
이다.

모태 개념

고대 중국인은 천지와 우주에 가득해서 만물을 움직이는
근원이 되는 힘이 있다고 믿었다. 그것을 '기(氣)'라고 이해
했다. 기는 우주 만물에 깃들어 있는 것으로 보았다. 특히
안개와 구름과 대지는 우주의 기를 충만하게 품고 있다고
생각했는데, 이런 측면에서 생식 기능을 지닌 여자의 질이
강한 기를 갖고 있다고 믿었다.

여자를 사물의 발생·발전의 근거가 되는 모태(母胎) 개념
으로 이해한 것이다. 앞으로 차차 살펴보게 되겠지만, 방중
술은 이런 개념에서 성교를 최고의 양생법으로 보고 실용적
인 방법을 개설했다.

지금껏 살펴본 바와 같이 황실에서 연례행사로 고매 제사
를 성대히 거행했던 목적은 조상의 음덕을 기리고 그 덕이
자손들로 하여금 이어지게 하기 위해서였다. 왕은 최대한으
로 많은 덕(자손)을 소유함과 아울러 기력을 보충하기 위해
다수의 배우자를 필요로 하였다. 이것은 일부다처제(一夫多

妻制)의 한 요인으로 작용했는데, 뒤에서 보다 상세히 기술
하고자 한다.

에로틱한 봄날의 연회

민간에서도 고매 제사와 비슷한 성격의 축제, 또는 집회
가 있었다. 이런 모임은 생식숭배와 관련이 있기 때문에 노
골적인 성애적 경향을 띠고 있었다.

《시경》에는 남녀간의 사랑과 구애를 소재로 한 노래들이
많이 나온다.

> 저기로 칡을 캐러 가려네
> 하루만 못 만나도 석 달이나 지난 듯하네.
> (《시경》〈채갈(采葛)〉)

> 동문 밖에 나가보니 아가씨들 구름같이 모여 있구나
> 아가씨들 구름같이 모여 있지만 내 마음은 그곳에 있지 않네
> 흰 저고리 푸른 수건의 어여쁜 내 님만이 나를 즐겁게 해주네.
> (《시경》〈출기동문·出其東門〉)

앞의 시는 여자가 핑계를 대고 사랑하는 남자를 만나러
가는 것을 노래한 시이다. 단 하루만 못 만나도 벌써 석 달
이나 지난 것 같은 느낌이 든다는 대목은 연애에 푹 빠진 여
심을 잘 표현하고 있다.

뒤의 시는 청춘남녀들의 자유로운 만남을 노래하고 있다.
정해진 시기와 장소에 남녀가 모여 마음에 드는 상대에게

구애를 하고, 눈이 맞으면 부담없이 얽히는 것이다.

> 진수와 유수의 강물이 불어나 물결이 출렁거리고
> 처녀 총각들 모여들어 향초를 꺾어들었네
> 처녀가 말하기를 "구경 가요."하니 총각이 대답하기를 "벌써 갔다 왔지."
> "그래도 다시 가보지 않겠어요? 유수 기슭에 가면 정말 넓고 좋은 곳이 있어요."
> 처녀 총각들 희희덕거리며 놀다가 헤어질 땐 작약을 꺾어 정표로 주네. (《시경》〈진수와 유수〉)

남녀가 어울려 희롱하며 놀다가 끝내 섹스로 이어지는 광경을 노래하고 있다. 중국의 성애문학에서 '작약(芍藥)'은 여자의 성기를 상징하는 의미로 흔히 인용되고 있다. 그것을 생각하면 앞에 소개한 시의 의미는 분명해진다.

이렇듯 고대 중국인의 성풍속은 방탕을 느낄 만큼 몹시 자유로웠다. 그리고 여자들은 성에 능동적이며, 성에 대한 지식 또한 높았다. 《소녀경》을 비롯한 방중술과 관련된 책을 보면 한결같이 여자가 위대한 스승으로 묘사되어 있는 반면에 남자는 무지한 제자의 모습으로 그려져 있다.

여자가 방중술의 완벽한 지식을 가진 존재로 묘사된 이유를 신화에서 찾을 수 있다.

사랑의 여신

삼황(三皇)의 한 사람으로 꼽히는 신농씨(神農氏)에게는 딸이 셋 있었다. 그중 요희(搖姬)라는 딸은 누구와 비할 수 없을 정도로 아름답고 정열적인 소녀였다. 그러나 그녀는 생을 채 꽃피우지 못하고 처녀의 몸으로 죽고 말았다. 얼마 후 그녀의 무덤에 한 포기 노란 꽃이 피어났다. 그 꽃이 지고 열매를 맺었다. 사람들은 그 열매를 요희의 화신(化身)으로 생각하고, 누구든지 그 열매를 따먹은 사람은 반드시 이성의 사랑을 받는다고 했다.

그런데 천제(天帝)가 꽃다운 나이에 요절한 요희를 가련하게 여겨 사천성 무산(四川省 巫山)의 운우신(雲雨神)으로 봉했다. 신이 된 그녀는 아침에는 미려한 구름이 되어 산꼭대기 근처를 떠돌아다니고, 저녁에는 쓸쓸한 저녁비로 변하여 골짜기에 내려 풀 길 없는 가슴 속의 정열을 달랬다.

그러다가 그녀는 초나라의 회왕(懷王)과 또 그의 아들 양왕(襄王)의 꿈에 나타나 불 같은 정열을 발휘하여 차례로 인연을 맺었는데, 이 로맨틱한 정사(情事)의 전말은 초나라의 시인 송옥(宋玉)의 〈고당부(高唐賦)〉, 〈신녀부(神女賦)〉 두 편에 의해 전해진다.

이 슬프고 아름다운 이야기 속에는 하늘과 땅의 교합이라는 우주적 이미지가 변형되어 있다. 여기서 성교를 주도한 사람이 여자였다는 사실을 유의해야 한다. 그러면 여자가 왜 방중술의 스승으로 묘사되었는가를 이해할 수 있을 것이다.

남녀의 성교를 '무산(巫山)의 꿈', '운우(雲雨)', '고당(高唐)'이라고 표현하게 된 기원이 바로 여기에서 비롯된 것이다.

중국의 연애 전쟁

　필자의 졸저 《한국인과 에로스》에 〈한국의 연애 전쟁〉이
라는 제하의 글을 썼다. 많은 독자께서 이 내용에 흥미를 보
이며 전화와 편지를 주셨는데, 이 지면을 빌어 거듭 감사를
드린다.

　그 글에서 필자는 '한국의 연애 전쟁'을 호메로스의 시에
나오는 '트로이전쟁'에 비유하여 서술했다. 고대 그리스의
유명한 전설적 전쟁인 트로이전쟁은 헬레네(Helene)라는
아름다운 여자 때문에 발발하여 10년간이나 계속된 것으로
되어 있는데, 일찍이 중국에서도 여자로 인하여 큰 전쟁이
발발했다.

　《좌전(左傳)》과 《사기》 〈제태공세가(齊太公世家)〉에 그것이
기록되어 있다.

　중국 춘추시대 제(齊)나라의 제15대 왕 환공(桓公)의 셋째
부인은 소희(少姬;《동주열국지》에는 '채희·蔡姬'로 되어 있음)
였다. 그녀는 채(蔡)나라 목공(穆公)의 누이동생인데, 빼어난
미모와 방자한 성품의 소유자였다.

어느 날, 환공이 부인 소희와 함께 작은 배를 타고 연못에서 연꽃을 따며 놀았다. 소희가 장난으로 환공에게 물을 끼얹었다. 환공은 기겁을 하며 손을 내저으며 주의를 주었다.

"어허, 그러지 말라 !"

"호호호……."

소희는 환공이 물을 두려워하는 것이 재미있어서 깔깔 웃었다. 그러다가 일부러 배를 흔들어 연못의 물이 환공의 옷에 튀도록 만들었다.

"어허, 그러지 말라니까 !"

겁에 질린 환공은 거듭 소희의 장난을 말렸으나 소희는 깔깔거리며 그치지 않았다.

이에 크게 노한 환공이 소희에게 말했다.

"능히 주군을 섬길 줄 모르는 방자한 계집은 필요없다. 당장 너희 나라로 돌아가거라 !"

환공은 그날로 부인 소희를 친정으로 돌려 보냈다. 환공 즉위 29년(B. C. 657)의 일이었다.

여동생이 쫓겨온 것을 보고 채나라 목공은 크게 노했다.

"이미 출가한 사람을 쫓아보냄은 서로의 절연을 뜻하는 것이다."

목공은 홧김에 누이 소희를 초(楚)나라에 개가시켰다. 그리하여 소희는 초나라 성왕(成王)의 부인이 되었다.

이 소문을 듣고 환공은 채나라와 초나라를 잔뜩 벼르다가 그 다음해에 채나라를 공격했고, 그 여세를 몰아 초나라까지 정복했다.

초나라 문왕(文王)도 식(息)나라를 공격하여 식후(息侯)의 부인 규씨를 빼앗아 왔다. 그 과정에서 나타난 음모·술수가 꽤나 드라마틱하다.

식후의 부인 규씨는 진후(陳侯)의 둘째 딸로 천하절색이었다. 진후의 첫째 딸은 채나라 애후(哀侯)의 부인이었기 때문에 식후와 채애후는 동서간이었다.

어느 날, 식부인 규씨가 친정인 진나라에 가는 길에 채나라를 지나게 되었다. 이 소식을 들은 채애후는 몹시 기뻐했다.

"처제가 우리 나라를 지나간다 하니 내 어찌 만나 보지 않을 수 있겠는가. 명색이 형부인 내가 마땅히 만나야지."

그는 신하를 시켜 식부인 규씨를 궁중으로 청해 환대했다. 그런데 처제의 자태가 너무 고왔기 때문에 사나이로서의 흑심을 품게 되었다.

"처제, 처제는 너무 아름답소. 우아한 얼굴, 또 수려한 이목구비, 또 늘씬한 몸매, 이 모든 것이 나의 애간장을 녹이는 듯하오."

채애후는 유혹의 말을 남발하며 처제인 식부인을 희롱하려고 했다. 그러자 식부인 규씨는 크게 화를 내고 채나라 궁중을 나와 진나라로 갔다.

그 후 규씨 부인은 친정인 진나라에서 식나라로 돌아갈 때 채나라에는 들르지도 않았다. 식나라 궁중으로 돌아온 규씨 부인은 분개한 목소리로 남편 식후에게 자초지종을 말했다.

"뭐라고? 소위 형부라는 작자가……."

식후는 채애후가 자기 부인을 불경한 태도로 대했다는 말을 듣고 두 주먹을 불끈 쥐었다.

"으으, 금수보다 못한 놈! 내 이놈을 결코 용서하지 않으리라."

식후는 즉시 사신을 초나라에 보내어 조공을 헌납함과 아울러 초문왕에게 밀서를 전달했다. 식후가 초문왕에게 보낸 밀서에는 다음과 같은 계략을 담고 있었다.

채나라는 제나라를 믿고 대왕께 조공을 바치지 않고 있는데, 이는 옳지 않사옵니다. 만일 초나라가 우리를 공격하는 척하면 우리는 즉시 채나라에 구원병을 청하겠습니다. 채애후는 원래 경망한 사람이므로 반드시 우리를 구원하기 위해 군대를 영솔하고 달려올 것입니다. 그때 초군과 우리 식군이 합하여 공격하면 채애후를 사로잡기는 매우 손쉬운 일이 아니겠습니까?

식후의 이러한 밀서를 받은 초문왕은 크게 기뻐했다.

"으하하하……. 눈엣가시와 같은 채애후를 잡을 좋은 기회가 왔도다!"

초문왕은 즉시 군대를 출동시켜 식나라를 정벌하는 척했다. 그러자 식후는 계책대로 채애후에게 구원병을 요청했고, 채애후는 친히 군대를 영솔하고 구원하러 왔다.

미리 잠복하고 있던 초군은 불시에 채애후의 군사를 습격했다. 채애후는 초군의 기습을 견디지 못하고 급히 식나라 궁중으로 도피했다. 그러나 식후가 성문을 꽉 닫고 열어주지 않았기 때문에 뒤를 쫓아온 초군에게 크게 패했다.

"퇴각하라!"

채애후는 혼비백산하여 퇴각을 명령했다.

"추격하라!"

초군은 정신없이 달아나는 채애후의 패잔병을 추격했다. 마침내 채군은 일망타진되었고, 채애후는 초군에 사로잡히는 몸이 되었다.

초나라로 붙들려가면서 채애후는 비로소 식후의 속임수에 빠진 것을 알고 이를 갈았다. 그러나 어쩔 수가 없었다.

채애후를 생포하여 귀국한 초문왕은 즉시 분부를 내렸다.

"여봐라! 채애후를 당장 가마솥에 넣고 삶아라."

왕의 명령이 떨어지기가 무섭게 군사들이 민첩하게 움직였다. 이때 육권이 황급히 놀라 간했다.

"대왕, 고정하옵소서. 채애후를 이렇게 잔인하게 죽이면 소문을 들은 모든 나라 제후가 대왕을 두려워할 것이옵니다. 그러니 부디 채애후를 살려서 보내십시오. 그러면 모든 나라 제후들이 대왕의 덕을 흠모할 것이옵니다."

초문왕은 눈을 부릅뜨고 고개를 저으면서 소리쳤다.

"당장 시행하여라!"

"예이!"

병사 두 명이 달려들어 공포에 떨고 있는 채애후의 양쪽 어깻죽지를 잡았다. 바로 그 순간이었다. 육권이 비호처럼 몸을 날려 왼손으로 초문왕의 소매를 잡고, 오른손으로는 허리에 찬 칼을 뽑아 왕을 겨누었다.

"이, 이게 무슨 짓이냐?"

초문왕이 파랗게 질려 신음하듯 말하자 육권이 크게 부르짖었다.

"대왕, 신은 차라리 대왕과 함께 죽겠나이다. 대왕께서 여러 제후를 잃는 것을 차마 볼 수 없사옵니다."

육권의 두 눈에 눈물이 가득 서렸다. 이윽고 주먹 같은 눈물이 뺨을 타고내려 바닥에 뚝뚝 떨어졌다. 그것을 본 초문왕의 표정이 숙연해졌다.

"과인은 그대 말을 듣겠노라."

육권은 감읍하여 초문왕에게 다시 아뢰었다.

"대왕께서 신의 말을 가납하시어 채애후를 죽이지 않으신 것은 우리 초나라의 복이옵니다. 그러나 대왕을 겁박한 소신의 죄는 천만번 죽어도 마땅하옵니다. 그러니 신을 죽여 주시옵소서."

"경의 충성심은 태양도 무색할 지경이오. 그런데 과인이 어떻게 경을 벌하겠소?"

"황공하옵니다. 비록 대왕께서 소신의 죄를 너그럽게 용서하셨지만, 신 스스로는 용서할 수가 없사옵니다."

육권은 비장한 음성으로 이렇게 말한 다음 재빨리 허리에 찬 칼을 뽑아 자기 발을 잘랐다.

"아아, 과인의 덕이 부족했도다!"

초문왕은 주먹으로 몇 번이나 자신의 이마를 치면서 과실을 뉘우쳤다. 그 후 육권을 존칭하여 태백(太伯)이라 하고 모든 성문을 관할하게 했다.

초문왕은 채애후를 전별하는 뜻에서 연회를 베풀었다. 많은 궁녀들이 잔치의 흥을 돋우기 위해 춤을 추고 음악을 연주했다.

술이 거나하게 취한 초문왕이 호방하게 웃으며 채애후에게 말했다.

"군후는 절세미인을 본 일이 있으시오?"

이 말을 들은 채애후의 눈빛이 강렬하게 번뜩였다. 그는 순간적으로 자기를 속여 위기에 빠뜨린 식후를 생각하며 회심의 미소를 지었다.

"절세미인을 본 적이 있느냐고 물었는데 왜 웃으시오?"

초문왕이 영문을 모르겠다는 표정으로 채애후를 보았다. 채애후는 단숨에 술잔에 가득한 술을 입에 털어 넣은 후에 은근한 목소리로 말했다.

"저는 말로만 듣던 천하절색을 본 적이 있습니다."

"그게 정말이오?"

"그렇습니다."

"그 천하절색이란 여자는 어디에 사는 누구요?"

"천하에 식후의 부인처럼 절세미인은 없을 것입니다. 선녀 같은 그녀의 화월용태를 보면 대왕께서도 한눈에 넋을 빼앗길 것이옵니다."

"그녀의 자색이 어떻기에 그토록 칭찬을 하시오?"

"날씬하고 수려한 자태는 이루 말로는 형용하기 어렵사옵니다. 눈은 맑아 가을 새벽의 투명한 이슬 같고, 붉은 입술 속의 하얀 치아는 마치 석류알처럼 반짝거립니다. 어디 그뿐입니까. 눈이 부실 만큼 뽀얀 피부에 뺨은 항상 은은한 도화빛을 발하는데, 그 모습이 참으로 매혹적이고 사랑스럽사옵니다."

초문왕은 마른침을 꿀꺽 삼켰다.

"아아, 나도 한번 식부인을 보고 싶군요. 그렇게 절세미인을 한번 볼 수 있다면 죽어도 여한이 없겠소."

초문왕이 욕심을 내자 채애후가 슬쩍 부추겼다.

"대왕, 대왕의 위엄으로 세상에 무엇이 어렵겠사옵니까? 더구나 속국의 한 여자쯤이야……. 대왕께서 마음만 먹으신다면 쉽게 손에 넣을 수 있지 않겠습니까?"

초문왕은 이 말을 듣고 크게 기뻐했다.

채애후를 후히 대접하여 본국으로 돌려보낸 초문왕은 식부인을 손아귀에 넣고 싶어 안달이 났다.

"무슨 좋은 방법이 없을까?"

초문왕은 궁리에 궁리를 거듭했다. 그러다가 순방(巡訪)을 가장하여 정예군을 이끌고 식나라로 갔다. 아무것도 모르는 식후는 교외까지 마중나와 영접하고 대연을 베풀었다.

이튿날, 초문왕은 답례한다는 명목으로 자기의 군영에다 군사를 매복한 후 잔치를 베풀고 식후를 청했다. 잔치에 참석한 식후는 초문왕이 권하는 대로 술을 받아 마시고 얼근히 취했다. 이때 초문왕은 대취한 체하며 주정했다.

"군후의 부인이 절세미인이란 소리를 들었는데, …… 정말이오? 정말 그렇다면 과인을 위해 그 미인 부인으로 하여금 잔치를 베풀게 해주오."

초문왕의 무례한 부탁을 들은 식후는 안색이 변하여 다소 퉁명스럽게 대꾸했다,

"대왕께서는 어찌 그런 농담을 하십니까?"

이 말이 끝나기도 전에 초문왕은 주먹으로 술상을 내리치며 벽력 같은 소리를 쳤다.

"감히 얼굴을 찌푸리며 내 말을 거역하다니! 용서할 수 없다. 여봐라, 당장 이놈을 포박하라!"

매복하고 있던 군사들이 일제히 쏟아져 나와 식후를 결박지었다. 그러자 초문왕은 즉시 군사를 이끌고 궁중으로 들어가 식부인 규씨를 찾았다.

식부인은 변란이 일어났다는 보고를 듣고 길게 탄식했다.

"스스로 호랑이를 끌어들였으니 누구를 원망하리오."

식부인은 우물에 몸을 던지려고 했다. 그것은 본 초나라 장군이 재빨리 뛰어와 그녀의 치맛자락을 붙들었다.

"부인께서 이렇게 목숨을 버리시면 식후의 목숨도 부지하기 어렵습니다. 부인께서 목숨을 보지하시면 식후도 죽음을 면할 수 있습니다. 그런데 어찌 부부가 다 함께 죽으려 하십니까?"

이 말에 식부인은 차마 죽지 못하고 머뭇거렸다. 초나라 장군은 그런 식부인을 잡아끌어 초문왕에게 데려갔다.

"어서 오시오, 부인. 과인은 오래 전부터 부인을 한번 보는 것이 소원이었는데, 이렇게 보니……."

초문왕은 다정한 말로 식부인을 위로하고, 자기의 뜻에 따른다면 식후를 죽이지 않겠다고 약속했다. 식부인은 남편을 살리기 위해 초문왕의 뜻에 따라 그의 첩이 되었다.

사람들은 규씨 부인의 뺨이 복숭아꽃 같다고 하여 그 후로 그녀를 도화부인이라고 불렀다.

이렇듯 고대 중국에서는 한 여자를 차지하기 위해 군사를 동원한 사건이 적지 않았다. 그리고 여자로 인하여 나라의 흥망이 좌우된 경우도 많았다. 그래서 '경국지색(傾國之色)'이란 말이 생겼다.

맏아이를 죽여라

프리 섹스의 시대

잘생긴 그 사나이가 마을 어귀에서 날 기다렸거늘
나는 어찌하여 따라가지 않았을까

씩씩한 그 사나이가 성문 옆 숙소에서 날 기다렸거늘
나는 어찌하여 따라가지 않았을까

비단 저고리에 비치는 덧옷 걸치고 비단 치마 덧치마 차려입고
어진 님이 수레 몰고 맞으러 오시면 따라가리다

비단 치마 덧치마 차려입고 비단 저고리에 얇은 덧옷 걸치고
어진 님이 찾아와 부르시면 따라가리다.
(《시경》〈정풍·잘생긴 그 사나이가〉)

서(序)에 따르면 이 시는 음란한 여자에게 정절이 없음을

노래한 시라고 했는데, 필자도 동감한다. 시 속에 등장하는 여자는 생각하는 바가 있어 미남자의 유혹을 뿌리치고 약속 장소에 나가지 않았는데, 돌아서서 유혹을 뿌리친 사실을 못내 아쉬워하며 뼈저리게 후회한다. 나아가 여자는 세상 남자들이 유혹한다면 기꺼이 따라가겠다는 의욕을 불태우고 있다.

어느 국문학과 교수는 이 시에 빗대어 여성 심리의 일면을 말했다. 여성의 아름다움이 최고조에 달한 20대 초반에는 배우자에 대한 욕심이 매우 큰데, 한살 한살 나이를 먹을수록 그 욕심이 줄어든다는 것이다. 그리하여 20대 후반 무렵에는 아무 남자나 데려가겠다고만 하면 마음이 갈대처럼 흔들리는 것이 여자의 마음이라고 하는데……. 이 말의 진위에 대해서는 필자가 남자이기 때문에 딱부러지게 정의를 내리기는 어렵다.

앞에서도 말했지만, 《시경》에는 자유스런 연애시가 많이 나온다. 남녀의 음란한 모습을 노래한 시가 있고, 사람의 눈을 피해서 정분을 나누는 광경을 그린 시도 있다. 또 대담하게 섹스를 그린 시도 있고, 음탕한 여자가 자기를 버린 남자를 원망하는 시도 나온다.

모든 예술은 시대상을 반영한다. 《시경》에 다양한 연애시가 수록된 것은 그 시대에 실제로 그런 풍속이 행해졌기 때문인데, 이것은 의심할 여지가 없다.

모두가 알고 있는 것처럼 《시경》은 중국에서 가장 오래된 시집이며, 《주역》·《서경》·《예기》·《춘추》와 함께 경전(經典)으로서 후세에 전해졌다.

이 책에서는 《시경》에 수록된 시가 비교적 많이 인용되기 때문에 잠시 《시경》의 개요를 서술하는 것도 나쁘지는 않을 것이다.

《시경》에 수록된 시는 국풍(國風)에 160편, 소아(小雅)에 80편, 대아(大雅)에 31편, 송(頌)에 40편이 실려 있다. 따라서 모두 311편의 시가 수록되어 있는 셈이지만, 그중 소아의 6편은 편명(篇名)만 있고 가사는 전해지지 않기 때문에 사실상 305편이나 마찬가지이다.

《시경》의 시를 내용상으로 분류해 보면, '국풍'은 각 지방의 민간 가요이고, '대아·소아'는 조정에서 연주되던 음악이며, '송'은 종묘에서 제사지낼 때 부르던 악가이다.

《시경》의 시에는 각각 시서(詩序)라는 것이 있어 시를 제작하게 된 연유와 시의(詩意) 등을 기록하고 있다.

그러나 오늘날에 와서는 이 시서의 신빙성이 극히 미약하다는 것이 경문(經文), 즉 본문 속에 확실한 연대를 나타내는 어떤 시구(詩句)가 없는 한, 또는 시의 내용을 입증할 만한 확실한 다른 문헌이 없는 한 시서의 해설을 그대로 받아들이는 것은 무리가 있다.

《시경》에 수록된 시는 주왕조의 건국 초기(B. C. 1050년경 무렵)의 시에서부터 춘추시대 초기까지 약 수백 년 동안에 읊어지고 불려진 시를 모은 것이다. 이 시기는 우리 나라의 고조선(古朝鮮) 시대에 해당한다.

지금으로부터 약 3천여 년 전에 중국에서는 이미 오늘날과 같은 프리 섹스 시대가 있었다는 얘기가 되는데, 역사의 유전(流轉)을 실감나게 한다. 《시경》에 수록된 남녀의 애정 편력을 노래한 시 몇 편을 살펴보기로 하자.

蝃蝀在東 莫之敢之 女子有行 遠父母兄弟
체 동 재 동 막 지 감 지 여 자 유 행 원 부 모 형 제

동쪽 하늘에 무지개가 있어도 손가락질 못하는 법이라네
여자란 언젠가는 시집을 가 부모 형제 곁을 떠나게 마련인 것을

朝際于西 崇朝其雨 女子有行 遠兄弟父母
조 제 우 서 숭 조 기 우 여 자 유 행 원 형 제 부 모

아침 서쪽 하늘에 무지개 서고 잠시 동안 궂은 비 내렸네
여자란 언젠가는 시집을 가 부모 형제 곁을 떠나게 마련인 것을

乃如之人也 懷昏姻也 不知命也
내 여 지 인 야 회 혼 인 야 부 지 명 야

이렇듯 음탕한 사람은 오직 혼인만 생각하네
마음이 곧지 못해 믿을 수 없는 사람, 사람의 도리조차 모르네.

이 시는 〈체동(蝃蝀)〉이란 제목의 시로 용풍에 들어가 있다. 여기에서 무지개는 서로 어울리지 않아야 하는 음양의 기가 어울려서 생기는 천지(天地)의 음기(淫氣)를 뜻하며, 남녀의 음란하고 과도한 불륜 관계를 상징한다. 음탕한 여자를 조롱하는 시인데, 해석하면 다음과 같다.

남녀가 불륜 관계를 맺고 있다. 모두들 곁눈질을 해서 보기는 해도 손가락질을 하지는 않는다(무지개를 손가락질 하면 손에 종기가 생긴다).
여자라는 존재는 시집을 가면 반드시 부모 형제와 멀리 떨어져 살아야만 한다(그러려면 행실을 바르게 하여 중매에

의한 혼례를 기다려야만 하는데, 저 여자는 어째서 저렇게
음탕한 짓을 하고 있는 것일까?).

아침에 서쪽 하늘에 무지개가 떠서 굵은 비가 내렸으나
아침 식사 전에 그쳤다. 비는 음양의 기가 조화되어 비로소
내리는 것이다. 그런데 지금은 음기(淫氣)의 무지개가 선 것
으로 보아 음양의 기가 조화되어 있지 않은 것이니 오래 내
릴 리가 없다(성행위가 목적인 불륜의 정사는 오래 지속되
는 것이 아님을 비유한 것으로 보인다).
　여자는 태어난 집을 떠나 시집을 가게 마련이다. 부모 형
제와 언젠가는 떨어져야만 한다(그러기 위해서는 올바른 혼
례를 기다려야 하는데, 저 여자는 어째서 저렇게 음탕한 짓
을 하는 것일까).

이렇게 음탕한 사람은 남녀의 욕정을 채우기 위해 혼인할
것을 생각하는 것이다.
　이런 여자는 '남편과 죽을 때까지 함께 살겠다'는 부덕이
없으며, 또 혼인은 부모의 명을 받아 치러야 한다는 것조차
모르는 사람이다.

이 시는 주왕실의 동천(東遷)을 전후한 시기의 작품이라
짐작된다. 그 시기의 혼인에는 반드시 중매인이 있어서 두
집안 사이를 주선하고 혼약 성립의 증인이 되었다.

나라에서 관리한 남녀의 혼인

《주례(周禮)》에는 '매씨(媒氏)'라는 관직이 나오는데, 이 매씨가 바로 중매인이다. 모(某)는 신에게 기원함을 의미하는 글자로서, 구자(求子)의 예(禮)는 매(禖), 남녀를 합(合)함은 매(媒)라고 하였기에 중매인을 '매씨'라고 한 것이다. 《시경》에도 매씨의 존재를 말하고 있는 다음과 같은 시가 있다.

> 도끼자루 베자면 어떻게 하지. 도끼자루 아니면 안 되는 거지.
> 마누라 얻자면 어떻게 하지. 중매꾼 아니면 안 되는 거지.
> (《시경》〈벌가·伐柯〉)

매씨라는 관직의 구성은 하사(下士)와 사(史)를 2명씩 두고, 그 밑에 각각 10명의 관리를 두었다. 이들의 업무는 온 백성의 혼인을 관장하는 일이었다. 매씨는 아이가 출생하여 이름을 갖게 되면, 이름과 출생년월일을 주의 깊게 기록하였다가 남자는 30세, 여자는 20세가 되어야 결혼할 수 있도록 했다.

그런데 혼인의 때를 넘긴 남녀를 위해 예외적인 규정을 두었다. 봄이 되면 매씨는 관할지역의 결혼 적령기를 넘긴 젊은이들을 모두 모아서 서로 짝을 골라서 혼례의식 없이 결합시켰다. 이때도 짝을 고르지 않으면 처벌을 받았다.

나라에서 매씨라는 관직을 두어 남녀의 혼인을 관장했고, 또 혼인의 때를 넘긴 남녀를 처벌했다는 것은 그 당시에 혼인을 얼마나 중시했는가를 말해주는 대목이다.

조선시대 우리 나라에서도 혼인의 때를 넘길 경우, 그 처녀의 보호자(혼인을 주선해야 할 사람)를 처벌하는 규정을 두었다. 세종(世宗) 때 지체 높은 양반집 딸 두 명이 여러 남자와 음행을 저질러 큰 물의를 일으킨 사건이 있었다. 금음동(今音同)과 동자(童子)라는 처녀가 문제의 장본인이었다. 세종은 그녀들을 처벌한 후에 이러한 명령을 내렸다.

> 여성이 정조를 잃고 음란해지는 것은 혼기를 놓쳤기 때문이다. …여자는 14세부터 혼인을 허락하여 20세까지 모두 혼인시킨다. 부득이한 사정이 있어 그 나이를 넘기게 될 경우에는 관에 신고해야 한다. 만일 그 사정이 합당하지 않을 때는 그 여성의 혼인을 주선해야 할 사람을 처벌한다. (《세종실록》 권37)

세종이 이런 명령을 내린 후부터 조선에서는 고을의 원(員)이 혼기 놓친 여성을 챙겼다. 왜냐하면 고을에서 음풍(淫風)이 발생하면 나라에서 사또에게 먼저 책임을 물었기 때문이었다.

연애시

고대 중국에서 남녀의 혼인할 나이를 못박아 놓은 것도 음풍을 방지할 목적이었을 것이다. 그러나 강렬한 본능의 꿈틀거림과 이끌림을 물리적인 방법으로 완전히 통제할 수는 없었을 것이다.

다음은 사람의 눈을 피하여 정분을 나누는 음란한 남녀의 일을 노래한 시의 일부분이다.

將仲子兮 無踰我里 無折我樹杞
장중자혜 무유아리 무절아수기
豈敢愛之 畏我父母
기감애지 외아부모
仲可懷也 父母之言 亦可畏也
중가회아 부모지언 역가외야

부탁하오니 중자여, 우리 마을을 넘어들어와
내가 심은 버들을 꺾지 마오
어찌 버들이 아까우리오만 부모님이 두렵답니다
중자가 그립기도 하지만 부모님 말씀이 더욱 두렵습니다
(《시경》〈정풍·장중자〉)

시의 뜻이 명백하여 굳이 해석할 필요가 없을 정도이다.
여자는 부모 몰래 중자(仲子)라는 남자와 은밀히 만나 깊은
관계를 맺고 있다. 그런 밀회가 발각되기라도 해서 부모에
게 꾸중을 들을까 걱정하면서도 중자가 그립다는 여운을 남
기고 있다.
또 음탕한 여자가 자기를 버린 남자를 원망하는 시도 있
고, 버림받은 여자의 슬픔이 묘사된 노래도 있다. 지금부터
는 특별한 경우가 아닌 한 원문(한자)은 생략하기로 한다.

저 교활한 젊은이는 나와 말도 하지 않네
그대와 헤어진 이후로는 음식도 넘어가지 않는다오

저 교활한 젊은이는 나와 음식도 먹지 않네
그대와 헤어진 이후로는 뜬눈으로 밤을 새운다오.
(《시경》〈정풍·교동·狡童〉)

한길에 나가서 님의 소매 부여잡고
나를 싫어 마시고 옛정을 버리지 마세요

한길에 나가서 님의 손을 부여잡고
나를 미워 마시고 옛 사랑을 버리지 마세요.
(《시경》,〈정풍·준대로·遵大路〉)

이상의 글에서 살펴본 바와 같이 중국에서는 유사이래(有
史以來) 남녀의 자유로운 연애가 허용되었고, 명(明)의 만력
년대(萬曆年代)까지는(왕조와 집권자에 의해 크고 작은 변동을 겪기
는 했지만) 비교적 그러한 풍속과 관념이 유지되었다. 특히
명의 만력년대는 인간 본능을 긍정한 시대로《금병매(金瓶
梅)》와 같은 인간의 색욕을 대담하게 묘사한 소설이 발표될
정도였다.

살수자의 의미

필자는 앞에서 은주시대(殷周時代)의 시조 탄생을 예로 들
어 고대 중국의 모계사회 흔적을 말했다. "어미만 알고 아비
는 모른다."라는 여러 문헌의 기록이 모계사회에 대한 단서
를 제공하고 있는 것이다.

모계사회가 점차 부계사회로 나아가면서 남근숭배와 남아
선호사상이 싹트기 시작했고, 순수한 혈통 유지에 관심을
기울이게 되었다.

이 무렵 남성들은 자기의 아내가 혹시 다른 남성의 아이

를 갖지 않을까 하는 강한 의구심을 갖게 되었다. 만에 하나 자기의 아내가 다른 남자에게 몸을 허락하여 자식을 낳으면, 꼼짝없이 혈통이 다른 남의 자식을 양육함과 아울러 애써 이룬 재산 등을 상속해야 했던 것이다.

그래서 생긴 풍습이 '살수자(殺首子; 만아이는 죽인다)'이다. 혼인한 후에 아내가 처음으로 낳은 아이는 다른 남자의 아이일 수도 있기 때문에 아예 죽여 없애버리는 것이다. 이러한 야만적인 풍습이 존재했다는 기록이 고대의 여러 문헌에 실려 있다.

> 치양족[羌族]은 항상 만아이를 죽여서 마음을 편안히 하고 세상을 바로잡았다. (《한서》〈원후전·元后傳〉)

> 옛 월(越)의 동쪽에 해목국(輆沐國)이 있었다. 이 나라에서는 만아이가 태어나며 도살하여 (그 고기를) 먹었는데, 이를 일러 (적자로 인정하는 것은) 아우를 마땅하게 한다고 하였다.
> (《묵자》〈절장하(節葬下)〉)

이와 같은 풍습이 존재했다는 것은, 그 당시 혼전 성관계가 몹시 문란했음을 강하게 시사하는 대목이다. 춘추시대까지도 성풍속은 여전히 엄격하지 않았다. 그래서 왕조의 혈통이 뒤바뀐 경우도 생기게 되었다. 즉 다른 남자의 아이를 잉태한 여자가 왕의 배필이 된 후에 아들을 낳아, 그 아들로 하여금 왕위를 계승한 것이다. 그 대표적인 경우가 진나라의 시황제와 초나라의 유왕(幽王)이다.

혈통이 뒤바뀐 왕조

여불위(呂不韋)는 조나라 서울 한단에서 유녀(遊女)들 중에 용모가 뛰어나고 춤에 능숙한 여자를 얻어 함께 살고 있었다. 이 미녀가 자기의 아이를 임신하고 있다는 것을 알고 있었다. 자초子楚;뒷날 진나라의 장양왕·莊襄王)는 어느 날 여불위가 초대한 술자리에 놀러 갔다가 이 미녀를 보고 한눈에 반해 버렸다. … (여불위는) 그 여자를 자초에게 바쳤다. 그 여자는 자기가 임신 중이라는 것을 숨기고 있다가 열두 달 만에 아들 정(政)을 낳았다. 이 아들이 후일 진나라 시황제이다. (《사기》〈여불위전〉)

초나라의 고열왕(考烈王)은 늙도록 아들이 없었다. 춘신군(春申君)은 이원(李園)의 여동생을 가까이하다가 잉태한 것을 알고 그녀를 초왕에게 바쳤다. … 초왕은 그녀를 총애하여 마침내 아들을 낳아 태자를 세웠다. (《전국책》〈초책(楚策)〉)

무분별한 혼전 성교로 왕조의 혈통마저 바뀐 것으로 미루어 보아 민간의 성풍속은 한술 더 뜨면 더 떴지 못하지는 않았을 것이다.

공자의 약점

공자는 이러한 시대의 한복판에서 살았던 사람이다. 공자가 살았던 춘추시대는 제후(諸侯)들이 서로 병탄(倂呑)을 일삼아 전쟁이 끊이지 아니하는 약육강식의 시대였다. 따라서 나라의 기강은 혼돈을 거듭했을 것이며, 여성들의 정조관념도 희박했을 것이다.

공자의 출신 배경을 보더라도 그렇다. 결론부터 말해서 공자는 사생아다. 사마천의 《사기》〈공자세가(孔子世家)〉에 따르면, 공자의 부친 숙량홀이 안징재(顔徵在)와 야합하여 공자를 낳은 것으로 기록하고 있다.

공자는 이런 약점 때문에 후세의 독설가들에게 비판의 빌미를 제공하게 되는데, 그 당시의 성풍속으로 보아서 사마천의 지적은 꽤 신빙성이 높지 않을까?

경국지색

경국지색의 유래

'경국지색(傾國之色)'이란 유명한 말이 있다. 임금이 혹하여 나라가 뒤집혀도 모를 만큼 뛰어난 미인(美人)이라는 뜻을 가진 말이다.

한무제(漢無帝; 중국 전한의 제7대 황제. 재위 B.C.141~87) 때 이연년(李延年)이라는 사람이 있었다. 그는 어떤 이유로 죄를 범하여 거세(去勢)를 당한 배우였다. 성불구자가 된 그는 아름다운 소리를 갈고 닦아 황제의 총애를 받았다. 다시 말해서 이연년은 무제의 동성연애 파트너였던 것이다. 이 부분에 대해서는 뒤에 보다 자세히 기술할 것이다.

이연년에게는 빼어나게 아름다운 동생이 있었다. 하루는 황제 앞에서 자기 여동생을 두고 이렇게 노래했다.

한 번 돌아보면 성을 기울게 〔一顧傾人城〕 하고, 다시 한 번 돌아보면 나라를 기울게 〔再顧傾人國〕 하되, 그러면서도 성이 기울

고 나라가 기우는 것을 깨닫지 못하게〔寧不知傾城與傾國〕하는 것
이 미인이다.

　황제는 이 노래를 듣고 즉시 이연년의 여동생을 대령하라
고 했다. 과연 그녀는 충분히 성을 기울게 하고 나라를 기울
게 할 만한 미녀였다. 이리하여 '경국지색'이란 고사가 생
긴 것이다.
　이연년의 누이동생 이부인(李夫人)은 황제의 각별한 사랑
을 받았는데, 불행히도 젊은 나이에 세상을 떠났다. 황제는
그녀가 죽자 깊은 수심에 잠겨 다음과 같은 유명한 시를 지
었다.

　　　그녀의 명주옷 끌리는 소리 사라진 후
　　　정원 계단에는 먼지만 쌓인다
　　　텅 빈 방은 쓸쓸하고 외로우며
　　　굳게 닫힌 문 앞에는 누런 나뭇잎만 쌓인다
　　　내 아름다운 그대를 얼마나 그리워하는지
　　　내 마음 둘 곳이 없구나.

금모구미 여우의 화신 – 달기

　중국사를 보면 제왕이 한 여자의 미색에 혹하여 나라를
망친 경우가 유달리 많다. 대표적인 경우가 하(夏)나라와 은
(殷)나라의 멸망이다.
　하나라의 걸왕(桀王)은 유시씨(有施氏)의 딸 말희(末喜)를
총애하여 포악무도한 행위를 일삼다가 은나라 탕왕(湯王)에

게 멸망했고, 은나라 주왕(紂王)은 달기(妲己)를 총애하다가 주(周)의 무왕(武王)에게 멸망했다.

하의 걸왕은 전설적인 요소가 강한 인물이다. 때문에 그의 총비(寵妃) 말희가 얼마나 빼어난 미녀였는가를 기록한 문헌을 필자는 찾아내지 못했다. 그러나 달기에 대한 이야기는 많이 전한다.

금모구미(金毛九尾) 여우의 화신(化身)이라 일컫는 달기는 상당히 복잡한 계략에 얽혀 있는 여인이었다. 다시 말해서 그녀는 은나라를 망하게 하기 위하여 오랜 세월 부단히 남자 호리는 기술을 갈고 닦은 여인이었는데, 그 내막을 알기 위해서는 역사를 조금 거슬러 올라갈 필요가 있다.

기원전 12세기경, 중국 주(周)나라를 창건한 문왕(文王)에게는 걸출한 두 아들이 있었다. 큰아들의 이름은 '발(發;후에 무왕·武王)', 둘째의 이름은 '단(旦;주공·周公)'이었다. 발은 용맹이 뛰어났고, 단은 학식과 지혜가 뛰어났다.

문왕은 태공망(太公望)을 모사(謀士)로 삼아 국정을 바로잡고 융적(戎狄)을 토벌하여 천하의 3분의 2를 통일하였다. 내친김에 천하를 통일하고 싶었지만, 은왕조(殷王朝)의 세력이 너무 막강하여 어쩌질 못했다.

이때 은나라 소부락(蘇部落)에 천하절색 미녀가 있다는 소문이 주나라에까지 알려졌다. 이 소문을 들은 주공 단이 입버릇처럼 그 미녀의 딸을 얻고 싶다고 중얼거렸다.

"소부락 미녀의 딸을 얻을 수만 있다면……."

주공 단의 이 말을 듣고 형인 무왕은 어처구니가 없었다.

"단아, 소부락 미녀는 아직 시집도 안 간 처녀가 아니더냐? 그런데 그 처녀의 딸을 얻고 싶다는 말은 도무지 이해할 수 없구나."

"아닙니다, 형님. 꼭 그 미녀의 딸을 얻고 싶습니다."

"왜……?"

"그 미녀의 딸만 얻을 수 있다면 우리 주나라가 천하를 통일할 수가 있습니다."

"뭐라고?"

일찍부터 천하통일에 대한 야망에 불타 있던 무왕은 동생 단의 말에 귀가 번쩍 트였다.

"좀더 자세히 말하여라. 나로서는 도통 무슨 소리인지 이해하기 힘들다."

주공 단은 목소리를 낮추어 무왕에게 말했다.

"형님, 소부락의 그 아름다운 미녀가 출가하여 딸을 낳는다면……, 그 딸도 어미를 닮아 천하절색이 아니겠습니까?"

"그럴 가능성이 크겠지."

"그 딸을 우리가 잘 교육시켜 은왕실로 보내면……."

그제서야 무왕은 동생의 계략을 알아차렸다.

"옳아, 미인계를 이용하잔 말이구나. 말희라는 계집이 하나라를 망하게 했던 것처럼……."

"그렇습니다."

무왕과 주공 단은 치밀한 계획을 세워 소부락 미녀에게 접근한 후 진귀한 보물과 재물을 아끼지 않고 투자했다. 그 결과 소부락 미녀는 무왕과 주공 단의 수족처럼 움직이는 여자가 되었다.

그 후, 그녀는 소부락 추장 유소(有蘇)에게 출가하여 생각대로 딸을 낳았다. 그 딸을 주공 단이 비밀리에 데려와 길렀는데, 그녀가 바로 달기이다. 기(己)는 아버지의 성이고 달(妲)은 그녀의 자(字)인데, 그녀의 자태가 워낙 황홀했기 때문에 요염하고 아름답다는 '달'을 사용하여 감히 달기라고 부른 것이다.

달기는 어려서부터 한 남자를 표적으로 삼고 그 남자를 홀려내는 비술만을 철저하게 교육받았다. 그녀가 표적으로 삼은 남자는 상왕조(商王朝) 제31대 주왕이었다.

폭군의 대명사로 일컬어지는 주왕도 처음부터 폭군은 아니었다. 기록에 의하면 그는 지력(智力)과 기력(氣力), 담력과 완력이 유달리 뛰어났다고 한다. 그래서 한껏 오만해진 그는 자신을 능가하는 사람은 이 세상에서 아무도 없다고 생각했다.

그는 술을 좋아하고 정력 절륜(絶倫)의 쾌남아였는데, 주공 단은 이 점에 착안하여 달기를 교육시킨 것이다. 이런 교육으로 말미암아 달기는 주왕의 모든 것을 속속들이 꿰뚫고 있었다. 주왕이 좋아하고 싫어하는 것은 물론이거니와 섹스 취향까지도 알고 있었다. 어디를 찌르면 비명을 지르고, 어느 부위를 만지면 흥분한다는 것까지 교육받았다.

달기가 주왕을 사로잡을 완벽한 여자로 성장하자 주공 단은 쾌재를 올렸다. 그는 소부락 추장을 회유하여 일부러 주왕의 심기를 상하게 했다. 주왕이 크게 노하여 소부락 추장을 응징하려 했다. 이때 소부락 추장은 달기를 받치며 화평(和平)을 청한 것인데, 그녀의 모습을 한번 본 주왕은 일순간에 넋을 잃을 정도로 정신이 혼미해져 버린 것이다.

주왕은 애첩 달기의 청은 무엇이든지 들어주었다. 죽으라면 죽는 시늉까지 했고, 자기를 누님이라 불러달라면 서슴지 않고 누님이라 불렀다. 또한 그녀의 요청에 따라 연못을 술로 채워놓고 나무의 가지마다 주렁주렁 고기를 걸어 놓았다(이것이 '주지육림·酒池肉林'의 유래이다). 그런 다음 발가 벗고 다니면서 마음내키는 대로 연못의 술을 퍼 마시고 나무에 걸린 고기를 안주로 따 먹으면서 온갖 방탕한 짓을 일삼았다.

주왕이 정치에 통 관심을 보이지 않고 허구한 날 방탕한 생활을 하자 자연히 백성들은 도탄에 빠질 수밖에 없었다. 신하들은 걱정이 컸다. 그래서 주색을 멀리하고 정사를 돌보기를 간했지만, 간하는 사람은 지위 고하를 막론하고 포락지형(炮烙之刑)에 처했다.

포락지형, 그 형벌은 무섭고도 끔찍했다. 기름칠한 구리 기둥을 숯불 위에 걸쳐 놓고 죄인을 그 위로 건너가게 했다가 불로 달군 쇠로 온몸을 단근질했다. 죄인은 살이 타고 뼈가 익는 극심한 고통을 참지 못하고 비명을 질러대다가 숨이 끊어지는 것이었다.

그런 가혹한 형벌 때문에 신하들은 입을 꾹 다물었다. 주왕의 방탕은 날로 더해 갔다. 보다 못한 왕자 비간(比干)이 나서서 간절하게 아버지인 주왕을 설득했다.

주왕은 아들 비간이 간하는 말을 듣고 울화가 치밀어올랐다. 그래서 잔인하게 아들의 목을 친 후 배를 갈라 심장을 확인하는 포악성을 발휘했다.

주왕의 포악성이 극도에 달하여 민심을 잃자 주나라의 무왕이 때를 놓치지 않고 군사를 일으켜 상나라를 쳤다. 주왕은 죽고 달기는 사로잡혔다. 이윽고 달기는 군사들에게 이끌려 무왕의 단하에 무릎을 꿇었다.

"제가 해야 할 일은 모두 다 했지요?"

달기는 요염한 눈망울을 굴리며 무왕과 주공 단을 올려다
보았다. 순간 무왕의 안색이 크게 변하여 주공 단과 눈빛을
교환했다. 무왕의 눈빛은 달기를 죽여야 한다는 비정함을
담고 있었다.

'형님, 저 여자는 꼭 살려 주어야 합니다.'

주공 단은 이렇게 간절한 염원을 담은 눈길을 무왕에게
보냈다. 천하통일의 공을 따진다면 누구보다도 그녀가 일등
공신이었다. 그런 달기에게 큰 상은 못줄망정 죽인다는 것
은 주공 단의 양심이 허락하지 않았다.

그러나 무왕의 생각은 달랐다. 요사스런 달기가 입을 잘
못 놀리는 날이면 자신의 도덕성에 큰 타격을 입는다고 생
각한 것이다. 그래서 무왕은 후환이 생길 수 있는 소지를 일
거에 제거하리라고 결심을 굳혔다.

"여봐라, 당장 저 여자의 목을 베어라!"

무왕의 명령이 떨어지기가 무섭게 장수의 검은 도끼가 허
공을 갈랐다. 순식간에 달기의 머리는 날카로운 도끼에 두
쪽으로 빠개지고 전율스런 비명이 허공에 맴돌았다.

봉화를 올려 제후들을 농락한 - 포사

역사는 유전(流轉)한다. 희대의 요부 달기로 인하여 천하
를 평정한 주왕조(周王朝)는 제12대 유왕(幽王;재위 B.C. 782~
771) 치세에 이르러 포사(褒姒)라는 미색으로 인하여 큰 위기
를 맞게 된다.

주유왕은 천성이 난폭하고 덕이 없는 인물이었다. 여자를

알고부터는 음악과 여색에 빠져 조정 일을 생각지도 않았다. 자연히 그의 주변에는 간신배와 아첨꾼들이 들끓었다.

나라의 앞날을 걱정하는 사람들이 왕께 간했지만, 왕의 노여움을 사서 쫓겨나거나 옥에 갇혔다. 포성 사람 포향(襃珦)도 그중의 한 사람이었다.

포향에게는 홍덕(洪德)이라는 아들이 있었다. 홍덕은 우연히 천하절색 포사를 보고 자기도 모르게 무릎을 쳤다.

"옳다! 저 여자를 잘 꾸며서 이용하면 아버지를 구할 수 있겠다."

포사는 참으로 아름다왔다. 맑은 눈, 고운 눈썹, 입술은 흡사 앵두 같고, 치아는 백옥 같고, 삼단 같은 검은 머리칼엔 기름이 돌고, 손가락은 옥과 같은 죽순을 연상케 했다. 그 꽃과도 같고 달과도 같은 얼굴은 가히 경국(傾國), 경성지미(傾城之美)를 갖추고 있었다.

홍덕은 비단 3백 필을 주고 포사를 사서 집으로 데려와 가꾸기 시작했다. 날마다 향탕(香湯)에 목욕시키고, 기름진 음식을 먹이고, 비단옷을 입히고, 예법을 가르쳤다. 그런 후 포사를 주유왕께 진상하고 아버지의 방면을 주청했다.

주유왕은 실로 빼어난 포사의 미색을 본 순간 단번에 혹했다. 그래서 포향을 용서함과 아울러 관작까지 복원시켜 주었다.

포사를 맞이한 주유왕은 그날부터 내리 열흘을 조례에도 참석하지 않고 오직 그녀만을 탐닉했다. 백관들은 조문(朝門)에 문안하려 했으나, 왕의 얼굴조차 볼 수 없어 길게 탄식하며 돌아섰다. 그래서 다음과 같은 노래가 나라에 널리 불려졌다.

> 일국의 명화가 한번 꺾이고 보니
> 시골 처녀 하루아침에 천자의 품안이로다
> 풍류 천자의 모든 것이 한가롭기만 하니
> 용의 정기로 재앙을 감춰 아직은 탈이 없구나.

주유왕이 포사를 총애하기를 마치 보물대하듯 했다. 포사는 곧 잉태하여 아들을 낳았는데, 아들의 이름을 백복(伯服)이라 지었다.

주유왕 9년, 마침내 왕은 포사를 즐겁게 해주기 위하여 황후와 황태자를 폐위시키고, 그녀를 황후로 앉힘과 동시에 그 아들 백복을 황태자로 책봉했다.

그러나 정궁의 자리를 빼앗고 왕의 총애를 독차지했음에도 불구하고 포후는 한 번도 환하게 웃는 법이 없었다. 주유왕은 포후의 환심을 사기 위해 매일 주연을 베풀었다. 악공을 불러들여 음악을 연주하게 하고 궁녀들에겐 노래하며 춤추게 했다. 그런데도 포후는 전혀 기쁜 빛을 나타내지 않았다.

애가 탄 주유왕이 말했다.

"후는 왜 웃지를 않는가? 과인이 무엇을 해주어야 후의 환하게 웃는 얼굴을 볼 수 있단 말인가? 사랑하는 후는 무엇을 가장 좋아하는가?"

왕의 물음에 포후가 대답했다.

"첩은 좋아하는 것이 없사옵니다. 다만 전날 손으로 비단을 찢었을 때 그 소리가 상쾌해서 들을만 했나이다."

왕이 반색을 하며 되물었다.

"정녕 비단 찢는 소리가 듣기 좋았단 말이지?"

"그러하옵니다."

"그렇다면 진작 말을 하지 않고…….."

왕은 곧 신하에게 명하여 비단 백 필을 가져오게 하여 힘센 궁인으로 하여금 그것을 찢게 했다.

"찌익, 찍……!"

참으로 기묘한 구경거리였다. 근육이 우람한 궁인들이 땀을 뻘뻘 흘리며 비단을 찢어대고 있고, 그것을 주유왕과 포후가 유심히 내려다보고 있었다. 왕은 연신 포후의 안색을 살폈지만 여전히 그녀는 웃지 않았다.

주유왕이 묻는다.

"사랑하는 후여, 그대가 듣기 좋아하는 비단을 찢는데 어찌하여 웃지 않는가?"

포후가 시답잖은 표정으로 대답한다.

"예전처럼 듣기 좋지 않사옵니다."

"그렇다면 걱정이군.…… 어떻게 해야 그대가 웃을 수 있을까?"

"첩은 평생 웃지 않으렵니다."

"어째서?"

"웃을 일이 있어야지요."

"음……, 과인은 반드시 그대가 입을 크게 벌리고 웃는 모습을 보고야 말겠노라."

주유왕은 문무 백관들을 불러모아 영을 내렸다.

"누구를 막론하고 포후를 일소(一笑)케 하는 자에게는 천금을 내리겠노라."

제왕이 어리석으면 대개 간특하고 못난놈들이 제세상을 만난 듯 활개치게 마련이다. 역사서에는 그 못난 사내의 이름을 괵공 석부(虢公 石父)라 기록해 놓고 있다.

괵공 석부는 포후의 얼굴에 웃음을 띄우려고 어떤 계책을 아뢰었다. 그것은 바로 봉화(烽火) 놀이였다. 서융(西戎)이 한창 기승을 부릴 때 그들의 침략을 막기 위해 설치한 봉화는 20여 개소에 이르렀다. 봉화를 올리면 모든 제후들이 원병을 이끌고 출동하기로 약조가 되어 있었다. 이 봉화에 불을 당겨 각처에서 몰려든 제후들의 원병들이 헛걸음질하고 돌아가는 모습을 포후에게 보여주자는 것이었다.

"으하하하⋯⋯. 정말 좋은 생각이다. 후도 웃지 않고는 배기질 못하리라."

주유왕은 뛰어난 계책이라며 칭찬하고, 즉각 그것을 실행으로 옮겼다. 포후를 대동하여 여산으로 행차한 주유왕은 큰 잔치를 베풀고 봉화를 올리라 명했다. 왕의 명에 의해 봉홧대에 불이 켜지고 낭연(狼煙)이 하늘 높이 솟아올랐다. 그것을 보고 주유왕은 몹시 기대에 부풀었다. 여러 해 동안 묵힌 늑대똥에서 피어오르는 연기는 바람에 흐트러지지 않고 계속 하늘로 솟구쳐 올랐다.

"여봐라, 북을 울려라! 잠시도 쉬지 말고 크고 빠르게 북을 울려라!"

큰 북소리가 어지럽게 울리기 시작했다.

"둥둥둥둥! 둥둥둥둥⋯⋯!"

화기 충천한 봉화가 일제히 오르고 크고 빠른 북소리가 어지럽게 울리는 모습은 마치 대낮에 천둥치는 듯한 광경이었다.

당연히 여러 제후국에서는 주나라가 위기에 빠졌으리라 생각하고 대군을 휘몰아 달려왔다. 그러나 그들은 적병의 군마들이 우짖는 소리 대신에 여산 누각에서 들려오는 질탕한 풍악소리를 들었다.

주유왕은 한 손에 포후를 안고 다른 한 손에는 커다란 술잔을 들고 있었다. 그는 벌겋게 취한 얼굴로 웃으면서 제후들에게 말했다.

"다행히 오랑캐의 침입은 없었다. 그러니 각자 자기 나라로 돌아거거라!"

제후들은 기가 막혀 서로 얼굴을 마주보았다. 마침내 제후들은 떨떠름한 표정을 지으며 앞을 다투어 회군했다.

포후는 누각 위에서 제후들이 황망히 돌아가는 것을 물끄러미 바라보았다. 속아서 달려왔다가 돌아가는 제후들의 얼굴빛이 참으로 가관이었다. 자기들을 농락한 사람이 주군인지라 감히 드러내놓고 불평을 못하고 있겠지만, 그 마음이 오죽하랴 싶었다. 그런 것을 생각하니 웃음을 참을 수가 없었다.

"호호호……."

마침내 포후는 깔깔대고 크게 웃었다. 포후가 웃자 주유왕은 감격하여 어쩔 줄을 몰랐다.

"아아, 웃었도다! 사랑하는 나의 후가 웃었도다. 후의 한 번 웃음에 백 가지 아름다움이 일시에 생기도다. 이는 괵공 석부의 공이로다."

주유왕은 괵공 석부에게 천금의 상을 하사했다. '천금매소(千金買笑 ; 황금 천냥으로 웃음을 삼)'라는 속담은 바로 여기에서 연유된 것이다.

염옹(髯翁)이 시로써 제후를 희롱한 일을 읊었다.

운치 있는 밤에 여궁은 풍악으로 뒤덮였고
까닭없는 봉화는 밤하늘을 밝혔네
애처롭다, 제후들은 수고로이 달려왔건만
포후의 한 마당 웃음을 샀을 뿐이네.

주유왕은 포후를 웃게 만들기 위해 함부로 제후들을 농락했고, 천금을 아깝다 하지 않았다. 그러나 제후들을 농락한 그 일이 자신과 포후의 명을 재촉하는 일이 될 줄은 꿈엔들 알았으랴.

지난날 주유왕은 포사를 왕후에 앉히기 위하여 황후와 황태자를 폐위시켰었다. 폐위된 황후는 신백(申伯)의 딸 신후(申后)이다. 신백은 딸이 왕후로 책봉되었을 때 신후(申侯)로 봉해졌는데, 딸과 외손자가 폐위되자 큰 앙심을 품고 있었다.

신후는 강성한 서융(西戎)의 군대를 청하여 주나라를 침입하였다. 당황한 주유왕은 급보를 알리는 봉화를 올리도록 명했다. 그러나 아무리 기다려도 제후국의 원병은 나타나지 않았다. 제후들은 지난날 크게 농락당한 일을 상기하고 모두 약속이나 한 듯 군사를 일으키지 않았던 것이다.

《이솝우화》에 나오는 〈양치기 소년〉을 연상시키는 이야기이다. 거짓말쟁이가 받는 최대의 형벌은, 진실을 말했을 때 믿어주지 않는다는 것이다.

융주는 1만 5천 명의 군사를 거느리고 직접 왕성을 공격했다. 왕성이 무너지자 주유왕은 작은 수레에 후와 황태자를 태우고 뒷문으로 빠져나가 황급히 달아났다. 그러나 얼마 도망가지 못하여 추격해온 견융군에게 붙잡혀 아들과 함께 도륙을 당했다.

그렇다면 천하절색 포사는 어떻게 되었는가? 경국지색의 진가는 처절한 전장의 소용돌이 속에서도 발휘되었다.

주유왕과 황태자를 무참히 죽인 융주는 포사마저 죽이려고 했다. 그러나 그녀의 모습이 너무나 아름다워 차마 죽일 수가 없었다.

융주가 포사를 경거(經車)에 싣고 돌아가 비단 방장 안에서 재미를 본 것은 그날 밤의 일이었다. 포사와 하룻밤을 보낸 융주 역시 주유왕처럼 그 색에 푹 빠졌다.

주유왕을 죽이고 포사와 왕성을 차지한 융주는 회군할 생각을 하지 않고 온갖 방탕한 짓을 일삼았다. 일이 이렇게 되자 융주에게 군사를 청한 신후의 입장이 난처하게 되었다.

신후는 제후들에게 밀서를 보내 군사를 청했다. 진후(晉侯)·위후(衛侯)·진후(秦侯)가 군사를 이끌고 와서 왕성을 공격했다.

"개돼지만도 못한 견융주를 잡아라!"

"잡아라! 잡아서 죽여라!"

"와와!"

견융주는 천하절색 포사를 끼고 잠들어 있다가 요란한 소리에 놀라 눈을 떴다. 자기를 잡아죽이라는 소리가 사방에서 들렸다.

"어이쿠야, 이것 큰일났구나!"

견융주는 소스라치게 놀라 혼자서 밖으로 튀어나왔다. 그런 후 급한 김에 눈에 띈 망아지를 잡아타고 서문으로 빠져

나갔다.

"저기 견융주가 도망간다! 추격하라!"

"저놈을 놓치지 마라!"

견융주는 정신이 하나도 없었다. 목숨이 오락가락하기 때문에 죽어라고 망아지의 엉덩이를 때렸다. 요행히 패잔병의 무리에 섞여 도망친 그는 얼마나 다급했던지 자기 목이 붙어 있나 하고 손으로 만져봤을 정도였다.

한편, 견융주가 황망히 달아난 후 홀로 남은 포사는 스스로 목을 매어 죽었다.

호증(胡曾)은 포사의 죽음을 탄식하며 이런 시를 읊었다.

> 수놓은 비단 속에 묻혀 황후라 일컫더니
> 피비린내 전쟁중에 오랑캐 계집이 되었구나
> 스스로 목매는 괴로움 면할 길은
> 차라리 비(妃)로서 쾌락이나 누리는 것이로다.

말희·달기·포사 등으로 이어진 경국지색의 맥은 춘추시대 월(越)나라의 미인 서시(西施)와 당(唐)나라의 미인 양귀비(楊貴妃)로 이어진다.

미인계의 대명사 – 서시

서시(西施)는 원래 절강성 제기현 저라산(苧蘿山) 기슭에서 화전을 일궈 먹고 사는 화전민의 딸이었다. 저라산 기슭은 동촌과 서촌의 두 마을이 있었는데, 서씨는 서촌에서 살았기 때문에 붙여진 이름이다.

서씨도 달기와 마찬가지로 복잡한 계략이 얽혀 있는 여인
이다. 그녀의 등장을 알기 위해서는 당시의 역사적 배경을
더듬어볼 필요가 있다.

춘추시대 양자강과 전당강의 하류에 두 개의 거대한 왕국
이 있었다. 한쪽을 월(越)이라 하고, 다른 쪽은 오(吳)라 하
였다.

오왕 합려(闔閭)는 걸출한 영걸 손무(孫武)와 오자서(伍子
胥)의 도움으로 초나라를 쳐부순 뒤 그 위세를 중원에 널리
떨쳤으며, 매일같이 희락에 젖어 지냈다. 궁실을 크게 지어
장락궁(長樂宮)이라 칭하고, 고소산(姑蘇山)에는 고소대라고
하는 높은 대(臺)를 축조했다.

허구한 날 희락에 젖어 지내다보니 오왕 합려도 많이 늙
었다. 늙고 기운이 쇠약해짐에 따라 성품이 조급해지고 차
분함을 잃어 갔다. 그는 지난날 월나라가 오나라로 쳐들어
오려고 했던 일에 대하여 보복을 해야겠다는 충동이 일
었다.

주경왕(周敬王 24년), 그러니까 기원전 496년에 월왕 윤상
(越王 允常)이 죽고 그 아들 구천(句踐)이 왕위를 이어받았다.
이 소식을 듣고 오왕 합려는 좋은 기회라고 생각하고 월나
라를 정벌키 위해 친정(親征)에 나섰다. 그러나 뜻밖으로 오
나라가 대패하고 오왕 합려는 발가락에 독화살을 맞고 전사
했다.

그 뒤를 이어 태손 부차(夫差)가 왕위를 계승했다. 부차는
파초문(破楚門) 밖 해용산(海湧山)에 장지를 정하고 묘혈을 만
들었다. 오왕 합려의 유해는 그가 평소 애지중지했던 어장
검(魚脹劍)과 함께 묻었다. 뿐만 아니라 갑옷 6천 벌, 황금과

주옥 등으로 묘혈을 채우고 공역에 동원한 인들을 모두 생매장해 버렸다.

오왕 부차는 이렇게 잔인한 면이 있었다. 그는 왕위에 오른 후 3년상을 치르면서 일구월심 할아버지 합려의 복수를 하려고 절치부심했다. 그래서 그는 항상 그 결심을 잊지 않기 위하여 시종들에게 자신을 만날 때마다 이런 말을 하게 했다.

"부차여, 너는 월나라 군사에게 할아버지가 살해당한 일을 잊었느냐?"

그러면 부차는 두 주먹을 불끈쥐고 이렇게 대답했다.

"내가 어찌 그 일을 잊겠습니까?"

오왕 부차는 자나깨나 복수의 일념에 불타있었다.

이때 오나라의 전군을 지휘했던 대장은 오자서와 백비(伯嚭)였다. 두 장군은 태호(太湖)에서 수병(水兵)을, 영암산(靈巖山)에서는 육병(陸兵)을 훈련시키고 있었다.

기원전 494년, 3년상을 끝낸 오왕 부차는 태묘(太廟)에 고하고 군사를 일으켰다. 오자서가 대장, 백비가 부대장이 되어 태호의 수로를 따라 월나라로 진격했다. 이에 월나라에서도 군사를 일으켜 오나라에 맞섰다.

그러나 오자서가 이끄는 오나라의 대군이 워낙 막강했기 때문에 월나라는 그리 오래 버티지 못하고 참패를 당했다.

월나라의 운명은 풍전등화와 같았다. 오왕 부차가 마음만 먹으면 월나라는 아주 소멸되는 것이었다. 월왕 구천은 나라의 운명이 매우 위태롭게 되자 급히 미인과 뇌물을 백비에게 보내 화평을 청했다.

이때, 월나라를 무너뜨린 오나라에서는 월나라의 처리를

놓고 의견이 분분했다. 오자서는 두 나라의 합병을 강력히 주장했고, 월나라로부터 뇌물을 받은 백비는 화평을 맺어야 한다고 목청을 높였다.

결국 오왕 부차는 백비의 말을 받아들여 화평을 맺고, 월왕 구천을 오나라로 불러 포로로 삼았다. 이렇게 하여 월나라는 간신히 나라의 명맥을 유지할 수 있었다.

오나라의 포로가 된 월왕 구천의 삶은 비참했다. 독화살을 맞아 죽은 합려의 묘 옆에 마련된 석실에서 거처하며 왕실의 말을 보살피는 일을 했다. 그래서 그의 형색은 초라하기 이루 말할 수 없었다.

오왕 부차가 수레를 타고 행차하면 월왕 구천은 항상 그 말고삐를 쥐고 뒤를 따랐다. 그것을 보고 오나라 백성들은 손가락질하며 비웃었다.

"저자가 월왕이라지?"

"꼴 좋군!"

월왕 구천은 이런 수모를 3년 동안 묵묵히 견디었다.

그러던 어느 날, 오왕 부차는 병을 얻어 자리를 보전하게 되었다. 이때 월왕 구천은 친히 문병하여 부차의 대변을 맛보는 모욕을 자청했다.

"과인의 대변을 맛보아 병세를 헤아리겠다고?"

부차는 믿기 어렵다는 표정으로 월왕 구천을 보았다.

"그러하옵니다, 대왕."

월왕 구천이 지극히 공손한 태도로 대답했다.

오왕 부차는 반색을 하며 변기통에 변을 보아 월왕 구천에게 주었다. 그러자 구천은 조금도 망설이지 않고 손으로 대변을 한웅큼 쥐어 무릎을 꿇고 앉아 혀로 핥았다. 좌우에 있던 오나라 신하들은 역겨운 듯 코를 막고 고개를 돌렸다. 더러운 대변을 혀로 핥고 입맛을 다시는 월왕 구천의 안색은 전혀 변함이 없었다. 오히려 기쁜 표정을 지으며 환호성에 가까운 소리로 말했다.

"대왕, 경하드리옵니다. 대왕의 병세는 곧 쾌차하실 것입니다."

"그래요?"

오왕 부차가 눈을 동그랗게 뜨고 묻자 월왕이 대답한다.

"그러하옵니다, 대왕! 대저 변이라는 것은 그 냄새만으로도 환자의 용태를 짐작할 수 있는 것입니다. 무릇 환자의 대변에 향기가 배어 있으면 그 환자의 생명은 위험하고, 악취가 나면 생리가 정상이옵니다. 지금 대왕의 대변을 맛보니 악취가 심하게 나는 것으로 보아 틀림없이 대왕은 조만간에 완치가 될 것이옵니다."

이 말을 듣고 오왕 부차는 크게 기뻐하며 월왕 구천의 충성심에 감복했다. 그리하여 오왕 부차는 월왕을 자기 나라로 돌려 보내려고 했다. 이때 오자서가 분연히 나섰다.

"대왕, 구름 위로 나는 새도 눈에 띄면 활시위를 당겨 떨어뜨려야하는 것이 지금의 현실입니다. 그런데 어찌하여 손아귀에 잡힌 적을 살려보낸단 말씀입니까? 월왕 구천은 이미 가마솥 안의 물고기와 같은 처지인지라 그저 목숨만 부지하고자 갖은 아첨을 떨고 있는 것입니다. 그러나 일단 우리의 손아귀에서 벗어나 기개를 되찾는다면, 그것은 마치 산으로 돌아간 호랑이와 진배없어 우리를 위협할 것입니다."

오자서의 이러한 주청에도 불구하고 오왕 부차는 월왕 구천을 월나라로 돌려 보냈다.

포로생활 3년 동안 온갖 수모와 모욕을 참고 고국으로 돌아온 월왕 구천의 눈빛은 섬뜩하리만큼 빛을 뿜어냈다.

"그 치욕을 씻지 않고는 결코 눈을 감지 않으리라!"

월왕 구천은 오나라에 대한 원수를 갚고자 자신의 마음부터 먼저 모질게 다잡았다. 잠을 적게 자려고 졸음이 오면 송곳으로 무릎을 찔렀고, 쓰디쓴 쓸개를 기둥에 매달아 놓고 수시로 핥았다.

월왕 구천은 엄격한 법령으로 백성들을 다스렸다. 젊은 남자는 늙은 여자를 아내로 삼지 못하게 함과 동시에 늙은 남자는 젊은 여자를 아내로 삼을 수 없게 하였다. 또 남자 나이 20세, 여자 나이 17세가 되었는데도 결혼하지 않으면 당사자는 말할 것도 없고 그 부모들까지 처벌하였다.

혼인을 이렇게 통제한 이유는 튼튼하고 기상이 높은 어린 아이를 낳게 하기 위해서였다. 백성이 기골차야 나라의 힘이 강성해 진다고 믿은 것이다.

월왕 자신도 백성들과 다름없이 엄격하고 절제 있는 생활을 했다. 백성들의 안정된 생활을 최우선으로 삼고 무려 7년 동안 세금도 걷지 않았다.

그러면서도 매달 어김없이 오나라에 사신을 보내 문안하고 공물을 바쳤다. 또한 오나라가 새 궁실을 축조할 때 좋은 재목과 솜씨 좋은 목공을 보내어 도왔다.

월왕 구천의 지극한 충성에 오왕 부차는 매우 흡족하게 생각하고 많은 땅을 하사했다. 그리하여 월나라의 영토는 8백 리까지 확장되었다.

'오왕 부차의 마음을 단번에 홀릴 수 있는 천하절색이 어

디에 없을까! 그런 미녀만 있다면…….'

월왕 구천의 마음을 읽은 대부 문종이 그 일을 자진하고 나섰다. 문종은 관상쟁이 백 명을 동원하여 나라 구석구석까지 두루 돌아다니며 미인을 찾아 이름을 적었다.

6개월이 지난 후 미녀로 이름이 오른 여자가 무려 2천여 명에 달했다. 이중에서 특출한 미녀 두 사람을 뽑았는데, 간택된 두 미녀의 이름은 서시와 정단(鄭旦)이었다.

월왕 구천은 두 미녀를 선발한 후 3년 동안 엄격하게 훈련을 시켰다. 흔히 말하는 금기서화(琴棋書畵)는 말할 것도 없고, 각종 가무와 방중비술까지 철저하게 가르쳤다.

이렇게 교육에 의하여 잘 다듬어진 서시와 정단은 오왕 부차에게 진상되었다. 그녀들은 오왕의 총애를 받고도 남음이 있었다. 오왕은 서시와 정단을 양쪽 옆구리에 끼고 다닐 만큼 애지중지했다.

그러나 시간이 흐를수록 오왕 부차의 마음은 서시에게 기울었다. 서시가 오왕의 총애를 독차지하자 질투의 화신이 된 정단은 울화병이 생겨 죽었다.

오왕 부차는 서시를 위해 고소대(姑蘇臺)라는 누각을 확장하여 금은으로 장식한 궁을 지었는데, 그 이름을 관와궁(館蛾宮)이라 불렀다.

관와궁은 참으로 화려했다. 구리로 만든 도랑, 옥돌로 만든 난간, 주옥으로 장식된 침실과 복도는 화려함의 극치를 이루었다. 방으로 이어지는 복도의 이름을 '향섭랑(響屧廊)'이라 했다. '향'은 소리가 난다는 뜻이고, '섭'은 나무로 만든 신을 뜻하는데, 복도 아래 땅을 파고 여러 개의 독을 나란히 묻은 후 그 위에 널판지를 깔았다. 따라서 서시가 나막

신을 신고 복도를 걸으면 아름다운 소리가 울려퍼졌다.

"따각, 따각, 따각…….."

오왕 부차는 정무를 보고 있다가도 그 소리를 듣고 흥분하여 서시를 찾았다. 《오월춘추》에 오왕 부차의 고소대 생활을 실로 환락의 연속이었다고 기록하고 있다.

오왕 부차는 관와궁 주변에 완화지(翫花池)와 완월지(翫月池)라는 연못을 만들고, 오왕정(吳王井)이라 일컫는 우물도 팠다. 서시동(西施洞)이란 동굴을 인위적으로 만들었을 뿐만 아니라 향산(香山)이라고 하여 향나무를 잔뜩 심은 가산(假山)도 만들었다. 또 비단 돛단배인 청룡주(靑龍舟)를 호수에 띄워 날이면 날마다 서시와 더불어 환락을 즐기면서 정사는 조금도 돌보지 않았다.

결국 이로 인해 오나라는 멸망을 초래하게 되었다. 월나라에게 참패한 오왕 부차는 월왕 구천에게 화평을 청했지만 들어주지 않자 통한의 눈물을 쏟으며 자결했다.

월왕 구천은 오왕 부차의 시체를 왕후에 대한 예를 갖추어 장사지냈다. 그런 후 경국지색 서시를 데리고 월나라로 돌아오고 있었다.

한편, 월왕 부처의 왕후 월부인(越夫人)은 남편이 서시를 데리고 환국한다는 소리를 듣고 불안했다.

"그 요녀에게 우리 월나라도 망하지 말란 법은 없잖은가! 그리고…….."

월부인은 온갖 생각을 다한 끝에 서시를 죽여야 한다는 결론을 내리고 심복을 보냈다. 심복은 서시를 강변으로 납치한 후 그녀의 등에 돌을 매달아 강물에 던졌다.

경국지색 서시는 그렇게 죽었다. 달기가 주나라를 위해

은왕조를 멸망시킨 결정적인 공을 세우고도 죽은 것처럼, 서시 또한 그렇게 죽었다. 꽃다운 나이에 정치적인 계략에 의한 미인계의 희생물로 죽어간 것이다.

말을 하는 꽃 – 양귀비

양귀비(楊貴妃)는 서시보다 약 1200년이나 후에 태어난 미녀인데, 역사상 인물의 지명도를 놓고 볼 때 서시를 능가하면 능가했지 결코 뒤지지는 않는다.

그렇다면 과연 양귀비는 얼마만큼 미녀였을까? 동양 미녀의 대명사로 알려진 양귀비가 얼마만큼이나 미인이었는지에 대해서는 확실한 증거가 없다. 단지 백낙천(白樂天)의 〈장한가(長恨歌)〉를 보면 이런 표현이 나온다.

"웃음 머금은 얼굴에서 백 가지 교태가 흐르고, 6궁의 궁녀들이 무색해 지도다."

〈장한가〉를 비롯한 후세 성애문학 작품에 양귀비는 많이 등장하는데, 백설 같은 살결에 다소 살찐 몸매를 지닌 놀랄 만큼 아름다운 여인으로 묘사된다. 일설에 의하면 양귀비의 음모(陰毛)가 무릎에 닿을 정도로 길었고, 땀을 많이 흘려, 그것이 사향과 섞이면 독특한 체취를 풍겼다고 한다. 그리고 섹스시에 애액이 넘칠 정도로 흘렸고, 거침없이 기성을 질러댔다고 한다. 이런 것으로 미루어 볼 때 양귀비는 분명 육감적이고 섹스 테크닉이 매우 뛰어난 여성이었을 것이다.

양귀비는 서기 719년 촉주(蜀州 ; 지금의 사천성 숭경현)에서 출생했다. 일찍이 아버지를 여의고 숙부 양현교(楊玄璬)의 양녀가 되었는데, 아명은 옥환(玉環)이다.

▶ 말에 오르는 양귀비, 워싱턴 프리아미술관 소장

재색(才色)을 겸비한 그녀는 16세 때 현종(玄宗)의 제18왕자 수왕(壽王) 이매(李瑁)의 비가 되었다. 그런데 양귀비의 빼어난 미색에 혹한 현종이 그녀를 수왕저(壽王邸)에서 빼내어 여관(女冠;여도사)으로 삼았다가 궁중으로 불러들였다. 말하자면 아버지가 아들의 처를 빼앗아 후궁으로 삼은 것이다. 이렇게 부도덕한 사건이 중국 역사에 적지 않은데, 뒤에서 별도로 다루고자 한다.

황제의 총애를 받은 그녀는 27세 때 정식으로 귀비로 책립(册立)되었고, 정무에 싫증을 느낀 현종의 마음을 완전히 사로잡아 황후와 동등한 대우를 받기에 이른다.

어느 화창한 봄날 아침, 황제는 양귀비와 궁녀를 거느리고 태액지(太液池)라는 연못가를 산책했다.

연못에는 연꽃이 피어 있었다. 못의 수면을 가득히 덮은 둥근 연잎의 선명한 녹색, 게다가 아침 이슬을 머금은 분홍빛과 흰빛의 연꽃은 마치 꿈속에서 보는 절묘한 환상처럼 아름답기 그지없었다.

황제는 좌우에 늘어선 궁녀들에게,

"어떻게들 생각하느냐. 저 연꽃의 아름다움도 여기에 있는 '말을 하는 꽃'의 아름다움에는 미치지 못하겠지?"

하면서 양귀비를 가리켰다.

"지당하신 말씀이옵니다."

궁녀들은 이구동성으로 양귀비의 아름다움을 칭찬했다.

이때부터 빼어난 미인을 '말을 하는 꽃', 즉 해어화(解語花)라고 불렀다.

황제는 양귀비가 원하는 모든 것을 들어주었다.

그녀의 세 명의 자매 역시 애첩으로서 황제의 후궁으로 들어갔고, 사촌 오빠인 양소(楊釗)는 재상의 자리에까지 올랐다. 또한 일족이 모두 고관이 되어 황족과 통혼하였으며, 관료들도 대부분 그들에게 환심을 사려고 경쟁을 하였다. 안녹산(安祿山)·고력사(高力士) 등도 서로 총애를 받으려고 경쟁을 하였으며, 이백(李白) 등 궁정시인들에게 둘러싸여 호사스런 생활을 하였다.

황제는 그녀가 목욕을 할 때 그녀의 벌거벗은 몸을 감상하기를 유난히 좋아했다. 그래서 산서성의 온천지에 화청궁(華淸宮)을 지어 놓고 해마다 겨울이면 그곳에서 보냈다.

황제가 양귀비에게 홀려 국정을 돌보지 않자 자연 신하들 간의 권력 다툼이 치열해졌다. 측천무후(則天武后)시대에 억압되었던 귀족 세력이 일어나 황족 출신의 재상 이임보(李林甫)가 전권을 휘두르게 되자 양귀비의 오빠 양국충(楊國忠)이 누이의 힘을 믿고 세력을 키웠다. 이때 안녹산은 자기보다 열 대여섯 살이나 아래인 양귀비의 양자가 되어 양국충과 함께 이임보 일파를 제거하는데 일조를 한다.

그리하여 안녹산은 차츰 궁중에 큰 세력을 구축하게 되었다. 755년, 양국충이 그의 세력이 커지는 것을 두려워하여 안녹산이 모반을 계획하고 있다고 중상했다. 이에 현종도 이를 의심하여 소환하려 하자, 안녹산은 즉시 반란을 결의하고 범양(范陽 ; 지금의 북경)에서 안사(安史)의 난을 일으켰다. 그 다음해인 756년, 반란군이 장안으로 들어오자 현종은 촉(蜀 ; 지금의 사천)으로 도망하기 위해 양귀비 등과 함께 장안을 탈출하였다.

그러나 장안의 서쪽 지방 마외역(馬嵬驛)에 이르러 경호하던 병사들이 반란을 일으켰다. 그들은 국란을 초래한 죄목으로 양국충을 죽이고, 황제를 위협하여 양귀비의 목을 요구하였다. 양귀비 때문에 국운이 쇠퇴하게 되었다고 주장한 것이다.

"짐이 그토록 아끼는 귀비를 죽여야 한다고? 어떻게 짐이 귀비를…… 그녀를 어떻게 살릴 방도는 없을까?"

현종은 반란군의 위협에 몸을 떨면서도 어떻게든 양귀비를 살리려고 애를 썼다. 그러나 반란을 일으킨 경호병들은 조금도 물러서지 않았다.

"안녹산 도당을 토벌하고 나라의 혼란을 수습하려면 필히 귀비를 죽여야만 합니다."

현종은 경호병들을 제압할 힘이 없었다. 부득이하게 양귀비를 마외역의 불당에서 죽게 하고, 그녀의 자매들도 죽음을 당했다.

9년에 걸친 반란이 끝난 후 수도로 돌아온 현종은 죽는 날까지 양귀비를 잊지 못하고 눈물로 세월을 보냈다. 현종과 양귀비의 사랑과 비극은 그 뒤 문학작품의 제재가 되었고, 백낙천의 《장한가》를 비롯하여 후세에까지 많은 시·희곡·소설이 만들어졌다.

《장한가》는 장장 120행의 서사적 장가(長歌)인데, 제목을 풀이하면 '오랜 슬픔의 노래'라는 뜻이다.

"한황(漢皇)이 색을 좋아하여 경국(傾國)을 생각한다."로 시작되는 《장한가》는 한나라 무제(武帝)가 이부인(李夫人 ; 이 연년의 동생으로 경국지색이란 말을 생기게 한 미녀)의 사후에까지 쏟았던 애정을 노래하고 있다.

《장한가》는 매우 수준 높은 작품인데, 독자들도 한번 읽어보면 좋을 것이다. 요점을 간추려 말하면 다음과 같다.

제1장은 현종과 천하절색 양귀비의 기구한 만남(시아버지와 며느리의 만남), 현종이 양귀비에게 기울인 현실을 무시한 사랑을 노래한다.

제2장은 '안사의 난'이라는 현실적 복수를 당하여 피난의 길을 떠날 때 어쩔 수 없이 양귀비를 죽게 한 현종의 비통한 심정을 노래했고, 제3장은 반란이 끝나고 도읍으로 돌아온 현종이 양귀비를 잊지 못하고 회상에만 잠기는 애련의 정을 그렸다.

제4장은 주술(呪術)을 통해서 양귀비의 영혼을 찾아가는 도사(道士)를 개입시켜, 만남을 시도하지만 천상(天上)과 인계(人界)의 단절 때문에 결코 맺어질 수 없는 슬픔을 노래하

고 있다.

현종은 양귀비와 정다울 때 이런 맹세를 했다.

"하늘에서는 원컨대 비익조가 되고, 땅에서는 원컨대 연리지가 되리라."

비익조(比翼鳥)는 '짝을 짓지 않으면 날지 못하는 새'이고, 연리지(連理枝)는 '한 나무의 가지와 다른 나무의 가지가 맞닿아 하나로 결이 통하게 된 가지'를 말한다. 즉 살아서나 죽어서나 영원히 변치 말자고 맹세했는데, 두 사람이 생사로 갈려져 맹세가 깨어진 것이다. 노래는 남겨진 자가 살아 있는 한 품고 있어야 하는 슬픈 구절로 이어진다.

이 한(恨)이 면면하여 끊일 날이 없다.

《장한가》는 변화무쌍한 서사의 사이사이에 사랑의 기쁨과 슬픔, 외로움 등 서정성을 나타내며, 일편단심이기 때문에 슬퍼해야 하는 인간의 사랑 형태를 부각시키고 있다.

어쨌든 양귀비는 그 미모로 나라를 흔들고 짧은 생을 마쳤지만, 사랑에서 만큼은 누구보다 성공한 여자라 할 수 있다.

이밖에도 중국 역사의 구비구비마다 빼어난 미녀가 등장하여 나라를 위태롭게 하고, 분쟁과 갈등과 살인을 야기시킨 사례가 많다. 그녀들은 능히 수백만의 군대보다 강한 힘을 발휘하여 나라와 개인의 흥망을 좌우했다.

이런 폐단으로 말미암아 '남녀유별(男女有別)'이라는 유교윤리가 차츰 힘을 얻어 여성과 성을 억압하기에 이르른다. 그러나 유교사상은 본디 금욕사상이 아니다. 주희(朱熹)를

비롯한 후세의 편협한 유학자들이 억지 해석을 내려 에로티
시즘이 엉뚱한 방향으로 변질된 것이다. 이 점은 매우 중요
한 부분이기 때문에 보다 깊이 고찰할 필요가 있다.

유교와 성

혼례는 예의의 근본이고 만세의 시작이다

중국의 문화 형태는 제왕 체제와 밀접한 관계가 있고, 유(儒)·불(佛)·도(道) 3가(三家)의 영향을 크게 받았다. 특히 공맹(孔孟)과 노장(老莊) 사상이 중국 사상계에 끼친 영향은 대단하다.

유가 철학은 본질적으로 이성을 중시하고 현실을 중시하며, 윤리를 중시하고 세상사의 참여에 적극적인 인간주의 철학이다. 그래서 유가는 성(性)을 숭상하는 입장을 취하고 있다. 우리는 흔히 유가철학을 성을 터부시하는 일종의 금욕철학으로 생각하는 경향이 짙다. 그러나 실제로는 그렇지 않다.

유가에서는 혼례를 만세(萬世)의 시작이며 예의의 근본이라고 못박고 있다.

천지가 서로 합한 뒤에 만물이 나며, 부부가 서로 모인 뒤에 사람이 난다. 그리고 사람이 난 뒤에 세대가 있다. 그렇기 때문에 혼례는 만세(萬世)의 시작이다. (《예기》〈교특생·郊特牲〉)

남녀간의 구별이 있은 연후에 부부간의 의로움이 있고, 부부간의 의로움이 있은 연후에 부자간의 친함이 있으며, 부자간의 친함이 있은 연후에 군신간의 올바름이 있게 된다. 그러므로 혼례란 예의 근본이다. (《예기》〈혼의·昏義〉)

생식숭배

혼례를 지극히 중시하는 유가 사상은 고대 중국인의 생식숭배·조상숭배와 깊은 관련을 맺는다.

혼례는 무엇 때문에 하는가. 이것은 장차 두 성의 좋은 것을 합쳐 위로는 종묘에 섬겨 제사의 주인이 되며, 아래로는 자손을 후세에 계속시켜 조상의 대를 끊이지 않게 하기 위해서이다. 그 관계되는 바의 소중하기가 이와 같다. 때문에 군자는 이를 중히 여겨 감히 소홀히 하지 않는다. (《예기》〈혼의〉)

이렇듯 유가철학에는 생식숭배의 성관념이 침투되어 있다. 그것이 비록 '자손 중시=조상 숭배'라는 점잖은 표현을 빌리고 있지만, 표현을 달리하면 성을 중시하여 적극 권장하고 있는 것이다.

유가에서는 자손이 번창하는 것을 역대로 찬미하여 왔다. 그래서 후손을 생산하지 못하는 것을 가장 큰 불효로 여겼고, 자식을 낳지 못하는 여자는 이혼당하는 이유가 되었다.

예도 경우에 따라서는 정상을 벗어날 수 있다

모두가 아는 바와 같이 유가는 무엇보다 예를 숭상한다. 예는 반드시 지켜야 하는 유가의 덕목인 것이다. 그러나 그 예도 경우에 따라서는 정상을 벗어나는 수가 있다. 맹자는 이렇게 말하고 있다.

> 불효에는 세 가지가 있는데, 그중에서도 뒤를 이을 후손이 없는 것이 가장 크다. 순(舜)임금이 부모의 허락을 기다리지 않고 아내를 맞아들인 것도 뒤를 이을 후손이 없었기 때문이다. 그래서 후세의 군자들은 그를 가리켜 어버이에게 고한 것과 같다고 여긴다. (《맹자》〈이루장구 상·離婁章句 上〉)

당시에 전하는 예법에는 혼인은 반드시 부모가 중매인을 통하여 이루어지게 하는 인륜지대사였다. 혼인할 나이가 된 아들과 딸은 직접 배우자를 선택할 자유가 없었다. 오로지 부모가 정해준 상대와 맺어져야 했다. 그 상대가 좋든 싫든 간에 배필로 인정하여 해로해야 했다. 따라서 혼인할 당사자가 부모의 허락없이 아내 또는 남편을 맞이하는 것은 예법에 어긋난 일이었다.

그러나 자식을 낳아 대를 잇는다는 것은 무엇보다 우선했기 때문에 예를 어기는 것도 인정했던 것이다. 또 사람의 생명과 관련된 일에 고집스럽게 예를 주장한다면, 그것은 승냥이나 이리와 같다고 말하고 있다.

순우곤(淳于髡)이 묻는다.

"남자와 여자가 직접 주고받지 않는 것이 예의입니까?"

맹자가 대답한다.

"그렇습니다."

순우곤이 다시 묻는다.

"형수가 물에 빠졌다면 손으로 끌어당겨 주어야 합니까?"

맹자가 대답한다.

"형수가 물에 빠졌는데 건져 주지 않는다면, 그것은 승냥이나 이리입니다. 남녀가 직접 주고받지 않는 것이 예의고, 형수가 물에 빠진 것을 손으로 건져 주는 것은 권도(權道)입니다."

(《맹자》〈이루장구 상〉)

순우곤은 제나라에서 위왕(威王)과 선왕(宣王) 양대에 걸쳐 벼슬을 했는데, 말을 잘하는 변사(辯士)로 유명했던 사람이다. 전하는 말에 의하면 그는 견식이 넓을 뿐만 아니라 기억력 또한 비상하여 남의 의중을 찌르는 데는 당해 낼 사람이 없었다고 한다.

순우곤은 '형수가 물에 빠졌다'라는 극단적인 일례를 들어 맹자를 시험하려 했다. 이는 마치 바리새인이 예수를 시험한 것과 흡사하다. 바리새인은 예수를 송사하기 위하여 안식일에 손이 마른 사람을 고치는가 안 고치는가를 엿보았다. 안식일에는 아무 일도 하지 말라는 것이 십계명으로 지시하신 하느님의 지엄한 명령이다. 따라서 안식일의 계율을 어기는 것은 하느님의 명령을 어기는 일이 되고, 계율을 지키자니 예수 자신이 시종일관 힘주어 강조하는 '사랑 정신'을 저버리는 일이 된다.

이럴 수도 없고 저럴 수도 없는 딜레마에 빠진 예수는 어떻게 했는가. 예수는 주저하지 않고 하느님의 명령을 어겼다. 계율보다 인간의 생명을 더 중시했던 것인데, 안식일에 대한 예수의 생각을 《성경》에서 찾아볼 수 있다.

> 안식일은 사람을 위하여 있는 것이요, 사람이 안식일을 위하여 있는 것이 아니니, 그러므로 인자(人子)는 안식일에도 주인이니라. (《마가복음》 2장 27~28절)

바리새인이 예수를 시험하려 했던 문제가 교활·미묘했던 것처럼 순우곤의 물음 또한 맹자를 곤경에 빠뜨리기 충분했다. 그러나 맹자는 '권도(權道)'라는 변설로 순우곤을 납득시킨다. 본래 '권'은 '저울의 추'를 뜻한다. 일의 경중을 조금도 빈틈없이 저울질해서 그 중용을 취한다는 의미를 가진 말이 '권도'이다.

이상으로 살펴본 바와 같이 초기의 유가 철학은 인간의 성적 욕구에 대해서 관용 내지 찬미의 태도를 보이고 있다.

남녀간의 애정을 지극히 자연스럽고 아름다운 현상으로 보았다

필자는 앞에서 《시경》에 수록된 노골적인 성애적 경향을 띠고 있는 시와 노래를 몇 편 소개했다. 그런데 공자는 그러한 노래가 실린 《시경》을 어떻게 평가했는가? 《논어》 〈위정(爲政)〉편에 공자의 생각이 명문화되어 있다.

子曰, 詩三百 一言以蔽 曰, 思無邪
자 왈   시 삼 백 일 언 이 폐 왈   사 무 사

공자께서 말씀하시기를, 《시경》 3백 편의 내용은 한마디로 말해서 사악한 생각은 하나도 들어 있지 않느니라.

공자는 《시경》에 씌어진 말이 하나도 나쁘지 않다고 인정한 것이다. 또 공자는 남녀의 연정을 노래한 시를 칭찬하기까지 한다.

子曰, 關雎 樂而不淫 哀而不傷
자 왈   관 저 낙 이 불 음 애 이 불 상

공자께서 말씀하시기를, 관저는 즐거워하되 음탕하지 않고, 슬퍼하되 상심하지 않느니라. (《논어》 〈팔일·八佾〉)

〈관저〉는 《시경》의 국풍(國風) 주남(周南) 머리편에 나오는 시인데, 그것을 옮기면 다음과 같다.

징경이 우는 소리 모래톱에 들리네
아리따운 아가씨는 군자의 좋은 짝

올망졸망 마름풀을 이리저리 찾네
아리따운 아가씨를 자나깨나 그리네
구해도 얻을 수 없어 자나깨나 그 생각뿐
부질없는 이 마음 잠 못 이루고 뒤척이네

올망졸망 마름풀을 이리저리 뜯네

아리따운 아가씨와 거문고 타며 즐기리

올망졸망 마름풀을 이리저리 고르네

아리따운 아가씨와 북을 치며 즐기리.

이 시는 분명히 남녀의 연정을 노래한 것이다. 한 사람의 군자가 좋은 배필을 구하고자 애쓰는 마음이 잘 그려져 있다. 자유스런 연애를 노래한 이 시를 공자는 "즐거워하되 음탕하지 않고, 슬퍼하되 상심하지 않는다."라고 찬미하고 있는 것이다.

공자가 《시경》의 시를 칭찬한 말은 《논어》 〈양화편(陽貨篇)〉에도 나온다.

공자께서 말씀하시기를, 너희들은 왜 《시경》을 배우지 않았느냐? 《시경》의 시는 감흥을 일으키며, 사물을 살필 수 있게 하고, 무리와 어울릴 수 있게 하며, 불의를 원망할 수 있게 하고, 가까이는 부모를 섬기고 멀리는 임금을 섬길 수 있게 하며, 새와 짐승, 풀과 나무의 이름을 많이 알게 하느니라.

공자께서 백어(伯魚)에게 말씀하시기를, 너는 《시경》의 〈주남(周南)〉과 〈소남(召南)〉을 공부하였느냐? 사람으로서 〈주남〉과 〈소남〉을 공부하지 않는다면, 그것은 마치 담을 마주 대하고 서 있는 것과 같으니라. (《논어》 〈양화편〉)

《시경》 국풍(國風) 첫머리에 있는 〈주남〉과 〈소남〉 두 편의 시는 문왕(文王) 후비(后妃)의 감화가 미친 지방의 민요를 모은 것이라 한다.

〈주남〉은 문왕 후비의 감화가 남방 여러 나라에 미친 것을 읊은 시이다. 〈소남〉은 비둘기가 까치 집에 들어가 있는 아름다운 자연을 읊은 노래에서 시작되어 남방의 여러 제후와 대부의 부인들이 문왕 후비의 감화를 받은 이야기를 읊은 것인데, 두 편 모두 수신제가 치국평천하(修身齊家 治國平天下)의 도를 서술한 것이라고 말할 수 있다.

그런데 〈주남〉과 〈소남〉에는 남녀간의 연정을 노래한 시가 적지 않다. 특히 〈소남〉에는 몸과 마음을 바친 남자에게 버림받은 여자의 안타까운 심정을 노래한 시가 있고, 남의 눈을 피해서 남녀가 서로 적극적으로 유혹하여 정을 통하는 것을 암시하는 시도 있다.

그럼에도 공자는 아들 백어에게 이 〈주남〉과 〈소남〉의 시를 모르면 마치 담벽을 정면으로 마주 대하고 서 있는 것같이 세상의 모든 일에 어두울 것이라고 하였던 것이다.

이런 것으로 미루어 보면, 공자는 남녀간의 연애를 지극히 자연스럽고 아름다운 현상으로 보았던 것 같다.

식욕과 성욕은 인간의 중요한 욕망이다

유교의 경전 중에는 성적 욕망의 중요성을 솔직히 인정하고 있는 구절 등이 적지 않다.

식욕과 성욕은 인간의 중요한 욕망이다. (《예기》 〈예운〉)

임(任)나라 사람이 옥려자(屋廬子 ; 맹자의 제자)에게 물었다. "예(禮)와 식(食)은 어느 것이 소중한가?"

"예가 소중하다."

"색(色)과 예는 어느 것이 소중한가?"

"예가 소중하다."

예가 식욕과 성욕보다 소중하다고 대답하는 옥려자에게 임나라 사람은 따지듯이 말한다.

"예에 의하여 먹는다면 굶어 죽고, 예에 의하지 않으면 먹을 수 있다. 그런데도 반드시 예를 따라야만 하는가? 친영(親迎)의 예를 갖추어야 한다면 아내를 얻을 수 없고, 친영의 예를 갖추지 않으면 아내를 맞이할 수 있다. 그런데도 반드시 예를 따라야만 하는가?"

옥려자는 대답하지 못하고 스승인 맹자에게 가서 자문을 구했다. 이에 맹자가 대답했다.

"그런 질문을 답변하는데 무슨 어려움이 있겠느냐. 그 밑동은 상관하지 않고 그 끝만 비교한다면 한 치밖에 안 된 나무가 높은 누(樓)보다 높을 수 있다. 쇠를 새털보다 무겁다고 하는 것이 어찌 하나의 혁대 고리쇠와 한 수레의 새털을 두고 하는 말이겠느냐? 식(食)의 중요한 것과 예의 가벼운 것을 놓고 비교한다면 어찌 식이 중요하지 않겠는가? 또한 색(色)의 중요한 것과 예의 가벼운 것을 놓고 비교할 때도 어찌 색이 중요하지 않겠는가?"

(《맹자》〈고자장구 상〉)

물론 맹자는 식욕과 성욕이 예보다 중요하다고 말한 것은 아니다. 단지 식욕과 성욕의 중요한 점과 예의 가벼운 점을 가지고 서로 비교할 때 식욕과 성욕이 중요할 때도 있다고 인정한 것이다. 이 말은 '형수가 물에 빠졌을 때'를 예로 들어 맹자를 시험하려 했던 순우곤에게 했던 대답과 같다. 일의 경중을 헤아려서 더 중요한 쪽을 선택하는 것이 옳은데, 그런 것은 논의의 대상조차도 될 수 없다는 것을 말한 것이다.

그러나 맹자는 노파심에서 다음과 같은 질문을 임나라 사람에게 하라고 하였다.

> 형의 팔을 비틀어서 먹을 것을 빼앗으면 먹을 수 있고, 그렇지 않으면 먹을 수 없다. 그런 경우 형의 팔을 비틀겠는가? 동쪽 집의 담을 넘어가 그 집의 처녀를 (강제로) 끌어안으면 아내를 얻고, 그렇지 않으면 아내를 얻을 수 없다. 그런 경우 처녀를 끌어안겠는가?

이 질문에 대하여 임나라 사람이 어떤 대답을 했는지는 기록에 없다. 맹자의 날카로운 비유로서, 아무리 먹는 것이 소중하다 하더라도 형의 팔을 비틀 수 없으며, 아무리 색이 소중하다 하더라도 남의 집 담을 넘어가서 규중의 처녀를 겁탈하는 무례한 행동을 저지를 수 없다는 뜻을 내포하고 있다.

여기에서 주의할 점은, 맹자는 극단적인 상황만을 거론하였다는 것이다. 만일 극단적인 상황이 아니라면 맹자는 과연 어떻게 대답했을까? 이에 대한 답도 문헌에서 찾아볼 수 있다.

맹자의 동문서답

《맹자》〈양혜왕장구 하(梁惠王章句 下)〉를 보면 맹자가 제선

왕(齊宣王)과 대화하는 내용이 나온다. 제선왕은 제나라 제15
대 환공(桓公)인데, 부인 소희(少姬)를 쫓아냈다가 연애 전쟁
을 일으킨 장본인이다. (〈중국의 연애 전쟁〉 참조. p 65)

　　제선왕이 맹자에게 말한다.
　　"과인에게 결점이 있습니다. 과인은 색(色)을 좋아합니다."
　　맹자가 대답한다.
　　"옛날에 태왕께서 색을 좋아하셔서 그 비(妃)를 사랑하셨습
　　니다. 《시경》에 '고공단보(古公亶父)가 아침 일찍 말을 달려 서수
　　(西水) 물가를 따라서 기산(岐山) 밑에 이른 후 강녀(姜女)와 함
　　께 그곳에서 살으셨다.'라고 했습니다. 이때를 당해서 안에는 홀
　　로 된 몸을 한탄하는 여인이 없었으며, 밖에는 아내가 없는 남자
　　가 없었습니다. 그러니 왕께서 색을 좋아하시더라도 이를 백성과
　　함께 하신다면 왕이 되시기에 무엇이 어려울 것이 있겠습니까?"

　맹자는 색을 좋아하더라도 백성들과 함께 한다면 왕 노릇
을 하는 데 지장을 받을 것이 없다고 말한 것이다. 고공단보
의 고사는 《시경》의 〈대아·면지편(綿之篇)〉에 나와 있다.
　고공단보는 색을 좋아해서 그의 비인 태강을 지극히 사랑
했다. 적인(狄人 ; 북쪽 오랑캐)이 쳐들어오니 그는 태강을 데
리고 말을 달려 서수 물가를 따라서 기산 밑에 이르러 자리
를 잡고 살며 색을 즐겼다.
　그러나 그때 그의 백성들은 누구도 그를 비방하려 들지
않았다. 그것은 그의 백성들 가운데 남편이 없는 여자나 아
내가 없는 남자가 없었기 때문이다. 말하자면 고공단보는
나이찬 여자가 있다면 시집 보내 주고, 남자에게는 아내를

맞이하도록 해주었기 때문에 저마다 부부가 단란하게 살았던 것이다.

제선왕의 질문에 대한 맹자의 대답에는 개념을 혼동한 면이 있다. 제선왕이 색을 좋아하는 것이 결점이라고 했던 것은 그 도가 지나치다는 것을 실토하는 것이다. 그런데 맹자가 대답하면서 비유한 고사의 고공단보는 자신의 처를 지극히 사랑했던 것에 지나지 않는다.

맹자의 말은 동문서답이라 할 수 있지만, '색을 좋아하더라도 백성과 함께한다면 문제될 것이 없다'는 말을 주목할 필요가 있다. 왕이 성적 욕구를 만족시키고자 한다면 마땅히 백성들에게도 그렇게 해주어야 한다는 뜻으로 이해할 수 있다.

이런 것을 놓고 볼 때 맹자의 성에 대한 관념은 상당히 진보적이다. 반면에 공자는 대체로 성문제에 대하여 언급을 피하고 있고, 그의 사상 또한 가부장적이다.

공자의 사상

사실 공자의 가르침은 그가 살던 시대에는 맞지 않는 것이었다. 춘추전국시대의 중국은 각 제후들이 각축전을 벌여서 사상 유례없는 약육강식의 혼란 생태를 이루던 시대였다. 도덕이 땅에 떨어지고 폭력과 사설(邪說)이 횡행하여 천하는 극도로 혼란에 빠졌고, 백성들은 도탄의 구렁텅이에서 신음하며 갈 바를 몰랐다. 그것을 걱정하여 공자는 세상 구제 방법을 요순시대(堯舜時代)에서 찾고자 《춘추》를 썼다.

공자는 성왕들이 다스리던 나라에 존재했던 규범들이 가

▶ 공자

장 이상적인 정치 규범이고 사회 규범이라고 생각하고 철저
히 인간지상주의(人間至上主義)를 추구했다. 공자의 인간지상
주의는 지상의 모든 권한이 천자(天子) 한 사람에게 집중되
며, 천자의 덕에 의하여 나라가 다스려진다는 제왕주권설(帝
王主權說)이다.

그래서 공자 사상은 대체로 가부장제의 형세에 적합한 내
용으로 구성되어 있다. 간단히 말하여 치자(治者;특권층)가
자기 자신의 도덕적 수양을 쌓아 피치자(被治者)를 선도하고
다스린다는, 윤리와 정치를 일체화시키고 있다. 이런 이유
에서 공자 사상은 상대적으로 피치자의 권리가 무시되고
있다.

공자는 "민(民)을 사랑한다."고 했다. 또 "민을 부리는 데
때를 가린다."라고 했다. 그러나 어디까지나 공자는 백성을
지배받는 계층으로 정하고 있다. 그래서 "민은 그저 쓸 뿐
알려서는 안 된다."라고 말하고 있다.

민중을 무학문맹(無學文盲)의 대중이라는 의식을 가지고 있었던 공자는 여성도 그 범주에 넣고 남성에 비하여 한층 낮은 존재로 보았다. 공자는 드러내놓고 여자를 깎아내리고 있다.

> 여자와 소인은 다루기 어렵다. 가까이하면 불손하게 굴고, 멀리하면 원망하는 것이 여자와 소인이다. (《논어》〈양화편〉)

또 식성이 까다로웠던 공자는 아내의 요리솜씨를 트집잡아 이혼을 요구할 정도로 무정한 일면이 있었다. 여자를 낮춰보았던 공자 사상의 흐름은 '여필종부(女必從夫)', '여자삼종지교(女子三從之敎)' 등으로 되어 남았다.

맹자의 사상

맹자가 여자를 보는 관점은 공자에 비하여 관대했다. 아마 어머니의 영향이 컸을 것이다. '맹모삼천지교(孟母三遷之敎)'의 교훈과 '단기지훈(斷機之訓)'이라는 고사는 너무도 유명하기 때문에 굳이 설명할 필요가 없을 정도이다.

공자의 도(道)는 맹자에 이르러서 더욱 선양되고 빛났다. 공자는 주로 인(仁)을 강조한 데 비해 맹자는 인(仁)과 의(義)를 내세웠다. 정치적인 면에서는 민본주의의 왕도(王道) 정치를 부르짖었다.

맹자는 "민(民)을 귀히 여긴다."라고 했다. 이것은 곧 '민이 곧 주체'라는 의미인데, 그의 언행에 이런 사상이 잘 드러나 있다.

◀ 맹자

民爲貴 社稷次之 君爲輕
민 위 귀 사 직 차 지 군 위 경

백성이 가장 귀중하고, 사직은 그 다음이고, 임금은 가장 가볍다. (《맹자》〈진심편〉)

맹자의 민본주의 사상은 진정 획기적인 인권선언이었다. 임금을 첫째로 치고 백성을 그 도구라고 생각했던 종래의 사상을 역전시켜 민을 주체로 하고, 군(君)을 가벼운 종속물로 보고자 했으니, 지배자로서는 이처럼 불유쾌한 위험 사상은 없었을 것이다.

전체적으로 맹자의 사상에는 체제에 대한 반역적 자세가 노골적으로 나타나 있다. 그는 폭군을 사나운 도적에 비유했다.

제선왕이 맹자에게 물었다.

"탕왕(湯王)은 걸(桀)을 추방하고 무왕(武王)은 주(紂)를 쳤다고 하는데, 그와 같은 사실이 있었습니까?"

맹자가 대답했다.

"경전에 기록되어 있습니다."

"신하가 그 임금을 죽임이 옳습니까?"

"인(仁)을 해친 자를 적(賊)이라 하고, 의를 해친 자를 잔(殘)이라고 하며, 도적과 잔인한 자를 독부(獨夫)라고 합니다. 무왕이 독부인 주를 죽였다는 말은 들었으나, 임금을 죽였다는 말은 들어보지 못했습니다."(《맹자》〈양혜왕장구 하〉)

제선왕은 역성혁명(易姓革命)을 매우 불쾌하게 생각하고 있었다. 그런데 맹자는 언제나 탕왕이나 무왕을 어진 임금으로 추대하여 제선왕에게 그들을 본받으라고 권고했다. 제선왕은 참다 못해 '탕방걸(湯放桀), 무왕벌주(武王伐紂)'의 옛일을 들춰내면서 신하가 임금을 시해하는 것도 옳으냐고 급소를 찔러 묻게 되었다.

그러나 맹자는 그 말에 대해서 조금도 당황하지 않고 논리적인 판단을 내렸다. 하늘이 임금을 내는 것은 어디까지나 인의에 입각한 어진 정치를 베풀어서 백성들을 잘 살도록 하는 데 있다. 그런데 임금된 자가 포악해서 가렴주구를 일삼아 백성을 착취하고 핍박한다면, 그것은 하늘의 뜻을 거역하는 것이다. 임금이 하늘의 뜻을 거역하여 민심이 그로부터 떠나면, 그때의 임금은 한낱 필부에 지나지 않는다. 걸이나 주는 극도로 포악하여 완전히 민심을 잃었다. 따라서 걸이나 주를 죽인 것은 포악한 필부를 제거하고 도탄에 빠진 백성을 구한 것이기 때문에 극히 당연한 일이라고 결론을 내린 것이다.

맹자의 이런 민본주의 관점은 후세에 군주들에게는 대단한 불만이었다. 이를테면 명태조(明太祖) 주원장(朱元璋)은 증오에 불타, "이 괘씸한 늙은이, 살아 있었다면 그대로 두지는 않았을 텐데."하고 맹자의 위패를 땅바닥에 내동댕이쳤다고 한다.

맹자는 성욕이 식욕과 마찬가지로 사람들이 향유해야 할 기본적인 욕구로 보았다. 그래서 고자(告子)의 "식욕과 호색(好色)은 상정이다."라는 논지에 이의를 제기하지 않았다.

이렇듯 초기의 유가, 즉 유가의 비조(鼻祖) 공자와 유학의 아성(亞聖)이라 일컫는 맹자의 성에 대한 견해는 딱딱하게 굳어 있지 않고 융통성이 있었다. 또한 성을 중시했으면 중시했지 결코 비하하거나 신비화시키지도 않았다.

이런 점이 바로 송(宋)나라 이전의 성과학이 장족의 발전을 할 수 있는 좋은 외부 조건을 제공하였던 것이다.

유가사상의 변천

유가에서 성이 비하되고 신비화된 것은 송대(宋代)의 신유학(新儒學), 즉 성리학파(性理學派)에 의해서였다. 성리학은 북송시대 주돈이(周敦頤)로부터 비롯되어 정호(程顥)·정이(程頤) 형제가 이어받으면서 부흥했으며, 그것을 집대성한 사람은 남송의 주희였다.

유교를 강화시킨 주희는 적잖은 문제가 있는 인물인데, 이 점에 대해서는 뒤에서 다시 설명할 것이다.

중국에서 성리학이 일어나게 된 것에는 여러 가지 시대적 배경이 있다. 당나라 현종(玄宗) 말엽(서기 755)에 일어난 '안녹산의 난'은 중국 고대사회의 종말을 가져오는 전기가 된다. 안사의 난 이후 많은 민란에 의해 당나라의 폐쇄적인 귀족사회가 허물어지면서 많은 혼란과 모순이 야기된다.

이때 관료학자(사대부)인 유학자들은 그 책임을 불교나 도교의 사상적 약점 탓으로 돌리려는 움직임을 보이게 된다. 쉽게 말해서 불교나 도교가 지닌 현실 대응상, 즉 도교의 은둔 경향과 불교의 초속적(超俗的) 출가 경향이 가정과 사회를 도외시하고 있기 때문에 여러 가지 문제가 생겼다고 본 것이다.

유학자들은 불교와 도교의 사상적 약점을 공격하면서도 유교의 대중적 지지를 높이기 위하여 불교·도교의 몇 가지 개념을 차용했다. 우주·자연 및 인성(人性)에 대한 본체론적 형이상학 탐구가 깊어진 것과 심성수양(心性修養)의 철저화 경향 등이 바로 그것이다.

아무튼 성리학이 부흥하면서 성과 관련된 문제는 유교 경전에 기록되어 있는 수없이 많은 엄격한 규율들의 제한을 받기에 이르렀고, 그래서 많은 부분에서 공자와 맹자의 본래 뜻과는 어긋난 해석상의 오류들이 발견되는 것이다.

공자 이후 유교는 사대부(士大夫;통치자·지식인)의 학(學)으로 자리를 잡았다. 사대부가 그 엄격하고 고상한 학문을 배우고 익혀 몽매한 백성을 선도하고 다스린다는, 즉 '수기치인(修己治人)'의 학으로 깊이 뿌리를 내렸던 것이다. 그런데 중요한 사실은 중국에서 유교를 국시(國是)로 삼은 이래 근 2천여 년 동안 유교의 가르침을 염두에 두었던 제왕은 한 사람도 찾아볼 수 없다는 점이다.

도교와 성

허무설

중국의 사상계를 대별하면 공자·맹자를 중심으로 하는 유교 사상과 노자·장자를 주축으로 하는 도교(道敎) 사상으로 나눌 수 있다.

공맹(孔孟)과 노장(老莊) 사상은 오랜 세월 중국인의 심령상을 지배하며 지대한 영향을 끼쳤는데, 양자 모두 중국의 역사와 풍토, 지역적 조건 안에서 정치·사회·문화 등과 관련되면서 전개된 생활 문화를 기저로 하여 발생한 것이다. 말하자면, 유교와 도교는 중국민족 고유의 종교 문화라고 할 수 있다.

그러나 양자 사이에는 확연한 차이가 있다. 그것은 신봉하는 교도(敎徒)들의 신분의 차이이다. 앞에서 말한 바와 같이 유교는 사대부의 학이다. 어디까지나 통치자의 입장에서 사회·국가의 질서, 그리고 학문·기술 등을 구명(究明)하고 있다. 반면에 도교는 종교적 요소를 중심으로 하여 사회의 질서 및 학문·기술을 민중의 입장에서 밝히고 있다.

도교의 기본적인 교본은 노자의 《도덕경(道德經)》과 《장자 (莊子)》였다. 그리하여 노자는 태상노군(太上老君)이라 하여 신격화됨과 동시에 도교의 비조(鼻祖)로 떠받들어 졌고, 장 자 또한 신선화하여 신격화되었다.

노자를 실존했던 인물이라 생각하고 말한다면, 중국에 있 어서 우주의 일체에 대하여 생각한 최초의 인물이다. 그의 사상은 무위(無爲)·자연(自然)을 도덕의 표준으로 하며, 허 무(虛無)를 우주의 근본으로 삼는 '허무설(虛無說)'이다.

무위·자연을 존중하였던 노자의 사상은 장자(莊子)의 사 상에서도 찾아볼 수 있다. 이것 때문에 보통 장자를 가리켜 노자의 사상을 이어받고 도가사상을 대성시킨 사람이라고 하는데, 명확히 그렇다고 단정하기에는 좀 애매모호한 면이 있다.

어쨌든 장자는 도가학파의 중요한 대표자로서, 《사기》가 편찬된 이래 역대로 노자와 함께 짝지어져 '노장(老莊)'으로 불려 왔다. 그리고 노장 사상의 기조인 허무설은 일찍부터 도교 신앙과 융합되어 기층사회에 커다란 영향을 끼쳤다.

도의 개념

도교는 노장사상을 따라 자연의 근원적인 힘과 조화를 이 루는 신조에서 논리적 결론을 이끌어 내었고, 변함없는 자 연의 길을 '도(道)'라고 불렀다.

여기에서 잠시 '도(道)'의 개념을 명확히 짚고 넘어가는 것도 나쁘지는 않겠다. 중국인의 관념에서 '도'란, 유가·

도가를 비롯하여 모든 사상과 철학을 설명하는 학설의 중심으로, 중국인의 의식의 기초에 존재하는 것이다. '도교'라는 말은 선진(先秦 ; 진시황제의 통일제국 이전의 봉건시대)시대부터 사용되어 왔으며, 그때는 '성인(聖人)의 도의 가르침'이란 의미를 가지고 유교를 지칭했다. 또 불교가 전래된 뒤로는 불교를 의미하던 시대도 있었다. 말하자면 '도'는 중국의 민족종교로서의 도교를 가리키는 대명사가 아니었던 것이다.

'성인의 도의 가르침'을 구체적으로 실현시키기 위한 방법과 술(術)을 '도술'이라고 하였다. 따라서 도술이란 말의 원뜻은 '성인의 도의 술', 즉 치세치민(治世治民)을 위한 정치의 술이었다. 한편 선인(仙人)이 되기 위한 방법, 또는 선인과 교감(交感)하기 위한 방법으로 신선방술(神仙方術), 의료기술로서의 의방술(醫方術), 그밖에 과학적 기술과 주술 등 여러 가지의 방술이 존재해 있었다.

도술을 행하는 자를 도사(道士), 방술을 행하는 자를 방사(方士)라고 했다. 전자는 정치적, 후자는 개인적·종교적 성격을 지닌 것으로 명확히 구분되어 있었다.

그러나 후한(後漢)에 이르러 이 양자가 혼동되었다. 정치의 술로 국한되었던 도술의 범위가 주술 및 예언 등의 종교적 영력(靈力)을 포함하는 것이 되었고, 그러면서 도사는 차츰 종교적 요소를 지닌 자의 개념으로 이해하게 되었다.

무의(巫醫)의 주술과 부적을 사용하는 종교 집단을 '귀도(鬼道)'라고 불렀다. 이는 귀신의 '귀(鬼)'와 연관하여 명명된 것인데, 나중에 '신(神)'을 연관시킨 '신도(神道)'가 생겨났다. 도교의 양대 교파였던 오두미도(五斗米道)와 태평도(太

平道)는 귀도를 중요한 요소로 삼은 초기의 도교적 집단이
었다.

도교의 원류

도교의 원류(源流)는 일찍이 전국시대에 부흥했던 '방선도
(方僊道)'이다. 방선도는 신선방술을 위주로 했던 샤머니즘
인데, 그 목적은 불로장수나 불로불사에 이르는 도를 얻는
것이었다.

방선도는 신화 속에서 중국의 조물주라 여겨지는 황제(黃
帝)를 신선의 조상으로 받들고 숭배했다. 고대 중국의 문화
제도를 창조한 이상적인 황제였던 헌원씨(軒轅氏)는 기백(岐
伯) 이하 6명의 명의를 모아 자연과 우주, 인간과 생명, 건
강과 의약 등에 대해서 토론했다. 이것을 문답 형식으로 기
록한 책이 《황제내경(黃帝內經)》이다.

《황제내경》은 '의학 오경'의 하나에 해당되는 중국의 가
장 오래된 의학서이다. 그러나 내용은 의학전문서라기보다
는 자연철학적인 색채가 농후하다. 그 속에 흐르고 있는 사
상은 춘추전국시대 황하문화권에서 발생한 자연철학이 기초
를 이루는데 인간의 생명 현상은 자연 현상과 상호 연동하
는 것[天人合一說]이라고 했다.

천인합일설에서 진보된 것이 "우주 만물은 상반되는 2극
을 가지고 성립한다."고 보는 '음양설'이다. 하늘은 양이며
땅은 음, 남성은 양이며 여성은 음이라고 규정하고, 모든 일
은 음양의 변화에 순응함으로써 잘 되어간다고 설명하고
있다.

음양설은 다시 모든 우주 현상을 '화·목·금·토·수'라는 5요소의 결합이반(結合離反)으로 설명하는 '오행설(五行說)'로 발전해 갔다.

이 무렵의 중국은 춘추전국시대라는 극심한 혼란기에 접어들어 약육강식의 투쟁을 전개하고 있었다. 기원전 700년경부터 근 400년간이나 계속된 권력 쟁탈의 소용돌이 속에서 살았던 사람들은 언제 당하게 될 줄 모르는 전쟁과 죽음의 공포, 생활의 불안 속에서 마음을 졸이고 몸을 떨었다.

사람들은 자연히 혼란스럽고 고통스런 현실에서 도피하고 싶다는 마음을 가지게 되었다. 여기에서 은둔 사상이 발생되었는데, 그것은 자연에 따른 무욕고고(無慾孤高)의 생활에 들어가서 유구한 진리를 구하려고 하는 사고방식이다.

이때 나타난 대표적인 사상이 노자사상이다. 무위 자연을 역설하는 노자사상은 평화와 안정을 염원하던 당시 중국인들의 심정과 완전히 일치한 것이었다.

그때까지 황제를 떠받들던 방선도는 옳다구나 하고 노자사상을 흡수·통합하여 '황로(黃老)의 말씀'을 세상에 퍼뜨렸다.

신선사상에서 발전한 방중술

이 '황로의 말씀'에 장자사상이 보태짐으로 해서 신선사상으로 비약되었다. 이는 세속을 초탈하여 언제까지나 늙지도 않고 죽지도 않는다는 사상이다.

그렇다면 어떻게 해야 장생구시(長生久視)할 수 있는가. 나아가 불로불사(不老不死)를 실현할 수 있는가. 여기에 대한 방법을 찾다가 '방중술'에 이르른 것이다. '방중'이란 침술 또는 성교의 의미이며, 다시 발전하여 남녀 음양의 교합 비술과 비약(秘藥)으로 되어 갔다.

'황로의 말씀'에 신선사상을 가미한 도교는 황제를 비롯하여 일반 백성에게까지 폭발적인 지지를 얻었다. 집권층은 늙지 않고 젊음과 왕성한 정력을 오래도록 유지할 수 있다는 점에 매료되었고, 민중들은 지리한 전란 속에서 즐기고 위로받을 것은 섹스밖에 없었던 것이다.

도교사상이 부흥하자 도교를 주도하는 일부 신선방사들은 당대 황제들의 신임을 얻어 정치를 좌지우지하기도 하였다. 방사들이 황제의 신임을 얻는 것은 간단했다. 연단술(練丹術) 비슷한 것을 앞세워 불로불사약이라고 하면 황제는 몹시 기뻐하며 그를 의심하지 않았다.

그래서 세상에 존재하지도 않는 불로초와 신선의 약이 있다고 했다. 만리장성을 구축하고 아방궁을 건축하여 후궁 3천 명을 거느렸다는 악명 높은 진시황제도 방사 서복(徐福)을 멀리 봉래국, 즉 일본에까지 불로초를 찾으러 보낸 것은 유명하다.

방사들이 목적으로 한 것은 '단(丹)'을 만드는 것이다. 단이란 쉽게 말해서 불로장수나 불로불사에 이르기 위한 약(藥)이다. 여기에는 내단(內丹)과 외단(外丹)의 두 가지가 있다.

내단은 스스로가 지니고 있는 '기'를 체내에서 연마하여 만든 것이며, 외단은 외부에 있는 물질에서 만든 것이다. 내단은 안전하나 '기'를 모으기 위해서는 오랜 세월 동안 고된 수행 과정을 요구하기 때문에 웬만한 정신력을 가지고는 만들 수가 없다. 여기에 비하여 외단, 즉 금단(金丹 ; 황금)은 재료만 갖춘다면 간단히 만들 수는 있으나, 사용하는 재료가 유황이나 수은 등 독극물이 대부분이므로 잘못 복용했다가는 크게 몸을 해칠 우려가 있다. 이 외단을 신선의 약이라고 했는데, 연금술에 의해 만들어진 황금은 불사의 약 중에서 가장 효과가 있는 것이라고 믿었다.

중국의 역대 군왕 중에는 불로장수를 누릴 욕심으로 외단을 복용했다가 불로장수는커녕 약물중독으로 반신불수가 되거나 즉사한 예가 허다했다.

이상으로 살펴본 바와 같이 초기의 도교적 신앙은 불로불사의 신선을 희구한다든지 도술이나 방술에 의한 치병(治病)·재해 퇴치 등 현세의 행복 추구에 역점을 두었다. 그러나 유교·불교와 경합하고 서로 영향을 받으면서 내적 수양과 민중적 도덕 의식의 견지(堅持)를 중심으로 하는 신앙도 중요시하게끔 발전했다.

금단의 전설

금단에는 다음과 같은 전설이 얽혀 있다.

지독하게 색을 밝히는 여자가 있었다. 그녀는 색이라면 사족을 못 썼다. 괴롭고 고통스러운 것은 그녀의 남편이었다.

"밤낮으로 이렇게 시달리다가는 내가 죽고 말리라!"

남편은 두려운 생각이 들어 용하다는 명의를 찾아갔다. 명의는 그에게 금단을 주었다.

남편은 금단을 먹고 아내와 동침했다. 금단의 효험은 엄청나서 밤새도록 정력이 시들 줄을 몰랐다.

"여보, 제발! 제발 이젠 그만……, 헉!"

아내는 울며 몸부림을 쳤다.

"아직 멀었어! 당신이 그토록 좋아하던 거잖아!"

남편은 용서하지 않고 더욱 힘차게 찔러댔고, 마침내 새벽녘에 아내는 조용해졌다. 남편도 피로하여 곯아떨어졌다.

아침에 남편이 깨어나 보니 아내는 죽어 있었다. 그런데 아내는 꼬리가 아홉이나 달린 구미호(九尾狐)였다.

이때부터 여우의 음부를 차고 있으면 음력이 강해진다는 속설(俗說)이 생겼다. 서태후(西太后)는 수십 개의 암여우 음부를 지니고 있었다는 말이 있다.

여자는 성의 신비를 지키는 수호자

중국 사상계의 양대 산맥이라 할 수 있는 유교와 도교의 사상에는 여러 가지 차이가 있다. 그러나 서로 영향을 주고받았기 때문에 공통적인 요소들도 적지 않다. 이런 이유 때문에 중국인은 두 교리를 모두 따랐고, 세계관이나 행동 양식에 두 교리가 적절히 뒤섞여 있다.

남녀간의 관계를 놓고 보더라도 그렇다. 유교는 남녀간의 사회적 지위와 가족 내에서 각자의 의무만을 규정했다. 그리고 성행위는 여자를 수태시켜 집안의 대를 이어갈 아들을 얻는 수단으로 여겼다. 즉 여성의 생물학적 기능만을 강조하고 감정적인 면에는 이차적인 의미만을 둔 것이다.

도교에서도 여자를 홀대하기는 유교와 엇비슷했다. 그러나 성행위에 있어서는 유교와 사뭇 다른 견해를 가지고 있었다. 여자는 가족의 일원임에도 불구하고 감정적인 면에서 남성의 지배 아래에 있어야 하는 존재였지만, 침실 안에서는 위대한 스승이요, 성의 신비를 지키는 수호자로 인식되는 경우가 적지 않았다.

방중술과 관련된 서적을 보면 예외없이 여자가 성의 비법을 전수하는 스승으로 등장한다. 성교본에 등장하는 성의 위대한 스승은 '소녀(素女)·현녀(玄女)·채녀(采女)'라는 세 여자이다.

그녀들은 모두 황제의 스승이거나 여신으로 묘사되어 있는데, 지명도를 놓고 볼 때는 소녀가 앞자리를 차지하고 있다.

소녀는 풍요신 숭배와 연결된다. 《수신기(搜神記)》에 소녀에 대한 흥미로운 이야기가 나온다. 여기서 소녀는 '흰 강〔白川〕의 순수한 소녀'로 표현되어 있으며, 조개의 형상을 하고 있다. 중국에서 조개는 풍요의 상징으로 여겨지고 있다. 그 이유는 조개가 생산과 풍요를 상징하는 여자의 음문과 흡사하기 때문이다.

우리 나라에서도 여자의 음문을 조개로 표현하는데, 필자의 다른 저서 《한국인과 에로스》에 그것을 상세히 설명해 놓았다.

소녀의 이름을 따서 붙여진 성교본이 바로 저 유명한 《소녀경》이다. 이 책은 그동안 우리에게 무수한 오해와 공정하지 못한 평가를 받아왔다. 사실 필자도 《소녀경》을 직접 읽어 보기 전에는 저속한 포르노 서적 정도로만 치부했다. 그러나 막상 읽고 보니 그렇지 않다는 것을 깨닫게 되었다. 《소녀경》은 동양 의학에 바탕을 두고서 당대의 저명

▶소녀

한 학자 및 사상가들이 집필한 성의학 서적이다. 따라서 여기에는 심원한 동양사상과 철학이 내포되어 있고, 성을 즐기면서 양생과 병의 치료, 또 생명 연장에 결부시킨 것은 재평가할 가치가 있다.

물론 현대 의학에 상반되는 내용이 적지 않다는 것은 사실이다. 그리고 여성의 '기'만을 빨아들이고, 그 결과에 대해서 나는 모른다는 식의 무책임한 내용이 있기 때문에 허와 실을 가릴 수 있는 독서자의 안목이 필요하다.

현녀는 《현녀전경(玄女戰經)》, 《황제문현녀병법(黃帝問玄女兵法)》 등의 병법서를 지은 저자로 일컬어지며, 도교의 여신인 서왕모(西王母)로 묘사되기도 한다. 전한시대에는 현녀숭배사상이 널리 퍼져 있었다. 《현녀경》은 그녀의 이름을 따서 붙여진 책이며, 그 내용의 일부만이 전하고 있다.

'채녀'라는 말은 한나라 때 하급 궁녀를 지칭하는 말이었다. 채(采)라는 한자는 '다양한 색깔'을 의미하기도 하는데, '소녀(순수한 여자)'의 대립어로 사용된 것으로 여겨진다. 후대의 성교본에서 채녀는 황제의 여신으로 묘사되었다.

방중술의 목적

방중술의 목적은 어디까지나 양생과 장수를 누리는 데 있다. 따라서 이것은 쾌락만을 추구하는 섹스와는 질적으로 차이가 있다. 쾌락 추구형의 섹스는 배설(사정)을 통한 찰나적이거나 일시적인 감흥을 얻고자 하지만, 방중술의 성교는 '교접하되 사정하지 않는다'는 방법을 체득하는 것에 역점을 두고 있다.

'교접하되 사정하지 않는다'라는 생각은 도교의 자연주의 사상에서 비롯된 것이다. 도교에서는 여자를 '태모(太母)'의 개념으로 이해한다. 간단히 말해서 '태모'란 만물을 자라게 하는 토대로써 대지(大地)와 같은 개념으로 설명된다.

고대 중국인은 초목과 곡식을 자라게 하는 대지 속에 우주의 기운이 머물고 있다고 믿었다. 이런 믿음은 자연히 '음'으로 표현되는 여자에게도 적용되었고, 특히 생식기관에 충만한 '음기'를 품고 있다고 보았다. 그 음기는 '애액(愛液)'을 말한다. 성교를 통하여 남성이 여성의 애액을 받아들이면 양기가 보충되어 생명력이 강화되고 양생에 탁월한 효과가 있다고 믿은 것이다.

중국 고대 의학에서는 피(血)는 기(氣)가 형태화한 것으로, 기와 피와 정액이 본래는 같은 것으로 생각했다. 그러므로 정액을 사정하는 것은 기와 피도 함께 방출하게 되는 것이라고 생각하여, 연명 장수를 그르치는 것으로 인식했다.

한편, 성교에 의해서 남성이 여성으로부터 많은 음기를 받아들이기 위해서는 성교의 시간을 되도록 오래 지속시킬 필요가 있다고 생각했다. 왜냐하면 여성으로 하여금 애액이 넘치게 하기 위해서는 충분한 성교 시간이 필요하다는 것을 알았기 때문이다.

그리하여 방중술은 여성의 몸과 마음을 뜨겁게 달구는 전희(前戲)의 방법까지 상세히 밝히고 있다. 여성에게 성적 만족을 주기 위한 배려는 아니지만, 궁극적으로는 여성을 위한 배려였던 것은 물론이다.

방중술의 가르침

사실 '교접을 하되 사정하지 않는다'라는 방중술의 비결은 남성의 입장에서 보면 고역이 아닐 수 없다. 여성을 최고조의 흥분에 도달하게 하려고 갖은 노력을 하면서도 정작 자신이 오르가슴에 이르는 것은 이를 악물고 억제해야 하는 것이다.

"클라이맥스가 없는 섹스에 무슨 즐거움이 있는가?"

대부분의 남성 독자들은 이런 의문을 품을 것이다. 《소녀경》은 이런 질문을 예상이나 한듯 질문과 답변을 마련해 놓고 있다.

채녀(采女)가 팽조(彭祖)에게 묻는다.

"교접은 정액을 사정할 때의 쾌감을 즐기는 것일텐데, 그것을 억지로 억제해서 사정하지 않는다면 즐거움이라고 하는 것이 없지 않겠습니까?"

팽조가 대답한다.

"대개 정액을 사정하게 되면, 몸이 나른해지고 귀에 윙윙거리는 소리가 나며, 눈은 저절로 감겨서 졸음이 오게 된다. 또한 목은 마르게 되고, 뼈의 마디마디가 느근해지는 상태가 된다. 본래대로 회복은 된다고 하지만, 잠시 동안의 쾌감이 결국 불쾌하게 끝나는 것이 상례이다. 만약에 사정하려고 할 때 그것을 억제해서 사정하지 않는다면, 기력은 여전할 것이고, 몸은 잘 움직이며, 이목(耳目)은 분명할 것이다. 자제를 한다 하더라도 얼마든지 또 행위를 하고 싶어질 것이다. 항상 다소 부족한 감을 느끼고 있도록 하면, 그편이 사정하는 것보다도 훨씬 즐거운 일이 아니겠는가?"(《소녀경》)

《소녀경》은 또 사정을 하지 않았을 때 남성이 얻게 되는 효과에 대해서도 언급하고 있다.

황제가 소녀에게 묻는다.

"사정하려고 할 때, 이를 억제해서 사정하지 않는다면 도대체 어떤 효과가 있느냐?"

소녀가 대답한다.

"한 번 사정하려고 할 때 이를 억제하면 기력이 강해집니다. 재차 사정하려 할 때 억제하면 귀와 눈이 밝아집니다. 세 차례 그렇게 하면 만병이 제거됩니다. 네 차례 그렇게 하면 오장(五

臟)의 상태가 모두 좋아집니다. 다섯 차례 그렇게 하면 혈맥이 충만해서 신장(伸長)됩니다. 여섯 차례 그렇게 하면 허리와 등이 강인해집니다. 일곱 차례 그렇게 하면 엉덩이와 가랑이에 더 힘이 붙게 됩니다. 여덟 차례 그렇게 하면 몸에 윤기가 흐르게 됩니다. 아홉 차례 그렇게 하면 수명이 연장됩니다. 열 차례 그렇게 하면 이윽고 신선이 되는 길이 열리게 됩니다."(《소녀경》)

'교접을 하되 사정하지 않는다'고 하는 것은 쾌감만을 추구하지 않고, 자제력을 단련하면 열 가지 득이 있다고 하는 생리적인 건강법인데, 여기에는 저항력·지속력을 단련하여 육체와 정신의 결합을 지향하는 중국 의학의 원리가 작용하고 있다.

《소녀경》은 여성이 클라이맥스에 달하면 그쯤에서 잠깐 쉬라고 충고하고 있다. 덩달아 흥분하여 행위를 계속하면 사정으로 이어지기 때문이다.

사정을 억제하는 방법도 친절하게 설명하고 있다. 먼저 요도구부(尿道球部)를 눌러서 사정을 억제하는 방법이 나온다. 고환과 항문 사이를 회음부(會陰部)라 하는데, 이 부분을 손가락으로 만지면 세로로 된 하나의 관이 있다. 이것을 요도구부라 한다. 흥분하여 사정하려는 찰나에 이를 악물고 이 요도구부를 손가락으로 꽉 쥐면 고조되어 있는 사정욕이 떨어진다.

또 사정하려는 찰나에 빨리 머리를 쳐들고 눈을 부릅뜬다. 그런 다음 머리를 상하좌우로 세차게 흔들면서 숨쉬기를 멈추면 사정을 억제할 수 있다고 한다. 그 외에 여성에게 도움을 받아 한창 섹스 중에 허리의 움직임을 멈춰 주거나, 일부러 무드에 물을 붓는 듯한 대화를 교환하여 삽입한 채 잠시 쉬는 것도 좋다고 설명하고 있다.

그러나 '교접을 하되 사정하지 않는다'는 말을 '결코 사정하지 않는다'로 해석하면 옳지 않다. 접촉할 때마다 일일이 사정하는 것은 아니지만, 적정한 빈도로 사정해야 한다는 것도 《소녀경》은 설명하고 있다. 즉 오랫동안 억지로 사정하지 않으면 종기 같은 것이 몸에 생긴다는 것이다.

중국인은 방중술의 이런 가르침을 비교적 충실히 따르려고 했다. 일반적으로 서열이 낮은 여자들은 서열이 높은 여자들에 비하여 그 남편과 자주 교접해야 한다는 규정이 있었다. 특히 왕은 철저히 이 규정을 지켰다. 왕비는 한 달에 오직 한 번만 왕과 동침했다. 왕이 다른 여자들과 자주 교접하여 양기를 충분히 보충한 뒤에 비로소 왕비와 동침했다. 이때 왕은 사정을 억제하지 않는 것이 왕비에 대한 예의였다.

'교접을 하되 사정하지 않는다'라는 방중술의 핵심은 중국의 가족 질서를 원활하게 유지하는데 크게 기여했음은 물론이다. 일찍이 일부다처제를 취했던 중국의 가장들은 사정을 억제하여 여러 첩들을 골고루 만족시켜주었기 때문에 성적 불만족에서 생길 수 있는 문제들을 피할 수 있었던 것이다. 또한 왕이 무수한 후궁들을 거느릴 수 있었던 원인도 여기에서 찾을 수 있다.

도교사상의 중요한 부분인 방중술은 중국인의 성 관념 및 행동양태와 밀접한 관계가 있다. 뒤에서 보다 상세히 다루어질 것이다.

잉첩과 일부일처다첩제, 그리고 여자들간의 질서

중매혼의 의미

고대 중국에서는 자유로운 남녀간의 만남이 허용되었다. 일찍부터 혼인은 중매인을 통하여 이루어졌는데, 예외적인 경우도 적지 않았던 것 같다.

중매혼이 일반적인 혼인 형태로 자리매김했던 것은 가문과 명예를 중시하는 중국인의 관념에서 비롯된 듯하다. 중매인은 먼저 두 가문의 모든 것을 사전에 조사하여 혼사가 합당한가를 따진다. 이때 특히 중요시한 것은 혼인할 두 사람이 확실히 다른 씨족인가를 보는 것이고, 그 다음으로 궁합 및 부모의 사회적 지위 등을 보았다. 만약 서로 맞지 않은 가문끼리 혼인을 하면 명예가 실추될 뿐만 아니라 불구대천의 원수가 되기 십상이었기 때문이다.

중매인에 의하여 사전 교섭이 만족스럽게 이루어지면 양가는 혼약(婚約)을 맺는다. 혼약은 혼서(婚書)라는 서면 교환·예물 교환 등의 형식을 취함으로써 성립되는데, 그 성립을 더 확실히 하기 위해 남자쪽에서 약혼자 집에 빙재(聘財 ; 약혼자에게 보내는 재물)를 보내는 것이 보편적인 관습이었다.

빙재를 보내는 이유에는 신부 대가라는 의미도 있다. 여자의 값을 치르고 데려오는 것인데, 상당수의 소수 민족은 현재까지 이런 관습을 유지하고 있다.

참고로 말하자면, 중국 대륙 서남지역에 거주하는 두룽족이 지불하는 신부값은 돼지 2마리에 솥·냄비·화로를 하나씩 주면 된다. 또 린창[臨滄] 지역의 누족·와족·리족·수이족 등은 여자의 값을 신체 조건과 용모에 따라 차등을 둔다. 이들 민족이 최고로 치는 여자는 손발이 크고, 발목이 가늘며, 엉덩이가 큰 여자이다. 그 이유는 손발이 큰 여자는 일을 잘하고, 발목이 가는 여자는 성에 비교적 약하며, 엉덩이가 크면 아이를 쉽게 잘 낳기 때문이라고 한다.

최상의 여자를 데려오는 값은 소 10두나 그에 해당하는 돈이다. 티베트 자치구의 와족 남자는 소만 있으면 여자를 얼마든지 살 수가 있다고 한다.

혼약을 중시하는 것은 예나 지금이나 별 차이가 없다.

이 혼약에 의한 혼인 계약(부부의 인연)은 이미 성립되고, 결혼은 거기에서 당연히 귀결되는 이행 행위에 지나지 않았다. 정해진 날이 되면 신랑은 기러기 한 마리를 가지고 이른 밤(해질녘)에 신부집으로 가서 전안례(奠雁禮)를 올렸다. 옛날에는 혼례의 의식을 밤에 올렸기 때문에 '혼례(昏禮)'라고 했다.

이때 신랑이 가지고 간 기러기는 한번 인연을 맺으면 생명이 끝날 때까지 짝의 연분을 지킨다 하여, 신랑이 백년해로 서약의 징표로써 신부의 어머니에게 드리는 것이다.

잉첩

춘추시대 초기에 이미 일부일처다첩제(一夫一妻多妾制)가 정착되었고, 귀족들 사이에서는 잉첩(媵妾) 제도가 성행했다. '잉첩'이란 신부의 여동생이나 하녀를 데리고 가서 신랑의 첩으로 삼게 하는 것이다. 앞에서 양귀비의 세 자매가 현종의 후궁이 되었다는 것을 말한 바 있는데, 잉첩의 좋은 예이다.

《시경》에도 잉첩과 관련된 노래가 나온다.

> 한후(韓侯)가 맞이할 아내는 분수가에 사는 분왕(汾王)의 생질이요
> 제왕의 경사인 궤보의 딸일세, 한후가 친히 나가 맞이하니
> 여덟 개 방울 딸랑거리니 그 빛 더없이 찬란하네
> 뒤따르는 아홉 명의 신부들 마치 구름처럼 조용하고 단정하여
> 한후께서 뒤돌아보니 눈부신 그 빛 문에 가득 찼네.
> (《시경》〈대아·탕지습·한혁〉)

이렇게 잉첩제도가 시행되고 있었지만, 어떤 신부는 그것을 달가워하지 않았다. 하기야 "시앗을 보면 길가의 돌부처도 돌아앉는다."라는 속담이 있는 것처럼 고대의 중국 여인들도 마음이 편하지는 않았을 것이다. 잉첩의 목적으로 준비된 하녀를 신부가 데려가려하지 않자, 그 하녀의 안타까운 심정을 노래한 시를 《시경》에서 찾아볼 수 있다.

강에는 지류가 있고, 아가씨는 나를 버리고 시집가려 하네
나를 버려두고 가려하지만 뒤에는 후회하게 되리

강물 옆에는 모래섬이 있고, 아가씨는 나를 마다하고 시집을
간다네
나를 싫다고 하지만 뒤에는 함께 살게 되리

강물이 갈라져 흐르고, 아가씨는 나를 거들떠보지도 않고 시집
을 가네
나를 못본 체하니 나는 슬픔에 잠겨 노래부르네.
(《시경》〈소남·강유사〉)

이 시는 《시경》 중 몹시 난해한 시 중의 하나인데, 지류가
많은 강물은 여러 첩을 거느릴 수 있는 남편을 비유한 것으
로 보인다. 필자는 이 시를 해석할 때 '지자귀(之子歸)'라는
단어에 주안점을 두었다. 예로부터 '지자'는 시집가는 여자
로 해석하는 경우가 많다. 이것으로 미루어 필자는 잉첩과
관련된 시라고 해석한 것이다.

일부다처제는 왜 생겼는가

중국에서 일부일처다첩제의 혼인 형태를 취하게 된 원인
을 놓고 제설이 분분하다. 흔히 유교의 조상숭배·자손중시
사상과 도교의 방중술에 영향을 받아 일부다처제가 생겼다
고 말한다. 혹자는 남성들이 자신의 힘을 과시하기 위하여

가급적 많은 여자를 거느렸다고 말하기도 한다.

모두 나름대로의 타당성을 지닌 것은 분명하다. 그러나 필자는 다른 측면으로 생각해 봤다. 여자가 남자에 비하여 그 수효가 월등히 많았기 때문에 여자의 과잉 문제를 해결하기 위한 수단으로 일부다처제의 혼인 형태를 취한 것은 아닐까, 하고 생각해본 것이다.

그럴 가능성은 크다. 옛날 중국 대륙에서는 수많은 전쟁이 일어났다. 중국 대륙 어딘가에서는 항상 전쟁이 벌어지고 있었고, 분쟁이 끊일 날이 없었다. 그래서 남자들의 중요한 일은 전쟁을 수행하는 일이었다. 그 전쟁에서 싸우다 죽어간 남자들의 수효는 엄청 났다.

당(唐)나라 시인 왕한(王翰)은 전장의 극심한 인명 피해를 〈양주시(涼州詩)〉를 통하여 이렇게 탄식하고 있다.

> 출격을 앞두고 야광배(夜光杯)에 따른 포도주를 입에 대니
> 마상에서 듣는 비파 소리가 비장감을 더해 주는구나
> 전장의 두려움을 잊으려고 나는 술을 마시지 않을 수가 없었네
> 술기운을 빌지 않고는 전장으로 달려갈 수 없는 겁쟁이라고 비웃지 말라
> 어차피 살아서 돌아오지는 못하는 몸인 것을.

"고래(古來)로 전장(戰場)에서 돌아온 자가 몇이나 되던가."라는 말은 왕한의 〈양주시〉에서 비롯된 말이다. 전장에 나가면 죽는 것이 다반사였고, 대단한 행운이 따라야 살아서 돌아올 수 있다는 현상을 잘 묘사하고 있다.

조조(曹操)의 〈호리행(蒿里行)〉에도 전쟁으로 인한 인명피

해를 탄식하고 있다.

> 백골이 들을 뒤덮으니 천리 사방에 닭소리도 들리지 않네
> 군사는 백에 하나나 살아남았으니, 생각하면 간장이 끊어지네.

　힘있는 남자들은 전쟁을 수행하느라고 초개처럼 무수히 죽어갔다. 그리고 대자연의 섭리는 어디에서나 남자보다 여자에게 더 강한 생명력을 주었다. 남자들은 죽어나가는 환경 속에서도 여자는 그 끈질긴 생명력으로 살아남았다.

　이런 이유 때문에 남자는 자꾸만 줄어드는 데 반하여 여자는 증가했다. 일부일처의 혼인 형태를 취한다면 남아도는 많은 여자들이 독신으로 지낼 수밖에 없는 상태에까지 이르게 되었다.

　고대 중국인들은 이런 상태를 큰 재앙의 조짐이라고 생각하고 위험시했다. 이런 관념을 여러 문헌에서 찾아볼 수 있다.

> 천지의 음양 두 기운이 밀접하게 화합하여 만물이 생겨나고, 수컷과 암컷이 정기를 합하여 만물이 생겨난다. (《주역》〈계사 하〉)

> 귀매(歸妹)의 괘는 천지의 대의이다. 천지가 교섭하지 않으면 만물이 생겨나지 않는다. (《주역》〈단·귀매〉)

> 지금 수많은 궁녀들이 폐하를 모시고 있는데, 그중에는 처음부터 버림받고 있는 이도 있습니다. 이처럼 사람의 도가 통하지 않

고 꽉 막혀 있는 것을 하늘에서도 알고 있을 것입니다. … 지금 폐
하께서 궁녀들을 많이 쌓아두고 있는 것은 하늘의 뜻을 거스르는
것입니다. (《후한서》 〈낭개전〉)

　지금 궁중에는 왕에게 딸린 여자가 수없이 많습니다. 그런데
밖에는 홀아비가 많고 왕에게 딸린 여자들은 울고 있습니다. 기
후가 사나운 것도 바로 이 때문에 일어나는 현상입니다.
　(《삼국지》 〈육개전〉)

　이상으로 인용한 문헌은 남녀의 결합에 중대한 의미를 부
여하고 있다. 노처녀가 많거나 홀아비가 있으면 사람의 도
가 통하지 않아 그 원망이 하늘에 닿아 재앙이 생기는 것으
로 믿은 것이다.
　그래서 모든 백성들이 혼인할 수 있도록 하는 것이 왕의
책무로 규정되었다.

　임금은 남녀가 일정한 때가 지나도록 배필이 없게 해서는 안
된다. (《백호통》 〈작·爵〉)

　여자 과잉 문제를 해결하기 위한 수단으로, 또 양생과 후
손을 늘리기 위한 목적으로 남성들은 여러 명의 배우자를
거느리게 되었다. 그리고 남자가 귀하고 여자가 많다는 현
상은 가부장권과 남존여비의 관념을 더욱 강화시키는 원인
이 되었다.

대가족 제도

한 남자가 여러 명의 여자를 거느리고 보니 자연히 식구가 많을 수밖에 없었다. 고대 중국의 가풍에는 본가에 해당하는 대종(大宗)과 분가에 해당하는 소종(小宗)이 있었다. 이를 좀더 쉽게 말하면, 아들(장남)이 성년이 되면 아버지가 거처하는 저택 안에 방을 따로 내 그곳에 옮겨 살았다. 장남을 제외한 형제도 자식을 가지게 되면 살림집을 달리 차려 분가시켜 주었지만, 재산은 공유하였다. 이런 이유 때문에 자식이 분가를 하면 가장권은 일층 강화되었다.

그들은 조상의 제사를 매우 중요시하여 예로부터 종묘(宗廟)와 사(社)라는 제사를 어김없이 지냈다. '종묘'는 조상을 기리는 문중 제사이고, '사'는 토지신(土地神)을 섬기는 부락의 공동 제사였다. 이 '사'라는 부락 제사가 사회(社會)의 어원이 되었다는 설도 있다.

전통사회 중국의 가족제도는 재산을 공유하고, 형제는 평등하게 재산을 분배할 권리와 종묘 제사의 의무를 가지고 있었다. 그래서 중국인의 주체성은 어느 누구도 감히 얕볼 수 없다. 권리가 불인정되는 세계에서 주체성 확립이란 도저히 불가능하다. 부모를 양로원에 보낸 뒤 그대로 방치한다든가 따위의 부도덕한 행위는 권리와 의무에 익숙치 못한 데에서 오는 현상이라 할 수 있다.

대가족주의에 관해서는 당(唐) 고종 때 장공예의 9대가 한 집에서 살았다는 고사를 앞에서 지적한 바 있다. 9대가 함께 살았다면, 그 가족 수는 적게 잡아도 100여 명은 되었을 것이다.

사실 유산 계급은 너나할것없이 본처와 여러 명의 첩을 거느렸고, 그녀들에게는 몸종이 따랐다. 여기에 일하는 머슴, 유모 등을 합치면 엄청난 대가족이 쉽게 이루어지는 것이다.

가부장의 고뇌

한집에 많은 사람이 함께 살다보니 인간관계는 자연히 복잡할 수밖에 없다. 한가족이라도 이런 사람이 있고 저런 사람이 있는 것이다. 가정의 화목과 평화를 위하여 가장은 이들의 인간관계를 지혜롭고 산뜻하게 다루어 나가지 않으면 안 된다. 그래서 첩을 둔다는 것에는 제한이 없지만, 많은 첩을 거느리기 위해서는 그만큼 가장의 능력이 체력·경제력·지도력 등에서 뛰어나야 했다.

유교는 남녀유별을 지나치리만큼 강조하고 있다. 부부간의 육체 접촉은 잠자리를 할 때에만 가능하다는 것이 일반적인 규칙이었다. 잠자리를 벗어나면 부부간이라도 직·간접적인 접촉을 피하는 것이 예의였다. 남녀는 옷도 한곳에 걸지 않았고, 물건을 주고받을 때도 신체적인 접촉이 없도록 주의했다.

남녀 관계에 관한 이러한 모든 규칙은 유학자들이 성행위를 죄악시했기 때문은 아니다. 유교는 분명히 성을 중시하고 있다. 그래서 남녀 관계에 더욱 엄격한 규칙을 정한 것이다. 굳이 그 이유를 설명하자면 자신들이 중시하는 성이 어떤 이유로 문란해져서 신성한 가정 생활을 파괴할까를 저어해서 세세한 부분까지 규칙을 정한 것이다.

▶〈한궁춘요〉, 명나라.
타이베이 고궁박물원
소장

선입견을 버리고 깊이 파고들어 유교사상을 살펴보면, 남
녀간의 예교에 있어서도 적잖은 인간적 색채가 흐르고
있다. 유학자들이 여자를 낮추어 본 것은, 하늘 아래 땅이
있다는 자연 현상과 무관하지 않다. 고대로부터 중국인은
남자를 '양'인 하늘에 비유했고, 여자를 '음'인 땅에 비유했
던 만큼 하늘 밑에 땅이 있는 것을 자연스럽게 생각했다. 따
라서 중세의 기독교인들이 여자를 증오하거나 경멸했던 것
과는 상당한 차이가 있다.

일부다처제를 인정했던 유가에서는, 자칫 소외되거나 무
시될 소지가 있는 여러 아내들의 성적 욕구 충족에도 세심

한 배려를 하고 있다. 남편은 본처를 비롯한 모든 첩들에게 성적 만족을 시켜줄 의무 규정이 있었다. 다시 말해서 여자들은 남편으로부터 성적 위안을 받을 기득권이 있었던 것이다.

《예기》를 보면 아내들 가운데 한 사람이라도 성적으로 소홀히 하는 것은 중대한 무례라고 말하고 있다.

> 첩은 비록 늙었다 할지라도 나이가 50세가 되지 않았으면 남편은 반드시 닷새에 한 번은 그녀와 교접을 가져야 한다.
> (《예기》〈내칙〉)

이러한 의무 규정은 아내들에 대한 최소한의 인격적 배려라고 할 수 있다. 본처를 비롯하여 불꽃 튀는 경쟁 관계에 있는 여러 첩들은 자연히 용모와 성품, 나이 등에서 차이가 있었을 것이다. 일반적으로 남성들은 젊고 아름다운 여자들을 선호한다. 그래서 나이가 들고 외모가 떨어지는 여자는 자칫 남편의 관심에서 멀어질 수 있다.

인간은 무엇보다 차별 대우를 당하는 것에서 감정을 크게 상한다. 특히 한 남자를 놓고 질투심이 강한 여자들이 벌이는 경쟁이니만큼, 소외당하는 쪽의 입장은 질투의 감정과 원망이 골수에 맺히고 마음에 사무칠 것이다.

유학자들은 이런 것을 예견하고 성적으로 아내들을 차별하지 말라고 가르치고 있는 것이다.

중국에 전해 오는 말 중에 "첩 하나 더하면 근심은 천근 (千斤)이 더한다."라는 말이 있다. "계집 둘 가진 놈의 창자는 호랑이도 안 먹는다."라는 우리네의 속담과 뜻이 통하는 말이다.

사실 한 여자와 사는 것도 힘에 벅찰 때가 있다. 한 여자와 화목하게 지내기 위해서도 많은 이해와 인내와 노력이 필요하다. 속이 푹푹 썩고 곪아터지는 경우가 적지 않은데, 여러 아내들을 거느리고 살았으니 그 속이 오죽했겠는가.

"바보천치든가 귀머거리가 아닌 바에야 가장은 억지로 못 한다."

이 말은 '백인(百忍；백 번 참는다)'과 함께 대대로 전해진 중국 가부장의 금언이다. 대가족을 거느리는 가부장은 백 번을 참을 수 있는 인내력과 바보천치, 귀머거리가 될 만큼 무딘 신경이 필요하다는 이야기이다.

가족의 질서

그대신 가부장의 권력은 절대적이며, 본처의 힘 또한 막강하다. 본처가 집안의 인간 관계를 아주 쉽게 처리할 수 있도록 권력이 구조화되어 있었던 것이다.

《금병매》를 보면 서문경의 본처 오월랑에게는 자녀가 없다. 여섯이나 되는 첩들 가운데 이병아만 아기를 낳지만, 본처의 위치는 절대적이다.

그러나 첩들간의 갈등만은 한여름에 찌는 더위 같다. 다섯째 첩 반금련은 아기를 낳은 첩에 대한 질투의 불꽃이 참을 수 없게 되자 고양이를 길들여 그 아기를 물어 죽이게 하는 처참한 만행을 저지른다.

그럼에도 불구하고 첩의 지위는 항상 본처 아래이며, 경우에 따라서는 체벌을 당하거나 다른 곳에 팔리는 신세가 되기도 한다.

'질투'하면 '여자'가 연상될 정도로 질투의 감정은 여자의 본성에 가깝다. 남자도 질투를 하지만, 그 강도 면에서는 여자에 비할 바가 못 된다. 중국인이 만든 질투(嫉妬)라는 한문 글자를 들여다보면 두 자가 모두 계집녀(女) 변이다. 이 글자로도 알 수 있듯, 여러 명의 아내를 거느리고 살았던 중국 남성들은 처들 간의 질투에 넌더리가 났을 것이다. 그래서 칠거지악에 '투기'를 넣은 것으로 추측된다.

"여자와 소인(小人)은 기르기 어렵다."

"암탉이 새벽을 고하면 집안이 망한다."

이런 말들도 대가족 제도하에서의 여자들간의 갈등이 심했기에 생긴 말은 아닐까?

여자를 말하자면, 《보적경(寶積經)》이라는 불전(佛典)에는 "독사는 바라볼망정 여자는 쳐다보지 말라."라고 경고하고 있다. 사람을 속이고 농락하는 점에 있어서는 독사보다도 여자가 더 무서운 존재라는 뜻이다.

2

중국인과 에로스

춘추전국시대의 성풍속

음풍의 시대

태곳적부터 춘추전국시대까지 중국인의 성은 방종을 느낄 만큼 자유분방하고 문란했다. 시아버지가 며느리를 취하여 정을 통하기도 하고, 자식이 서모(庶母)와 간통했던 일도 비일비재했다. 근친상간도 횡행했다. 심지어는 임금과 신하가 한 여자와 번갈아 가면서 농탕치기도 했으며, 아내를 서로 바꾸어 섹스를 즐긴 무리들도 있었다.

위선공(偉宣公)은 위인이 음탕하고 방종했다. 그는 왕위에 오르기 전에 이미 아버지의 애첩 이강(夷姜)과 불륜의 관계를 맺고 급자(急子)라는 아들을 낳았다. 아버지가 죽자 두 사람은 터놓고 부부로 지냈다. 급자의 나이 16세가 되었을 때 위선공은 아들을 혼인시키기 위하여 제희공의 큰딸에게 청혼했다.

"제후께서 쾌히 혼인을 승낙하셨습니다. 뿐만 아니라 제후의 장녀는 천하에 둘도 없는 절색이라 하옵니다."

사신이 전하는 말, 즉 며느릿감이 천하절색이라는 말을 들은 위선공은 불쑥 다른 생각을 품었다. 그리하여 그는 구실을 만들어 아들을 송나라로 보낸 후에 며느릿감을 자기의 첩으로 삼아 버렸다. 위선공은 서모와 통정하고 며느리까지 빼앗은 패악을 저지른 것인데, 우리의 관점으로 보면 깜짝 놀랄 추악한 행동이다.

채경공(蔡景公)도 며느리의 미색에 혹하여 아들 몰래 정을 통했다. 그러자 그 아들은 분기충천하여 아버지를 칼로 찔러 죽인 후에 이렇게 탄식했다.

"아비가 아비의 노릇을 못할진대 어찌 자식이라고 자식의 도리를 다할 수 있겠는가!"

초평왕(楚平王)도 아들을 내쫓고 며느리를 취하여 정실부인으로 삼았다. 진헌공(晉獻公)도 서모 제강(齊姜)과 사통했다.

근친상간

제양공(齊襄公)은 친 여동생 문강(文姜)과 근친상간을 오래도록 지속했다. 문강은 시집갔다가 졸지에 시아버지와 살게 된 선강의 동생이다. 자매는 둘 다 천하절색이었다. 특히 동생 문강은 꽃에서 말이 나오는 듯, 옥에서 향기가 나는 듯한 절세가인이요, 고금을 통한 국색(國色)이었다.

그녀는 천성적으로 요염하고 음탕한 성품을 지닌 여자였다. 그녀가 먼저 적극적으로 오빠를 유혹하여 마침내 금수와 같은 패륜을 저질렀다.

그러다가 문강은 노환공(魯桓公)에게 출가했다. 출가한 후에도 친정을 드나들며 오빠와의 관계를 계속 지속했다. 이 것을 노환공이 눈치를 챘다. 후환이 두려운 제양공은 은밀히 팽생(彭生)을 시켜 노환공을 죽이도록 했다.

노환공이 비명에 죽은 후, 그 아들이 왕위를 계승했다. 그는 노장공(魯莊公)으로 문강의 아들인데, 어머니의 권유로 제양공의 어린 딸과 정혼하게 된다.

이로써 제양공과 노장공의 관계는 대단히 복잡하게 되었다. 외삼촌과 외생질 사이일 뿐만 아니라 장인과 사위가 된다. 또 어머니와 정을 통하고 있기 때문에 제양공은 노장공의 아버지뻘이 된다. 고금에 보기 드문 가까운 사이가 그들의 관계였다.

임금과 신하가 한 여자의 속옷을 입고 서로 희롱하다

《춘추(春秋)》를 보면 임금과 신하 세 사람이 하희(夏姬)라는 여자와 정을 통한 사례가 기록되어 있다.

진(陳)의 영공(靈公)·공령(孔寧)·의행보(儀行父)가 하희와 정을 통하였다. 그리고 모두 그녀의 속옷을 몸에 걸치고 조정에서 서로 희롱하였다.

설야(洩冶)가 간했다.

"위에 있는 사람이 음란한 행동을 보인다면, 백성들이 본받을 것이 없습니다. 그리고 그 소문이 아름답지 못합니다. 그 속옷을 감추시기를 바랍니다."

진영공이 말했다.

"나는 조심하겠다."

진영공은 설야가 간한 말을 두 사람(공령과 의행보)에게 알렸다. 두 사람은 설야를 죽이기를 원했다. 진영공이 말리지 않았으므로 마침내 설야를 죽이고 말았다.

《《춘추좌씨전》 〈선공 9년〉)

남자의 양기를 빼앗아 젊음을 유지한 하회

하회는 정목공(鄭穆公)의 딸인데, 진(陳)나라 대부 하어숙(夏御叔)에게 출가했다. 그녀는 활짝 핀 백합보다도 더 고운 절세미인이지만, 음탕하기 이를 데 없는 여자였다.

그녀에 대하여 전설처럼 신비로운 이야기가 전한다.

그녀가 열다섯 살 때, 꿈속에서 신인(神人)이라고 하는 남자와 교접했다. 꿈에서 그 신인은 그녀에게 남자의 정기를 빨아들이는 놀라운 기술을 가르쳐 주었다. 그로부터 하회의 성적 기교는 대단하게 되었다. 교접할 때마다 남자의 양기를 쏙쏙 흡수하여 자기의 음(陰)을 보충했다. 그래서 그녀는 나이를 먹을수록 오히려 젊어졌다. 반면에 그녀와 교접한 남자들은 비실비실하다가 목숨을 잃었다.

하회는 출가하기 전에 사촌 오빠와 관계를 맺었다. 사촌 오빠는 하회와 사통한 지 3년 만에 젓가락처럼 말라 골골거리다가 요절했다. 그 후 그녀는 하어숙의 아내가 되어 아들을 낳았는데, 그 아들이 바로 훗날 큰일을 저지른 하징서(夏徵舒)이다.

남편 하어숙도 오래 살지 못했다. 결혼 생활 몇 해 만에 기운을 잃고 병사했다.

하회는 과부가 된 후로도 가끔 사내를 유혹하여 재미를

보았다. 몇 명의 사내들이 그녀와 교접한 후 얼마 버티자 못하고 맥없이 죽었다.

공령과 의행보는 본래 하어숙과 함께 벼슬살이 하던 친구였다. 그들은 경쟁이라도 하듯 죽은 친구의 아내 하희에게 접근했다. 남자라면 사족을 못 쓰는 하희는 옳거니 하고 두 사람과 차례로 동침했다.

하희는 두 사람 중에서 코가 크고 정력이 왕성한 의행보를 더 좋아했다. 그러자 질투심이 발동한 공령은 하희와 의행보를 떼어 놓기 위한 수단으로 진영공에게 그녀를 천거했다.

이리하여 하희는 임금을 포함한 사내 셋을 거느리고 한자리에서 희롱하며 즐겼다. 그러나 그들은 그것을 부끄럽게 생각하지 않았다.

하징서의 분노

하징서는 성장하면서 어머니의 음탕한 소행을 알고 크게 수치스럽게 생각했지만, 그 상대가 임금인지라 어찌할 수 없었다.

한편, 진영공은 하희를 기쁘게 해주려고 하징서를 사마(司馬)로 삼아 진나라의 병권을 맡겼다. 하징서는 높은 벼슬을 내린 진영공에게 사은하기 위해 잔치를 베풀었다.

이 잔치에서 얼근히 취한 진영공과 두 신하는 서로 터놓고 농을 하고 춤추며 즐겼다. 하징서는 그들의 짓거리가 하도 추잡스러워 살며시 병풍 뒤에 숨어 그 꼴을 보지 않으려고 했다.

진영공은 하징서가 눈에 띄지 않자 음탕하게 웃으며 의행보에게 말했다.

"하징서는 기골이 장대하고 힘이 센 것이 꼭 그대를 닮았소. 혹 그대의 자식이 아니오?"

이 말에 의행보가 호탕하게 웃으며 대답했다.

"하징서의 번쩍거리는 두 눈이 주공을 꼭 빼어 닮았습니다. 아마 주공의 소생인가 하옵니다."

옆에서 공령도 참견했다.

"주공과 의행보는 그만한 자식을 둘 연배가 아니니 하징서는 잡종인 것 같사옵니다. 하부인도 접촉한 사내가 너무 많아 누구 자식인지 짐작도 못 할 것입니다."

이 말에 세 사람은 손뼉을 치며 크게 웃었다.

병풍 뒤에서 그런 말을 듣고 있던 하징서는 분노가 머리 끝까지 치밀어올라 참을 수가 없었다. 그리하여 당장 군사들에게 명하여 집을 포위하게 하고 진영공을 죽였다.

이것은 바로 신하가 임금을 죽인 죄를 범한 것이므로 초나라가 반역을 토벌한다는 구실을 붙여서 진나라를 멸망시키고 하징서를 죽였다.

하희 쟁탈전

그런데 초나라의 임금과 신하들도 하희를 놓고 새로운 암투를 벌이기 시작하였다. 초장왕(楚莊王)은 한눈에 하희의 아름다운 자태에 반하여 자기의 후궁으로 삼으려고 했다.

이때 공족 대부(公族 大夫) 굴무(屈巫)가 강력히 반대하고 나섰다.

"하희는 천하의 요물입니다. 그녀로 인하여 수많은 남자가 죽었고, 진나라도 그녀 때문에 멸망했습니다. 천하에 이처럼 재수없는 요물이 또 어디에 있겠습니까?"

굴무가 이렇게 말한 데에는 나름대로 꿍꿍이속이 있었다. 그 자신이 하희를 차지하기 위해서 그녀가 다른 사람의 소유가 되는 것을 결사적으로 막은 것이다.

초장왕은 하희를 연윤 양로(連尹 襄老)에게 주었다. 얼마 후 양로가 전쟁터로 나가게 되었다. 하희는 그동안을 참지 못하고 양로의 아들인 흑요(黑要)를 유혹하여 사통했다. 하희에게 정신을 빼앗긴 흑요는 아버지가 전사했다는 소식을 듣고도 시체조차 찾으러 가지 않았다.

세간에 서모와 그 아들이 정을 통했다는 소문이 퍼지자 하희는 부끄러운 생각이 들어 남편인 양로의 시체를 찾으러 간다는 구실로 친정인 정나라로 달아나려고 했다.

이를 눈치챈 굴무는 하희를 차지하기 위해 온갖 계책을 부렸다. 그리고 마침내 그녀를 차지했다. 굴무는 하희를 차지하기 위해 초나라를 배반하고 기꺼이 적국인 진나라의 신하가 되어 이름까지 바꾸었다.

하희라는 여자는 이런 여자였다. 그녀 앞에서 남자들은 임금이고 신하고 할 것 없이 모두 쓸개가 빠져 버렸다. 체통을 잃고 인륜을 저버렸다. 그러면서도 그것이 부끄러운 줄을 몰랐다.

아내를 바꾸어 섹스를 즐긴 경봉과 노포별

제(齊)나라의 상국 경봉(慶封)은 노포별(盧蒲嫳)의 아내를 보고 한눈에 반하여 정을 통하였다. 뿐만 아니라 노포별 역시 경봉의 아내들과 사통했다. 어떤 때는 두 집 식구가 한자리에 모여 술을 마시고 서로 처첩을 바꾸어 희롱하니, 세상 사람들은 이 해괴망측한 광경에 놀랐다. 그러나 경봉과 노포별은 전혀 개의치 않고 음란한 짓을 일삼았다.

이 무렵에 기생 또는 창녀의 효시라고 할 수 있는 여악(女樂)이 생겨났다. 여악은 왕후장상의 공식적인 연회나 탕음난무를 위해 소유한 가무를 하는 여자들이다. 그녀들은 주인은 물론 그의 가신이나 빈객들과 난잡하게 몸을 섞었다. 매매의 대상이 되었고 선물로 보내기도 했다.

이렇듯 춘추전국시대의 풍속은 음란했다. 여자는 전리품(戰利品) 정도로 치부하여 왕이 소유하거나 전투에 공을 세운 신하들에게 골고루 나눠주기도 하였다. 따라서 그 시대는 아직 여성의 정절이 그리 중요시되지 않았음을 느낄 수 있다.

왕의 여자를 희롱한 신하

초(楚)나라의 장왕(莊王)이 어느 날 밤, 여러 신하들을 불러 주연을 베풀었다.

술이 여러 순배 돌고, 좌중의 취흥이 도도하게 무르익었다. 이때 갑자기 세찬 바람이 불어와서 등불을 껐다. 연회장은 일순 암흑 천지가 되었다.

"에그머니나! 이게 무슨 짓이야!"

어둠 속에서 자지러질 듯한 궁녀의 비명이 울렸다. 누군가 어둠 속에서 그녀의 젖가슴을 마구 주물렀던 것이다.

그녀는 왕의 총애를 받던 궁녀였다. 그래서 당돌하고 콧대가 높았다. 그녀는 자기의 젖가슴을 공짜로 주물럭거린 신하가 쓴 관의 끈을 잡아채서 끊어 버렸다.

궁녀는 아양이 섞인 소리로 왕에게 호소했다.

"대왕마마, 저에게 무례한 짓을 저지른 사람이 있습니다. 다행히 그 자의 관 끈을 끊어 증거를 삼아 놓았습니다. 빨리 불을 밝히어 범인을 색출해 주십시오."

그러나 장왕은 오히려 궁녀를 꾸짖었다.

"오늘 밤은 과인이 신하들에게 주연을 베풀고 있다. 남자가 술에 취하면 실수도 할 수 있는 법……, 그것을 가지고 신하를 수치스럽게 할 수는 없다."

이어서 장왕은 신하들에게 명령을 내렸다.

"자, 모두들 자신이 쓰고 있는 관의 끈을 끊어 버리도록 하시오."

어둠 속에서 관의 끈을 끊는 소리가 툭, 투둑투둑! 들렸다. 그런 다음 불을 켰다. 모든 신하들이 관의 끈을 끊었기에 범인을 찾을 길이 없었다.

그 후 초나라와 진나라 사이에 전쟁이 일어났다. 치열한 접전 끝에 초나라가 승리했다.

이 전쟁에서 발군의 공을 세워 초나라의 승리를 굳히는 데 결정적인 역할을 한 장수가 있었다. 그 신하가 바로 촛불이 꺼진 틈을 타서 궁녀의 젖가슴을 주무른 장본인이었다.

감동적인 이야기이다. 이 이야기는 대인의 도량을 나타내는 일화로 널리 인용된다. 그러나 그 시대 상황을 비추어 생각한다면 아무래도 감동은 반감된다. 앞서 말했지만, 그 당시는 여성의 정절을 그리 중요시하지 않았다. 또 전쟁에서

이기면 많은 여자들을 전리품으로 확보할 수 있었다. 다시 말해서 흔한 것이 여자였다.

그러나 신하는 다르다. 빈번하게 벌어지는 전쟁을 수행하려면 한 사람의 신하라도 아껴야 한다. 장왕은 이런 이유에서 신하의 무례에 너그럽게 관용을 베푼 것은 아닐까?

중국사에 이와 비슷한 이야기는 많다.

전국시대 제나라 재상이었던 맹상군은 수천 명의 식객을 거느렸다. 이 식객 중 한 사람이 맹상군의 애첩과 밀통했다. 이 사실을 다른 식객이 맹상군에게 고해 바쳤다.

"식객의 몸으로 주인의 첩과 정을 통한다는 것은 있을 수 없는 일입니다. 엄벌에 처하심이 마땅하옵니다."

맹상군은 이 말을 듣고 웃었다.

"그럴 것까지는 없소. 미인을 보고 마음이 동하는 것은 인지상정이 아니겠소? 내버려 두오."

1년 후, 맹상군은 자기 첩과 밀통하고 있던 식객을 불렀다.

"그대는 나에게 몸을 의탁하고 있건만 나는 그대에게 벼슬자리를 얻어 주지 못해서 미안하오. 나와 위왕(衛王)은 친밀한 사이이니 그대를 위왕에게 소개하겠소. 위나라로 가서 벼슬을 살도록 하시오."

이 식객은 감격하여 위나라로 떠났고, 그곳에서 중용되었다.

그런데 세월이 흐르다보니 제나라와 위나라 사이가 껄끄럽게 되었다. 위나라는 다른 나라와 힘을 합쳐 제나라를 공격하려고 했다. 이때 예의 식객이 위나라 왕에게 간했다.

"전하, 신이 전하를 섬기게 된 것은 제나라 맹상군께서 신을 천거해 주었기 때문입니다. 그런데 지금 제나라와 위나라는 관계가 단절되었고, 전하께서는 다른 나라와 힘을 합쳐 제나라를 공격하려고 하시나이다. 이는 양국간에 맺었던 맹약(盟約)에 위배되는 일이며, 맹상군과의 우정에도 금이 가게 되는 일이옵니다. 굳이 제나라를 칠 계획이시라면 신의 목을 이 자리에서 베시어 맹상군에 대한 신의를 지키게 해주옵소서.”

위나라 왕은 제나라 토벌을 중단하였다. 《전국책》에 있는 이야기이다.

유행의 무서운 힘

윗물이 맑아야 아랫물도 맑다는 것은 만고의 진리이다. 그 시대 지배층의 성풍속이 문란했기 때문에 백성들의 성풍속도 문란했다. 이를 뒷받침해 주는 사료는 얼마든지 있는데, 지면 관계상 한 가지만 예로 들기로 한다. 다음은 《안자춘추(晏子春秋)》에 나와 있는 우언(愚言)이다.

영공(靈公)은 여자가 남장한 것을 좋아했다. 그리하여 온 백성이 그렇게 했다. 영공이 관리에게 시켜 이를 금했다.

“여자로서 남장을 한 자는 그 옷을 찢고 허리띠를 끊는다!”

옷을 찢고 허리띠를 끊어도 여자들은 서로 관망만 하고 이를 멈추지 않았다.

안자가 알현하자 영공이 물었다.

“과인이 관리를 시켜 여자가 남장하는 것을 금하여 옷을 찢고 허리띠를 끊었노라. 그런데도 서로 관망만 하고 멈추지를 않는

도다. 그 까닭이 무엇인가?"

안자가 대답했다.

"왕께서는 궁 안에서는 그렇게 입게 하고 궁 밖에서는 금하셨습니다. 이는 문에다 쇠머리를 달아 놓고 안에서는 말고기를 파는 것과 같습니다. 왕께서는 어찌하여 궁 안에서부터 그것을 금하지 않사옵니까? 먼저 궁 안에서 금한 연후에 궁 밖의 것을 금하면 감히 어기는 사람은 없을 것입니다."

이 말을 들은 영공은 크게 깨우치고 궁 안에서 그것을 금했다.

(《안자춘추》〈내편·잡화〉)

초영왕(楚靈王)은 남녀를 막론하고 허리가 가늘어야만 좋아하는 괴벽이 있었다. 그는 초나라의 재력을 모든 나라 제후에게 과시하기 위하여 토목공사를 크게 일으켜 장화궁(章華宮)이라는 크고 화려한 궁전을 지었다. 궁이 완공되자 초영왕은 허리가 가는 미인들을 뽑아 거처하게 했다. 이런 연유로 장화궁은 세요궁(細腰宮)이라고도 불렀다.

궁녀들은 서로 초영왕에게 잘 보이기 위해 끼니를 거르거나 아주 조금씩만 먹는 경우가 많았다. 그러자니 자연 허리가 가늘어지기도 전에 굶어 죽는 여자도 생겼다.

이러한 일은 궁중에서 뿐만 아니라 백성들 사이에도 유행처럼 번져 허리가 굵으면 큰일이나 난 것처럼 탄식하고 조금씩 먹었다. 모든 문무백관들도 왕에게 미움받지 않으려고 허리를 잔뜩 졸라맨 다음 관복을 입는 웃지 못할 일이 벌어졌다.

인간은 남과 닮아지려는 속성을 가지고 있다. 특히 자기 혼자만으로서 불안한 사람들은 이러한 경향이 더욱 강하다.

남과 닮지 않으면 왠지 뒤처진 것 같고, 소외당한 것 같은 생각 때문에 부단히 남과 닮고자 애를 쓰는 것이다. 일종의 속물근성(俗物根性)이라 할 수 있는데, 이것이 바로 유행을 유발하는 주요인이다.

본디 유행은 상층 사회를 모방하는 것에서 비롯된다. 사회를 지배하고 있는 계층의 문화와 행동 양태를 그대로 따르고자 하는 심리에서 돌림병처럼 유행이 퍼지는 것이다. 따라서 춘추전국시대의 성풍속이 극도로 문란했던 것에 대한 일차적인 책임은 제후들에게 물어야 할 것이다.

전한과 후한시대의 성풍속

금수들이 하는 짓

어느 며느리의 자색이 빼어나도록 고왔다. 시아버지가 며느리의 자색에 혹하여 흑심을 품고 군침을 삼켰다.

'어떻게 한번 품에 안아 보았으면…….'

삿된 미망에 사로잡힌 그 시아버지는 며느리를 농락하려고 여러 가지로 궁리에 궁리를 거듭했지만 뾰족한 수를 찾아내지 못했다. 그래서 꾀가 많은 유학자 친구에게 가서 지혜를 빌리기로 했다.

유학자가 말했다.

"그건 어렵지 않아. 그녀가 아침에 머리를 빗고 있을 때 몰래 다가가서 덥석 안고 그녀의 목덜미를 물어뜯으면 돼."

"목덜미를 물어뜯으라고? 좀 이상한데……."

"그 방법밖에 없어."

이튿날 아침, 그 시아버지는 며느리가 머리를 빗고 있을 때에 살금살금 다가가서 덥석 안고 목덜미를 물어뜯었다.

"으악!"

며느리는 비명을 지르며 용을 써서 시아버지 품에서 빠져나왔다. 그와 동시에 시아버지의 수염을 움켜쥐고 정신이 번쩍 나도록 뺨을 후려갈겼다.

"어이쿠야, 이게 웬 날벼락이냐!"

시아버지는 며느리에게 뺨이 얼얼하도록 맞고서 화가 치밀어 유학자 친구에게 달려가 따졌다. 그러자 유학자는 싱글싱글 웃으면서 말했다.

"그것 참 이상하군. 난 닭이 교미할 때 수탉이 암탉의 목덜미를 물어뜯는 것을 분명히 보았는데…….."

이 말을 들은 시아버지는 얼굴이 새빨개지면서 소리쳤다.

"이 멍청아! 그건 금수(禽獸)들이 하는 짓 아냐!"

유학자가 근엄하게 말했다.

"자네가 며느리를 농락하는 것은 사람으로서 할 수 있는 일인가?"

앞에서 살펴보았던 것처럼 중국에서 춘추전국시대까지는 금수들이나 할 수 있는 일이 비일비재했다. 제자백가의 사상이 난립했지만, 어느 사상도 음풍을 제지할 만한 효과적인 조치가 결핍되어 있었다.

다시 말해서 그 당시의 도덕 요소는 음란한 풍속을 뿌리 뽑을 만큼 엄격하지 않았고, 사람들도 순결한 도덕 의식을 갖고 있지 않았다.

공자는 그런 시대의 한복판에서 살았다. 그는 천하를 주유하며 세상을 바로잡기 위한 도를 설했다. 그가 노나라의 재상직을 버리고 위나라로 갔을 때, 위영공(衛靈公)은 크게 기뻐하며 공자를 맞이했다.

그때 위영공은 미자하(彌子瑕)라는 미남자와 동성연애에 빠져 있었다. 위영공의 부인 남자(男子)는 송나라 출신의 미인으로 음탕하기 그지없는 여인이었다. 그는 처녀때 이미 공자 조(公子 朝)와 통정을 했는데, 출가 후에도 송나라에 있는 공자 조를 잊지 못했다.

위영공은 거의 날마다 미자하를 침실로 끌어들여 함께 잠을 자면서도, 한편으로는 부인 남자가 화를 낼까 봐 은근히 두려워했다. 생각 끝에 위영공은 부인의 마음을 달래기 위해 송나라로 사람을 보내 공자 조를 불러들였다. 즉 아내가 처녀때 통정한 남자를 불러들여 두 사람이 교접하도록 남편이 직접 붙여준 것이다.

개판인지 돼지판인지 모를 그런 추잡하고 해괴한 일은 소문이 되어 온나라에 떠돌았다. 그러나 위영공은 부끄러운 줄 모르고 여전히 미자하와 붙어지냈고, 남자 또한 공자 조와 함께 쾌락 추구에 여념이 없었다.

공자가 위나라에 잠시 머물 때, 문제의 여인 남자는 자청해서 공자를 만났다. 제자인 자로(子路)는 스승 공자가 음란한 여인을 만난 데 대해 몹시 불쾌하게 여겼다. 이때 공자는 이렇게 말했다.

> 네가 비난하는 짓을 내가 했다면 하늘이 용서하지 않을 것이다.
> (《논어 》〈옹야〉)

춘추전국기의 세상은 극도로 혼란하고 풍속이 문란했지만, 공맹의 가르침은 그 제자들을 통하여 뿌리를 내렸고, 도가와 법가 등 여러 사상에 영향을 주었다.

예교 완비의 시대

중국에서 예교가 완비되기 시작한 것은 통일제국이 건립된 진한시대(秦漢時代)부터였다. 최초로 중국의 천하통일이란 위업을 달성한 진왕(秦王) 정(政)은 그때까지 모든 나라에서 '왕'의 칭호를 써온 것에 불만을 품었다. 그래서 그는 그 옛날의 삼황오제(三皇五帝)를 떠올리고 '황제(黃帝)'라는 칭호를 만들었다. 그리하여 스스로 시황제가 된 그는 자신을 천자(天子)로 자칭하고 신하들 앞에서 자기를 일컬을 때는 짐(朕)이라 하고, 신하들로 하여금 폐하(陛下)라 부르게 하였다.

진시황제는 권위주의적인 법가(法家)의 치세 원리를 채택하여 갖가지 법과 제도를 만들어 백성들에게 선포했다. 그러는 한편 역사적으로 유명한 아방궁(阿房宮)을 비롯하여 만리장성을 쌓기 시작했다. 또 '분서갱유(焚書坑儒)'라 하여 이전 왕조의 모든 서적을 거두어 불살라 버리고 자사(子思)와 맹자 학파의 유학자들을 산 채로 구덩이에 묻어 버리는 등 잔악한 언론 탄압을 감행했다. 그 이유는 "백성들이 현재를 비판하기 위해서 과거를 비판한다."는 법가의 이론을 받아들였기 때문이었다.

진시황제는 《한비자(韓非子)》를 보고 몹시 찬탄해 마지않았다. 그는 이 책을 본 후에 감동하여, "아아! 과인이 이 사람을 얻어 함께 교유하게 된다면 죽어도 여한이 없겠다."라고 말했다고 한다. 그러나 진제국의 극단적인 법치주의는

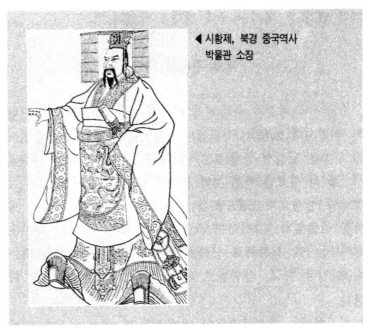

◀ 시황제, 북경 중국역사
박물관 소장

결국 급속한 국가의 파탄을 몰고 와서 한(漢) 왕조를 탄생시
킨 원인의 하나가 되었다.

진 제국을 멸망시키고 탄생한 한 왕조는 광활한 중국 대
륙을 통치하기 위해서 보다 강력한 체제 이데올로기를 찾지
않으면 안 되었다. 시황제의 천하통일 위업에 절대적으로
기여한 법가사상은 통합된 국가의 행정에는 너무나 가혹하
고 단순하다는 것이 진 제국의 멸망으로 인하여 극명하게
판명되었다.

그래서 채택된 사상 체계가 유교사상이었다. 한나라 지배
자들은 공자가 생각한 것처럼 이상화된 요순시대를 토대로
하여 제국의 기틀을 잡으려고 했다.

한 왕조가 유교를 표방하자 그때까지 세상을 등지고 살던

많은 유학자들이 조정으로 몰려들었다. 그들은 시황제의 명령에 따라 소각되고 흩어진 선진(先秦)시대의 유가 전적을 다시 모아 정리했다. 이 일은 바로 양한(兩漢;중국의 '전한·前漢'과 '후한·後漢') 때 명성을 날리는 경학(經學) 대가의 탄생을 촉진했다. 경학자들의 경서 해석은 주로 자구(字句)의 해석이었다. 때문에 대량의 주석과 훈고(訓詁) 방면의 저서들이 쏟아져 나왔다. 이것이 유교의 경전이 된 것이다.

왜곡되는 공맹사상

양한의 유학자들은 자구 해석에 지나치게 치중했기 때문에 공맹사상을 적잖게 왜곡시켰다. 특히 성문제를 다른 옛 자료들에 관련하여 그들은 보다 엄격한 방향으로 해석하는 무리를 저질렀다.

> 가까이하면 불손하고 〔近之不遜〕, 멀리하면 원망하기 〔遠之則怨〕 때문에 세상에 다루기 어려운 것이 여자이다 〔女人難養〕.
> (《논어》 〈양화편〉)

공자의 이러한 가르침을 지나치게 신봉한 나머지 한나라 유학자들은 여자를 효과적으로 단속할 방법에 대하여 연구를 거듭한 끝에 여러 가지 고상한 도덕 기준을 제시했다.

> 남녀는 구별이 있음을 귀히 여긴다. 때문에 남자는 집안일을 말하지 않고, 여자는 바깥일을 말하지 않는다. 제사 때나 상중(喪中)이 아니면 손수 그릇을 주거나 받지 않는다.

예는 부부의 구별을 삼가하는 데에서부터 시작된다. 그러므로 집을 지을 때에는 안채와 바깥채를 구분하여 남자는 바깥채에서, 여자는 안채에서 문을 굳게 지키고 거처한다. 남자는 그 필요한 때가 아니면 여자의 방에 들어가지 않고, 여자는 그 예의상 필요치 아니하면 자신의 방을 나오지 않는다.

7세가 되면 남녀는 함께 자리를 하지 않고 함께 음식을 먹지 않는다.

여자는 10세가 되면 바깥 출입을 금하고 항상 안에 기거한다. 스승은 그녀에게 언어를 상냥하게 쓰고, 용모를 유순하게 하며, 어른의 말에 복종할 것을 가르친다. 또 방적·양잠·제사·베짜기를 가르친다. 이렇듯 여자의 일을 배워 이로써 의복을 공급하게 한다.

이상은 모두 《예기》 〈내칙〉에 기록되어 있다. 유학자들이 남녀유별을 강조한 것은 전 시대의 음풍에 의한 폐단을 염두에 두었기 때문인 듯하다.

성풍속은 그 나라 도덕 기준의 바로미터이다. 성도덕이 문란하면 온갖 사회 문제가 야기되어 사회적 질서를 유지시킬 수가 없다. 그래서 통치 차원에서 남녀유별을 통하여 성풍속이 문란해 지는 것을 미연에 방지하려고 한 것이다.

3종지도와 4덕

이 무렵 유교의 예교 완비에 크게 힘을 보태주는 여자가 등장하게 된다. 《전한서》의 저자인 반고(班固)의 여동생인 반소(班昭)이다. 그녀는 14세 때 시집을 갔으나 남편이 젊은 나이에 죽었다. 그녀는 재혼하지 않고 학문을 익혀 세련된 문체와 박학으로 이름을 떨쳤다.

화제(和帝)의 명령으로 궁중으로 들어가 황후와 귀인들을 가르쳤는데, 이때부터 그녀는 조대가(曹大家)라 불리었다. 반고가 죽자 황제로부터 오빠가 완성하지 못한 《한서》를 끝맺으라는 분부를 받고 〈8표(八表)〉와 〈천문지(天文志)〉를 써서 보탰다.

뼈대 있는 유학자 가문에서 나서 자란 그녀는 유교의 가르침에 깊이 빠져 있었다. 《여계(女誡)》7편을 저술하여 여자의 3종지도(三從之道)와 4덕(四德)의 뜻을 밝혔다.

정통 유학자들의 여성관을 가장 잘 표현한 이 책은 후대 여성들에게 모범 규범이 되어 조선시대 우리 나라에도 전해졌다. 또 그녀의 글은 모든 시대 유학자들로부터 여성의 품성을 뛰어나게 서술한 작품으로 높이 평가를 받았다. 말하자면, 여성는 남성에게 절대 복종해야 한다고 강변하고 있는 반소의 주장에 유학자들이 반대할 이유가 없었던 것이다.

《여계》는 유교 전적 가운데서도 가장 편협한 책 중의 하나로 손꼽힌다. 그중 몇 구절을 간추리면 다음과 같다.

낮게 처신하고 순종하는 공손한 태도를 지녀라. 다른 사람보다

한 걸음 뒤에 자리하라. 자신의 공을 내세우지 말며, 악평이 나도 변명하지 말라. 모욕을 참고 비방을 견디며, 항상 조심스럽게 행동하라. 이것들이 여자의 미천한 지위와 타인에 대한 순종을 가르치는 것이다.

음과 양은 근본적으로 다르므로 남성과 여성의 책무도 차이가 나기 마련이다. 강함은 양의 특성이고 부드러움은 음의 품성이다. 남자는 강할 때 칭찬받고 여자는 유순해야 칭송받는다.

여자에게는 네 가지 행실, 즉 여성적인 마음씨, 여성적인 말씨, 여성다운 몸가짐, 여성다운 솜씨가 있어야 한다. 마음씨에서 여성은 지나치게 똑똑해서는 안 되고, 말씨에선 지나칠 정도로 달변이어서도 안 된다. 외모에서 여성은 지나치게 아름다워서도 안 되고, 솜씨에 있어서도 여성은 보통 수준 이상을 넘어서면 안 된다. 상냥하고 평온하며, 정숙하고 얌전하며, 정조가 있고 절도가 있으며, 몸가짐이 조심스럽고 예의법도를 지키려는 것이 참으로 여성다운 마음씨이다.

예에 따르면 남성은 재혼을 해야 할 의무를 가지지만, 여성은 두 지아비를 섬길 수 없다. 왜냐하면 지아비는 하늘이고, 지어미는 땅이기 때문이다. 땅은 하늘에서 벗어날 수 없으므로 아내는 자기 지아비를 떠날 수 없는 것이다.

이렇듯 반소는 깨우친 여성이면서도 여성의 지위를 남성 밑으로, 여성의 생활 공간을 가정으로, 여성의 태도를 복종으로 고착시키는 악역을 자청하였다.

반소의 가르침은 그녀가 살던 시대에는 분명히 실천에 옮겨지지 못했다. 그러나 송나라에 들어와서 여성을 옭아매는 법규로 적용되었다.

여성을 가정의 울타리에 가두어 놓는 방법

합리적인 일에 있어서 유명한 중국인들은 여성을 가정이라는 울타리 속에 붙들어 둘 방법을 여러 모로 연구하고, 또 그것을 최고도로 발달시켰다.

먼저 여성의 바깥 출입을 통제하고, 학문을 배우는 것을 금지시켰다. 그것은 여성을 무지하게 만들기 위해서였다. 여성들이 무지하지 않고서는 집안을 지킬 수 없다고 생각한 것이다.

미상불 학문은 인간을 지혜롭게 만든다. 사유 영역을 넓혀 세상의 이치를 깨닫게 하고, 삶의 철학을 갖게 하여 사회 비판 능력을 고양시킨다. 따라서 여성이 학문을 배워 머리를 깨우치고 지혜롭게 된다면, 가부장 사회의 옳고 그른 점을 비판하는 것은 물론이거니와 남성과 어깨를 나란히 하여 여성의 권리를 주장하고 나설 것은 불을 보듯 뻔하다.

그런 것을 원천 봉쇄하는 방법으로 교육을 금지시킨 것이다. 이것은 애초부터 남녀의 의무와 역할을 구분하였던 유가의 입장에서는 당연한 조치였다. 여성의 의무가 남편과 시부모를 잘 받들고, 또 가정을 돌보며, 건강한 자손을 생산하는 것이기 때문에 여자에게 있어서 학문은 불필요했다.

여자들은 정식으로 읽고 쓰는 것을 배우지 못했다. 심지어 지배층의 딸들도 베짜기와 양잠 등 여성의 기예만을 배위야 했다. 물론 스스로의 노력에 의해 읽고 쓸 수 있는 여성들도 적지 않게 있었으나 대부분의 여성은 문맹이었다.

그런데 여기에서 예외적인 경우가 있었다. 그들은 기생 집단이었다. 기생들은 직업 교육의 하나로 기본적인 문자를 배웠다.

송대(宋代)에 이르러 유교가 강화되면서 여성의 발을 전족(纏足)으로 만드는 풍습이 생기게 되었다. 전족에 대해서는 뒤에서 보다 자세히 다루겠지만, 한마디로 여자들이 집으로부터 멀리 나돌아다니지 못하게 하기 위한 수단에서 생겨난 풍습이었다.

여성에게 학문을 금지시킨 점에 있어서 만큼은 중국인은 예리하고 인간적이었다. 만일 여성의 발만 병신으로 만들어 가정에 가두어 놓고 두뇌를 해방시켜 놓았다면, 그것보다 더한 학대는 없었을 것이다.

현명하고 합리적인 유학자들은 거기까지 생각하여 여성들의 괴로움을 덜어주었다. 배우지 못하여 무지하기 때문에 자기의 발이 병신이 된 것을 자각하지 못하고, 가정에 갇혀 있다는 사실을 인식하지 못하고 수세기 동안 지낼 수 있었던 것이다.

유교는 지배층에 있어서 매우 유리한 사상이었다. 스스로의 행동을 통제하는 규정이 많아서 다소 껄끄럽기는 했지만, 가부장권의 강화 등 많은 면에서 지배층의 구미를 딱딱 맞추고 있었다. 때문에 지배층은 가일층 유교를 강화했다. 마침내 전한의 제7대 황제 무제(武帝)는 제자백가(諸子百家)를 축출하고 유학만을 받드는 문화상의 전제주의 정책을 취하기에 이르렀다. 이는 시황제의 '분서갱유'사건과 비견되는 대단한 사건이었다.

종군 창부와 무제의 동성연애

그러나 유학자들이 주창한 남녀유별의 엄격한 규칙은 사람들의 일상 생활에까지 영향을 미치지 못했다. 먼저 백성들의 모범을 보여야 할 지배층들이 그것을 지키지 못했다. 특히 제자백가를 축출하고 유학만을 받들게 했던 한무제 자신이 개인적으로는 도교에 깊이 기울어져 있었다. 그리고 그는 성행위가 남자들의 집단, 곧 군사들의 사기앙양에 도움이 된다고 믿고 여성들로 구성된 조직을 만들었다. 이것이 바로 종군 창부[營妓]였다.

> 무제는 군영에 기생을 두어 병사 가운데 아내가 없는 자들을 위로하였다. (《한무외사 · 漢武外事》)

무제는 양성애자였다. 즉 수많은 후궁들과 성적 교접을 가지면서도 동성연애를 즐겼다. 그의 동성연애 상대자는 대여섯 명에 달했다. 그중 한언(漢嫣)이라는 친구와는 어린 시절부터 동성애적인 우정을 맺고 있었고, 거세당한 배우 이연년을 특별히 총애했다. 또 《전국책》에 의하면 용양군(龍陽君)이라는 대신이 무제의 동성연애 상대자였다. 이 용양군은 중국사에서 너무나 큰 악명을 떨쳤기 때문에 후대의 문헌에서 '용양'이란 말은 남자 동성연애의 대명사로 사용되었다.
무제는 도가의 연금술(鍊金術)과 불사장생(不死長生)의 탐구에 크게 열중해서 자칭 선인(仙人)들을 궁궐로 불러 방중술에 대해 묻고, 그것을 배웠다. 《소녀경》에 무제의 이름이 자주 거론되는 것은 그가 도교의 방중술에 얼마만큼 심취해 있었다는 것을 나타내주는 대목이다.

사실 유교의 윤리 규정은 실제 생활에서 실현하기에 너무나 엄격하고 고상했다. 그래서 입으로는 공자왈 맹자왈 하면서도 행동은 자기가 하고 싶은 대로 했다. 말하자면 내세움과 속내가 극단적으로 다른 위선적인 인간 유형을 양산해낸 것이다.

양한시대는 유교와 도교사상이 적절히 조화되어 통용되던 시대였다. 도교의 삽화가 있는 성교본이 널리 유통되었다. 《용성음도(容成陰道)》, 《무성자음도(務成子陰道)》, 《요순음도(堯舜陰道)》 등의 성교본이 성생활의 지침서로 활용되었다.

유가와 방중술

유가에서도 도교의 성교본이 제시하는 원리를 인정하고 받아들였다. 물론 침실에서만 적용한다는 단서를 달기는 했지만, 그것은 허울 좋은 체면치레에 불과했다.

양한시대의 유학자들이 방중술의 원리를 폭넓게 받아들였다는 사실은 《백호통의(白虎通義)》에 잘 나타나 있다.

후한의 장제(章帝) 4년(서기 79), 한나라 수도에 있는 '백호관(白虎觀)'에 전국적인 경학 토론회를 개최하고, 황제가 직접 그 토론회를 주재했다. 그 회의 기록을 반고(班固)가 정리하고 편집해서 책으로 만들었는데, 그 책이 바로 《백호통의》이다.

토론의 결과는 문답식으로 기록되었는데, 성문제를 다방

면에 걸쳐 언급하고 있다.

　　남자가 60세가 되면 교접을 그만둬야 한다고 하는데 어째서인
가? 그것은 이때 육체가 점점 쇠약해지기 때문에 몸을 보호해야
하기 때문이다.

　　《예기》에서 말하기를, "첩의 나이가 50세를 넘지 않았으면 그
지아비는 닷새에 한 번씩 첩과 관계를 가져야 한다."고 하는데
어째서인가? 지아비는 쇠락해지는 첩의 육체를 보양해야 하기
때문이다. 남자의 나이 70세가 넘으면 매우 무기력한 상태가
된다. 그는 오직 고기로만 자신의 공백을 채울 수 있고, 혼자 잠
자리에 들면 결코 자신의 몸을 따뜻하게 할 수 없다. 그러므로
이 나이가 되면 남자는 다시 성생활을 시작한다.

　　《《백호통의》〈가취〉》

이것은 분명히 도교의 성교본과 일치하는 내용이다.

성관계를 통해서 남녀가 생명력을 증대시킬 수 있다는 생
각은 집단적인 신비주의를 낳게 했고, 이것이 '황건적의
난'이라는 종교반란으로 이어져 후한 왕조의 멸망을 알리는
신호탄이 되었다.

위진남북조의 성풍속

동란의 시대

위진남북조(魏晉南北朝)는 후한 멸망에서 수(隋)나라 전국 통일까지의 시대를 말하는데, 한마디로 대동란의 시대였다. 사회의 대동란은 후한 말에 시작하여 수의 문제(文帝)가 중국을 통일할 때까지 줄곧 수백 년간이나 계속됐다. 일반적으로 이 시대의 윤리 도덕은 땅에 떨어졌고, 약소국가의 궁전에서는 방탕과 정치적 암살이 횡행하였다.

후한 말기의 혼란은 화베이(華北)의 위(魏)나라·강남의 오(吳)나라·쓰촨(四川)의 촉(蜀)나라 등 삼국 분립의 형태로 일단 수습되었다. 저 유명한 《삼국지》는 이 시대를 배경으로 쓰여진 소설이다.

통일된 중앙 집권제의 대제국이었던 한 왕조가 멸망하자 전통적인 유학도 인심을 끌지 못하고 그 절대적 지위를 잃었다. 권력을 잡은 조조(曹操)는 형명(刑名;명칭과 그 실상이 부합하는지 여부를 따지는 '명실론·名實論'을 법의 적용에 응용하려던 일종의 법률학) 학설을 숭상하고 호방함을 중시하여 '인 과 효'에 어긋나는 치국용병술(治國用兵術)의 인물들을 기용 했다.

이런 시대적인 배경으로 말미암아 노장사상이 크게 유행 했고, 이것은 다시 초탈과 방탕함을 특징으로 하는 현학(玄學)으로까지 발달하여 선비들의 기풍이 크게 변했다. 이 시대의 문헌인 《세설신어(世說新語)》를 보면 전통 도덕과 예교에 반발하는 선비들의 모습이 잘 그려져 있다.

> 유령(劉伶)은 항상 술에 취해 제멋대로 굴었다. 그리고 빈번히 옷을 벗고 집 안에서 알몸으로 있었다. 그것을 보고 사람들이 비난하자 유령이 말했다.
> "나는 천지를 집으로 여기고 집을 속옷으로 삼고 있다. 그런데 여러분은 어찌하여 내 속옷 안에 들어 왔는가?"
> (《세설신어》《임탄·任誕》)

위의 문장은 노장사상이 현학으로 발전한 좋은 예인데, 유교를 비판함과 아울러 현실 세계에 대한 도피심을 담고 있다.

솔선수범하여 방중술을 익힌 조조

노장사상의 부흥은 자연히 방중술을 널리 유행시켰다. 조조는 방사들을 불러모아 열심히 방중술을 배웠다. 조조의 아들이자 유명한 시인인 조식(曹植)은 《변도론(辯道論)》에서 이렇게 말하고 있다.

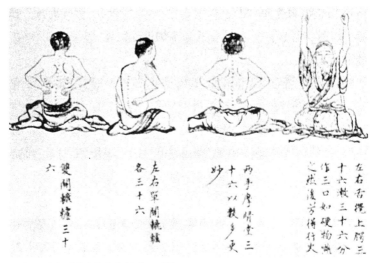

▶ 도인법, 《활인심방》에 실린 도인법

우리 임금은 세상에 있는 방사들을 모두 불러모았다.

《후한서》를 보면, 조조가 방중술을 배워 효험을 얻었다고 기록하고 있다. 조조가 솔선수범하여 방중술을 익히자 문무백관들이 경쟁이나 하듯이 흉내를 내었다. 그것을 조조의 장남 조비(曹丕 ; 뒤의 '문제·文帝')가 《전론(典論)》에 기록하고 있는데, 그 표현이 재미있다.

방사 극검(郤儉)은 벽곡불식을 잘하여 복령(伏苓)을 먹었다. 감릉(甘陵)과 감시(甘始)는 행기술(行氣術)과 도인술을 행할 수 있었다. 좌자(左慈)는 보도술(補道術)을 익혔다. 이들 모두는 군의 관리가 되었다. 처음 극검이 등장하자 복령의 가격이 몇 배로 폭등하였다.… 뒤에 감릉과 감시가 등장하자 사람들의 행동이 나

날이 변했다. 사람들은 누구나 할 것 없이 올빼미처럼 머리를 쳐들었다 내렸다 하고, 이리처럼 뒤돌아보면서 숨을 들이쉬다 내쉬다를 계속했다.…좌자가 등장하자 사람들은 또 앞을 다투어 보도술을 배웠다.

당시의 사람들에게 방중술이 얼마나 인기가 있었는가를 보여주는 대목이다. 이런 풍조는 비교적 오래도록 지속되었고, 거기에 힘입어 방중술에 관한 문헌도 많이 나왔다.

《포박자》로 체계화된 방중술

이 시대의 가장 주목되는 인물은 갈홍(葛洪)이다. 그는 포박자(抱朴子)로 보다 널리 알려지고 있는데, 서기 300년 무렵에 활약했다.

갈홍은 원래 유학으로 명성을 얻은 학자였지만, 뒤에 선도(仙道)를 배워 장도릉(張道陵)이 시작한 도교에 이론적 기초를 세웠다. "만물의 근원인 도를 닦으면 천지와 수명을 같이 할 수 있으며, 신선의 도는 영원한 현신(現身)을 보존할 수 있다."고 하였다. 그 방법으로 연단(鍊丹)·태식(胎息)·방중술 등을 말하고, 또 도덕적 행위의 필요성을 주장하였다.

갈홍의 사상은 《포박자》에 집약되어 있다. 이 책의 내편은 불로장생의 선술(仙術)과 구체적인 이론을 실관적(實觀的) 지식에 의해 논하고 있는데, 어디까지나 장생술과 양생술을 목적으로 하여 설명하고 있다.

갈홍의 《포박자》의 전권에 흐르고 있는 사상은 매우 도덕적이다. 갈홍은 쾌락 추구의 성행위와 음란한 풍속을 가족 제도의 붕괴와 국가의 멸망 조짐이라고 규정했고, 집안의 여자들을 엄격히 통제하라고 경고했다. 또한 남자들의 방종에도 통렬한 비판을 가했다.

요즘 남자들은 무리를 지어 다니면서 많은 소란을 일으키고 있다. 그들은 폭음하고, 희롱하고, 온갖 농담을 서슴지 않는다. 결혼한 친구의 집을 방문하면, 예법을 무시하고 한사코 그 친구의 여자 가족들과 만나기를 고집한다. … 집안의 여자들이 합석하면 그녀들로 하여금 술을 들게 하고, 춤과 노래를 하게 하고, 품위 없는 대화를 지속한다.

남자의 세계에서 행세하기 위해서는 이런 방탕한 풍속을 좋아야 하고, 이 관습에 저항하는 이는 촌뜨기 취급을 받는다. (《포박자》)

갈홍은 남자들의 이런 무절제한 행동이 가정과 국가를 위태롭게 한다고 경고했다. 이 기록으로 미루어 보아 갈홍이 살았던 동진(東晉)의 사회상을 엿볼 수 있다.

30명의 남자를 거느린 호색녀

아무튼 위진남북조는 유교윤리가 땅에 떨어져 성풍속이 문란한 시대였다. 그래서 이 시대에 사상 유례없는 호색녀가 등장하게 되는데, 역사는 그녀의 이름을 산음공주(山陰公主)라고 기록하고 있다.

산음공주는 전송(前宋; 420~477, 여기서는 후대에 등장하는 통일국가 송나라와 구분하기 위해 '전'이라는 관형사를 붙였다)의 소년 황제 유자업(劉子業)의 누이이다.

15세의 소년 황제 유자업은 어린 나이에도 불구하고 무분별한 성적 방탕에 빠져 헤어나질 못했다. 그는 여자는 물론 이거니와 환관들을 상대로 하여 남색을 즐겼다. 그러다가 친족에 의하여 살해당했다.

왕조의 역사를 기록한 《송서(宋書)》에 다음과 같은 이야기가 실려 있다.

> 어느 날, 황제의 방탕한 누이 산음공주가 소년 황제에게 말했다.
>
> "폐하는 남자이고 저는 비록 여자이지만, 둘 다 황실의 피를 이어받았습니다. 그런데 폐하는 6개 궁전에 1만 명이 넘는 여자가 있지만, 저는 겨우 남편 하나밖에 없습니다. 이렇게 불공평할 수가 있습니까?"
>
> 그래서 황제는 누이에게 30명의 남자를 배우자로 주었다.

'콩가루 왕조'라 할 수 있는 전송 왕조는 겨우 57년간 지속되었다. 이 기간에 무려 9명이나 되는 지배자가 왕위에 올랐는데, 천수를 다하고 죽은 지배자는 아무도 없었다. 대부분이 음행을 일삼다가 병들어 죽었다.

아이러니컬한 사실은 이 시대에 불로장생을 추구하는 방중술이 가장 성행했다는 점이다. 온갖 방중 비법을 다 동원하고도 오래 살기는커녕 요절했다는 것은 우리에게 시사하는 바가 크다.

사실 보통 남성으로서 방중술의 가르침을 제대로 실천하는 것은 대단히 어렵다. 그것은 섹스의 클라이맥스를 버리라고 요구하고 있기 때문이다.

적절한 비유가 되는지 모르지만, 지금 당신 앞에 온갖 진귀한 음식이 놓여 있다고 가정하자. 당신은 마음만 먹는다면 그 음식을 먹을 수 있다.

그러나 그 음식은 너무나 맛이 기막히기 때문에 한 번 입에 댔다하면 과식할 우려가 있고, 과식하면 건강에 해롭다. 가르침에 의하면 그런 음식은, 눈요기로 식욕을 돋우는데 이용하고, 가뭄에 콩 나듯이, 아주 가끔 먹는 것이 장수에 도움이 된다고 한다. 또 먹고 싶은 마음이야 굴뚝 같겠지만, 그것을 꾹 참으면서 어느 단계에 이르면 말초적인 쾌감과는 다른 황홀경을 느낀다고 방중술은 가르치고 있는 것이다.

많은 사람은 눈앞의 본능 추구에 몸과 마음이 기울 것이다. 인내하는 고통보다 인내를 포기하는 것이 훨씬 손쉽고 재미도 있기 때문이다.

대체로 보아서 정액을 쏟아 버리면 황홀경의 밑천이 없어지는 것이므로 그 감흥이 지속될 리 만무하다. 방중술에서도 사정을 하지만, 그 전에 상대방으로부터 양기를 듬뿍 흡수할 뿐만 아니라 자기 몸에서 스스로 만들어진 양기도 저축해 둔다. 결코 밑천이 고갈되지 않게 대비하는 것이다.

그런데도 많은 사람들은 이렇다할 정력이 없으면서도, 그 넉넉하지 못한 밑천을 기회 있는 대로 써버리고 싶어하니 구원의 방도가 막막하다.

예술과 문학과 종교의 부흥

위진남북조는 사회의 혼란에도 불구하고 예술과 문학이

번성했다. 위·진나라의 죽림칠현(竹林七賢)은 노장의 허무학을 숭상하여 모인 사람들이다. 동진부터 전송의 도연명(陶淵明)은 시로, 동진의 왕희지(王羲之)와 고개지(顧愷之)는 글씨와 회화로 유명하다.

또 이 무렵에 지괴소설(志怪小說 ; 괴상한 내용의 이야기로 이루어진 소설)이 탄생하여 크게 유행했다. 지괴소설이 대량으로 만들어진 이유는 주로 당시에 전란이 빈번하고 사회가 불안하여 종교와 미신이 전파되기에 용이했기 때문이다.

여기에 대하여 루쉰은 이렇게 말했다.

> 중국은 본래 무속을 믿어 진한 이래로 신선의 학설이 성행했다. 한말에는 무속의 풍조가 크게 유행하고 귀신에 관한 학설이 더욱 빛을 발했다. 때마침 소승 불교도 중국에 들어와 점차 전파됐다. 무릇 이것들은 귀신을 떠벌리고 신령스러움을 내세웠다. 그래서 진(晉)에서 수(隋)에 이르는 동안 귀신의 괴이한 일을 기록한 서적이 특히 많았다. (《중국 소설사략》 제5편)

위진남북조는 대동란의 시대로서 전통 유학은 이미 사람의 마음을 붙잡아둘 힘을 잃었다. 그리하여 전쟁·재난·사망 등의 처참한 환경 속에 고난받는 사람들은 정신적인 의탁처를 필요로 했다. 이 틈을 파고든 것이 불교였다.

불교는 5호 16국(五胡十六國)·동진 이후 융성했다. 불교가 성행하는 것에 자극받아 도교도 교의(敎義)와 교단을 정비했다. 북위(北魏)에서는 구겸지(寇謙之)가 불교의 교의의식을 참고하여 도교의 제도를 확립했고, 양(梁)나라에서도 도홍경(陶弘景)이 도교 교전을 정리하고 체계화했다.

이 시대의 불교는 중국의 독자적 불교로 성장했고, 도교는 당(唐)나라 시대에 흥기할 도교 발전의 기초를 다졌다.

송 왕조의 성풍속

당 제국 흥성의 기초를 마련한 시대

수(隋)의 문제(文帝)는 중국을 통일하고 수 왕조(58~618)를 건국하여 한말 이래 거의 400년간의 분열 상태를 종식시켰다. 시조 문제는 재통일된 제국의 평화와 질서를 회복하기 위해 정열적으로 활동했던 강력하고 능력 있는 통치자였다.

그는 여러 가지 행정 개혁을 시도했다. 중앙 관제의 정비, 부병제(府兵制)·균전제(均田制)·화폐제도 등의 대폭 개혁을 단행, 집권 체제를 확립하여 대제국 건설의 기초를 만들었다.

604년, 문제의 둘째 아들 양제(煬帝)가 황제 자리를 계승했다. 양제의 '양(煬)'은 악한 황제를 가리키는 시호인데, 이런 시호를 얻었던 인물이니만큼 전하는 이야기가 많다.

그는 처음에 진왕(晉王)이 되어 남조(南朝)시대 진(陳)나라 토벌에 활동하였으며, 600년에 형인 황태자 용(勇)을 실각시키고 스스로 황태자가 되었다. 권신 양소(楊素)와 결탁하여 황제 자리에 앉았는데, 그때 아버지 문제를 살해하고 그의 왕비를 범했다고 전해지고 있다. 일설에는 형을 죽이고 형의 부인 진(陳)씨를 빼앗았다고도 전한다.

호색적이고 사치스러웠던 그는 오직 한 사람만이 누울 수 있는 특수 마차를 만들어 그 속에서 처녀를 능욕했으며, 그의 집무실에는 항상 다량의 춘화가 걸려 있었다고 한다.

즉위 뒤에는 만리장성을 수축하였고, 뤄양[洛陽]에 동경(東京)을 영조(營造)하였으며, 남북을 잇는 대운하를 완성시키는 등 대규모 토목공사를 벌여 백성들에게 과중한 부담을 주었다. 자신은 대운하에 용주(龍舟)를 띄우고 사치스런 순행(巡幸)을 하였으나, 남북을 잇는 대운하의 개통으로 강남의 물자가 북으로 쉽게 운송되어 남북 융합에 크게 이바지하기도 하였다.

제국의 멸망을 부추긴 고구려 원정

대외적으로 북방의 큰 세력이었던 돌궐(突厥)과 서방의 토욕혼(吐谷渾)을 공격하였고, 또 돌궐과 화친할 우려가 있는 고구려를 3번에 걸쳐 원정하였다.

수나라는 내란으로 멸망했지만, 그 계기가 된 것은 고구려 원정이었다. 고구려와 수나라의 전쟁은 우리 역사에 있어서는 자랑스런 시기였다. 여기에서 잠시 그 전쟁을 말하는 것도 나쁘지는 않을 것이다.

수나라의 중원 통일은 고구려 제25대 평원왕(平原王) 때의 일이었다. 북진 정책을 내세워 만주 대평원을 지배하던 고구려는 수나라의 침략 세력에 방비하기 위하여 군비를 강화했다. 이것이 수나라의 비위를 거슬리게 되었고, 수나라 문제는 국서(國書)를 보내 고구려를 비난했다.

평원왕의 뒤를 이어 왕위에 오른 이가 영양왕(嬰陽王)이다. 그는 수나라의 피습에 대비하여 전략 지점을 확보하기 위해 말갈의 무리 1만여 명을 앞세우고 요서(遼西) 지방으로 전진했다. 이것을 기화로 수나라의 문제는 수륙군 30만 명으로 고구려를 강습했다. 그러나 제대로 싸워보기도 전에 천재지변과 전염병의 창궐, 보급품 부족 등으로 인하여 부득이 돌아서지 않을 수 없었다.

이 진공(進攻)의 실패는 수나라로서는 치욕적인 패배이자 쓰라진 고배였다. 그래서 어느 때건 설욕과 승전의 기쁨을 얻고자 호시탐탐 기회를 노리고 있다가 611년 2월에 양제가 대군을 일으켜 동정(東征)의 길에 올랐다.

어마어마한 대군이었다. 총수 113만 3천 명이나 되는 대군과 그 두 배가 되는 수송대를 동원한 규모였다. 우리 민족 사상 가장 거대한 침략군을 맞은 셈이었다. 그러나 용맹스런 고구려군은 수나라 대군을 맞아 싸워 도처에서 승리했다. 특히 을지문덕(乙支文德) 장군은 살수(薩水)를 건너온 적군 30만 5천 명을 거의 모조리 섬멸했다. 이때 살아서 도망친 적병은 겨우 2천여 명에 지나지 않았다고 한다.

살수의 싸움은 강대국 수나라의 치명적인 치욕이었다. 대국의 체면을 손상함이 너무나 컸기에 양제는 통분한 나머지 여러 장수들의 죄를 다스리고 참살했다.

그리고 이 살수의 패전은 체면 손상에 그치지 않았다. 이를 계기로 백성들은 전쟁에 지쳤고, 군인들의 전의는 급격히 상실되었다.

613년에 양제는 재차 고구려 친정을 시도했으나 요동성(遼東城)을 좀처럼 공략하지 못했으며, 한편 국내에 반란이 일어나 퇴각했다. 614년, 세 번째 출병을 기도했으나 이미 때가 늦어 실행할 수 없었다.

거듭 고구려 원정에 실패한 양제는 그 후 양주(揚州)에 있는 그의 궁전으로 피신하여 관능적 쾌락에 빠졌다. 그러다가 그는 결국 618년 부하에게 피살당했고, 이어서 반란군 지도자 이연(李淵)이 당(唐)나라를 세웠다.

뚫어진 북

양제는 열정적인 불교신자였다. 또 뛰어난 시인이기도 하여 〈음마장성굴행(飮馬長城窟行)〉 등의 작품을 남겼다.

양제는 덕이 높은 고승을 찾아 스승으로 모시고 가르침을 받으려는 생각을 가졌다.

그러나 한 가지 의심쩍은 일이 있었다. 대체적으로 볼 때 승려들은 여색을 좋아하는 사람들이 많았으므로, 이 점이 다소 찜찜했다.

"인간으로서의 번뇌와 욕망을 초월하지 않는 한 어찌 높은 덕을 쌓을 수 있단 말인가!"

황제는 덕이 높은 고승을 찾을 수 있는 방법을 생각했다. 여러 날을 두고 궁리에 궁리를 거듭한 끝에 그럴싸한 계책을 생각해 내고 회심의 미소를 지었다.

"으흐흐……. 그 방법을 쓰면 고승을 가려낼 수 있겠다!"

그는 즉시 신하를 시켜 나라에서 소문난 고승 십여 명을 궁중으로 불렀다. 황제의 명을 받은 고승들이 속속 궁중으로 들어왔다.

고승들이 모두 모이자 황제는 어느 조용한 방에 그들을 모이게 했다. 때는 마침 무더운 여름이었다.

"날씨가 더우니 모두들 옷을 벗도록 하시오."

황제의 명령에 따라 고승들은 옷을 벗었다. 실오라기 하나 걸치지 않은 알몸 그대로였다.

"하하하……. 시원하시지요?"

황제의 이 말에 고승 한 명이 겸연쩍게 입을 열었다.

"시원하기는 하오나 보기에 좀 망측하지 않사옵나이까?"

"하하, 그렇습니까? 그렇다면 방법이 있지요."

황제는 고승들을 둥그렇게 원을 그리고 서도록 한 다음 제각기 배꼽 밑에 북을 하나씩 매달게 했다. 참으로 희한한 광경이 아닐 수 없었다.

황제는 즐거운 표정으로 고승들을 둘러본 다음 박수를 쳤다. 그것을 신호로 역시 적나라한 알몸의 궁녀들이 방으로 들어왔다.

"으잉?"

고승들의 눈이 휘둥그래졌다. 황당하여 얼굴이 벌겋게 달아 올라 안절부절못하는 고승도 있었다.

알몸의 궁녀들은 갖은 교태를 부리며 선정적인 춤을 추고 노래를 불렀다. 어떤 궁녀는 실수하는 척하면서 슬쩍슬쩍 고승의 몸을 만지기도 했다.

황제는 이렇게 하여 고승들의 물건이 변화를 일으키는지 여부를 시험하려고 했던 것이다. 변화를 일으키면 번뇌를 초월하지 못했다는 증거이고, 변화를 일으키지 않으면 번뇌를 초월했다는 증거가 되는 것이다.

선녀처럼 아름다운 궁녀들이 나긋나긋한 알몸을 노골적으로 흔들며 춤을 추자 방안에는 야릇한 현상이 일어났다. 배꼽 밑에 매달은 북에 가려진 고승들의 그것이 참나무 몽둥이처럼 빳빳하게 일어섰던 것이다.

그리고 다음 순간 누구의 것이 먼저인지 미처 분간을 못할 만큼 사방에서 일제히 둥둥둥둥 요란한 북소리가 울렸다. 한번 울리기 시작한 북소리는 그칠 줄을 몰랐다.

그런데 그 요란한 소동 속에서 한 사람 고승의 북만은 끝내 울리지 않았다. 황제는 크게 기뻐하며 그 고승을 가까이 오게 하였다.

황제는 내심 감탄을 금치 못했다. 그 고승이야말로 진정한 스승으로 모실 수 있는 수행득도(修行得道)의 고승이 틀림없다고 단정했다.

황제는 앞으로 나온 고승의 손을 덥석 잡으며,

"참으로 훌륭하시오. 어쩌면 그렇게……."

하면서 고승의 배꼽 밑에 달린 북을 보았다.

"으헉!"

순간 황제의 입에서 신음이 터졌다. 눈을 휘둥그렇게 뜨고 반쯤 벌린 입을 한동안 다물지 못했다.

그도 그럴 수밖에…….

그 고승의 앞에 매달린 북은 그의 용감한 연장에 의해 이미 한 번의 일격으로 그만 구멍이 뻥 뚫려 버렸던 것이다.

위의 이야기는 누군가 꾸며낸 우스갯소리가 분명하다.

스님은 섹스를 모르거나 알더라도 초월해야 하는 수도자이다. 그러나 불교가 번성하고 스님의 수가 많아지다보니, 더러는 타락한 스님이 생길 수도 있었을 것이다.

게다가 유학자들의 빈정거림이 가미되어 문집마다 파계승들의 이야기가 가득하다.

봉변당한 스님

어느 음탕한 스님이 있었다. 그는 《회남방》에서 "사마귀가 매미를 엿볼 때 자신을 숨기는 나뭇잎을 얻으면 몸을 숨길 수 있다."라는 글을 읽었다.

"그것 참 신통하구나!"

스님은 그 나뭇잎을 얻고 싶었다. 그 나뭇잎을 얻어 투명인간이 될 수만 있다면 세상의 온갖 재미를 만끽할 수 있으리라 생각한 것이다.

"으흐흐……. 몸이 보이지 않으면 여자들을 맘껏 주물러도 모를 것이 아닌가!"

이때부터 스님은 사마귀가 나뭇잎을 들고 매미를 엿보는 것을 찾으려고 숲 속을 돌아다녔다. 그러다가 마침내 그것을 발견하였다.

사마귀가 나뭇잎을 들고 매미를 엿보고 있다가 날쌔게 매미를 잡아챘다. 그와 동시에 사마귀가 들고 있던 나뭇잎이 아래로 떨어졌다.

그런데 나무 아래에는 이미 떨어진 낙엽이 수북이 쌓여 있었다. 그 낙엽과 사마귀가 떨어뜨린 낙엽이 섞여 구분할 수가 없었다.

"허어 참! 이 많은 나뭇잎 중에서 어떤 것이 그 나뭇잎이
지?"

스님은 모두 쓸어모아 몇 말이나 되는 나뭇잎을 가지고
절로 돌아왔다. 그리고 하나씩 나뭇잎으로 자신을 가리면서
사미승에게 물었다.

"얘야, 내가 보이느냐?"

"보입니다, 스님."

"지금도 보이느냐?"

"아주 잘 보입니다."

사미승은 처음 하루는 줄곧 보인다고 대답했다.

그러나 다음날도 그 물음이 계속되자 귀찮아 견딜 수가
없었다.

"얘야, 내가 보이느냐?"

"보이지 않습니다."

사미승은 능청스럽게 대답했다.

"정말?"

"그렇습니다. 왜 스님이 보이지 않는 거지요?"

이 말에 스님을 호탕하게 웃음을 터뜨렸다.

"으하하하……. 정말 내가 보이지 않는단 말이지?"

"정말입니다."

스님은 의기양양하게 그 나뭇잎을 가지고 시장으로 갔다.
젊고 아름다운 아가씨가 지나가자 나뭇잎을 꺼내 자기의 몸
을 가렸다. 그런 다음 조금도 주저하지 않고 아가씨의 젖가
슴을 주물럭거렸다.

"중놈이 이게 무슨 짓이야!"

아가씨의 매운 손이 스님의 뺨을 사정없이 갈겼다.

"어이쿠야 ! "

분노한 아가씨는 스님을 관청에 고발했다. 스님은 관리에게 포박되어 관청에 끌려갔다.

"네 이놈 ! 금욕을 계율로 삼아 수도하는 중의 몸으로 백주에, 그것도 사람들이 들끓는 시장에서 여자의 젖가슴을 만지다니……, 미치지 않고서야 어찌 그런 짓을 할 수 있겠느냐 ? "

스님은 울먹이며 자초지종을 말했다. 그러자 재판관은 크게 웃으며 죄를 묻지 않고 놓아 주었다.

위의 이야기는 한단순(邯鄲淳)의 《소림(笑林)》에 나오는 '나뭇잎으로 가리기〔以葉自障〕'를 도용한 것으로 보인다. 또 명나라 조남성(趙南星)의 해학집 《소찬(笑贊)》에도 이 이야기가 〈은신초(隱身草)〉로 개작되어, 교묘하게 착취하는 명대의 사회 현상을 신랄하게 풍자했다.

방중술 전문서의 활성화

수 왕조 때는 유·불·도 3가가 두루 통용되던 때였다. 북주 때 불교는 폐불정책으로 수난을 받았는데, 문제는 불교보호정책을 취했고, 양제도 독실한 불교신자였으므로 불교계는 생기를 되찾아 흥성하였다. 또 문관 조직의 중요성이 증대된 결과 유교는 또다시 자기 목소리를 높였고, 도교는 변함없이 민중 사이에서 유행했다.

방중술 전문서는 전 시대와 마찬가지로 성행했다. 정사(正史) 가운데 《한서》 〈예문지〉를 이어 방중술 전문서를 기재하고 있는 것은 《수서(隋書)》〈경적지(經籍志)〉인데, 이 책의 '의방(醫方)'이라는 항목 끝에 몇 권의 방중술 전문서가 열거되어 있다.

《서방내비술(序房內秘術)》1권 — 갈씨(葛氏) 지음
《소녀비도경(素女秘道經)》1권, 부록 〈현녀경(玄女經)〉
《옥방비결(玉房秘訣)》8권
《서태산방내비요(徐太山房內秘要)》1권
《팽조양성(彭祖養性)》1권
《방내비요(房內秘要)》1권 — 서태산(徐太山) 지음
《담자설음양경(郯子說陰陽經)》1권
《양생요집(養生要集)》10권 — 장잠(張湛) 지음

위의 책은 《한서》〈예문지〉에서는 기록을 찾아볼 수 없는 책이다. 따라서 방중술 전문서는 위진남북조로부터 당나라 초에 이르기까지 수백 년간 상당한 발전을 거듭했었다는 것을 추정할 수 있다.

당 왕조의 성풍속

중국 봉건사회의 황금시대

당 왕조(618~907)는 중국 봉건사회의 극성기이다. 당 태종 이세민(李世民)은 총명하고 사려가 깊었으며, 무술과 병법에 능함과 동시에 결단력과 포용력까지 갖춘 인물이었다. 그는 수말 대동란의 교훈과 수 문제의 통치 경험을 수용하여 균전제·조용조제·부병제·과거제 등 일련의 사회 발전에 상응하는 정책을 시행했다. 동시에 관리 제도를 정돈하고 기구를 개혁했다. 문화 사상은 비교적 개방했고, 유·불·도 3가를 고루 중시했다.

이상의 조치는 대중의 부담을 경감시켜 생산을 촉진하고 국력을 강화했을 뿐 아니라, 사상을 활발하게 했다. 그리하여 당대 문화의 번영을 위해 필요한 조건을 모두 마련해 두었다.

태종의 치세는 '정관(貞觀)의 치(治)'라는 칭송을 받았고, 후세 제왕들의 모범이 되었다.

당 왕조는 중국 고대 제국의 최후를 장식한 시대로, 그들의 세력은 점차 넓어져 세계 제국으로서의 위용을 과시하였다. 또한 종교·문학·미술 등의 각 분야에서 다채로운 황금시대였다. 특히 당시(唐詩)는 중국 고전 시가를 대표한다. 루쉰은 "모든 좋은 시는 당나라 사람이 이미 지었다."라고 말했을 정도이다.

당나라 때는 유학자들이 정치에서 큰 영향력을 행사했다. 3년마다 있는 진사등용시험은 유교 경전에 의하여 치루어졌고, 이 시험에 합격한 사람들이 득세했다. 그러나 궁중을 비롯한 대중의 일상 생활에서 유교의 가르침은 그리 중요하지 않았다.

당나라의 수도 장안(長安)은 놀랍도록 번창했다. 청운의 뜻을 품은 사람들이 속속 수도로 몰려들었고, 외국과 내국 상인들로 연일 북적거렸다. 또한 종교인·예술인을 비롯한 각양 각색의 사람들이 저마다의 이유를 가지고 수도에 머물렀다.

유흥가의 번창과 창기의 출현

수도 장안은 이러한 사람들의 편의와 요구를 충족시켜주어야 했다. 그리하여 술집과 사창가 등이 전에 없이 번창했고, 유흥업소가 증가함에 비례하여 도덕성은 전반적으로 쇠퇴하기 시작했다.

앞에서 잠시 언급했지만, 기생 또는 창녀의 효시라고 할 수 있는 '여악(女樂)'이 생겼던 것은 춘추전국시대이다. 그러나 돈을 받고 몸을 파는 일은 없었던 듯하다. 때문에 엄밀히 말하여 그녀들을 창녀로 분류할 수는 없다.

중국에서의 매음(賣淫)은 당나라에 들어와서 시작된 것으로 추정된다. 그 당시에 쓰여진 소설 《이왜전(李娃傳)》에 이런 내용이 나온다.

이전에 그녀와 정을 통한 사람들은 귀족이나 부호가 많았다. 그런 관계로 모은 재물이 매우 많았다. 때문에 몇 백만 금이 아니고서는 도무지 그녀의 마음을 움직이지 못하였다. …정공자(鄭公子)는 한해 정도 그녀와 가깝게 지내다가 모든 재산을 탕진했다. …재산을 탕진한 정공자가 가면 주인의 태도는 점점 쌀쌀맞아졌다. 그러나 정공자를 대하는 이왜의 정은 더욱 돈독해졌다.

《이왜전》은 '이왜'라는 기생의 로맨스를 주제로한 소설이다. 인용한 글을 보더라도 그녀는 의심할 나위 없는 창기(娼妓)이며, 또 포주(抱主)가 등장한다. 물론 이 책은 정사(正史)가 아닌 소설이기 때문에 그 내용을 완전히 신뢰할 수는 없다. 하지만 창기가 있었다는 시대상을 반영한 것만은 틀림없을 것이다.

현존하는 자료에 의하면 당나라 때 관기(官妓)와 가기(家妓)가 있었다. 관기는 관에서 관리하는 기생을 말하고, 가기는 개인 소유의 기생을 말한다. 사대부는 집에 가기를 두어 노래하고 춤추게 하여 손님을 접대함은 물론 자신도 즐겼다. 그녀들은 가무를 할 뿐만 아니라 주인의 성적 욕구를 충족시켜주는 시첩(侍妾)의 역할을 했다.

당시 사대부들은 가기를 두는 것을 고상한 일로 여겼음은 분명하다. 유명한 시인 이태백을 비롯한 백거이도 여러 명의 가기를 두었다. 또한 엄한 유학자 한유(韓愈)까지도 강도(絳桃)와 유기(柳枝)라는 가기를 두었다.

관기와 가기가 유행하자 직업적인 창기가 생겨났다. 창가 경영자들은 나라에 세금을 냈고, 창기는 합법적인 직업으로 여겨졌다. 이런 이유에서 가난한 여성들은 스스로 창기의 길로 접어들기도 했다.

창기는 기적(妓籍)에 등록되어 나라에서 허가한 구역에서 기거해야 했다. 그리고 그녀들은 그 직업에 필요한 다양한 기예들을 엄격히 훈련받았는데, 기예를 익히기까지 그 선생들로부터 무수한 매를 감수해야 했다.

창기들은 육체적 매력이 아닌 그 실력에 따라 분류되었다. 음악과 춤에 능한 여자들과 문예적 재능을 갖고 있는 여자들은 고급 창기로 높은 대우를 받았다. 반면 육체적 매력에 의존하는 여자들은 낮은 층을 형성했고, 대우도 신통치 않았다. 그래서 유명한 고급 창기들 중에는 특별히 아름다울 것도 없는 여자들이 적지 않았다.

창기의 외모에 큰 의미를 두지 않았다는 점은 시사하는 바가 크다. 아무래도 창기가 있는 유각에 드나들 수 있는 사람들은 경제적으로 여유가 있는 중상류층이었을 것이다. 그리고 그들은 여러 명의 아내들을 거느리고 살았으며, 다수의 아내를 고루 성적으로 만족시켜 줘야 한다는 의무 규정이 있었다. 따라서 그들이 단지 성욕 때문에 유각을 찾았을 가능성은 적었다고 볼 수 있다.

필자는 이렇게 생각을 해본다. 당시의 일반적인 여염집 여자들은 학문을 배우지 못하여 무지했다. 또 가정이라는 울타리에 갇혀 지냈기 때문에 세상 물정에 어두웠다. 이런 환경에서 발달한 것이라곤 남편의 마음을 사로잡는 일이었을 것이고, 여러 아내가 한 남편을 놓고 서로 경쟁을 하다보니 질투와 시기가 끊일 날이 없었을 것이다.

여자들 간의 사이가 나쁘면 피곤한 것은 남편이다. 유교의 가르침에 따라 가정을 잘 다스리지 못한 남자는 사회적으로도 인정받지 못한 시대였기 때문에 어떻게든 가정의 평화와 화목을 유지하려고 했을 것이다. 그러나 아내들은 무지하기 때문에 말이 통하지 않는다. 말이 통하지 않으니까 피곤하고 답답하다.

그러나 창기들은 다르다. 그녀들은 세상 물정에 밝고 지적인 교류도 가능하며, 성적 만족을 시켜 줘야 한다는 의무 규정도 없다. 그래서 남자들은 어떤 자유를 만끽하기 위하여 창기들을 찾았던 것은 아닐까?

필자의 이런 견해가 그럴 듯하다면, 그 시대 창기들은 일부다처제에 지친 남편들에게 정신적인 만족을 주는 역할을 담당했다고 말할 수 있겠다. 물론 다양한 여자들과의 새로운 체험에 대한 욕망도 작용을 했겠지만, 육욕은 정신적인 만족에 따르는 부차적인 것에 지나지 않았을 수도 있다.

고녀와 의치녀

창기 중에는 고녀(瞽女)와 의치녀(義齒女)가 있었다. '고녀'란 눈먼 여자를 말하는데, '창기 고녀'란 예사 눈먼 여자가 아니다.

옛날부터 중국에서는 여자, 특히 소녀매매가 있었다. 인신매매꾼들은 가난한 집의 어린 딸을 사다가 꼬챙이로 눈동자를 찔러 실명시켰다.

소경이 된 고녀들은 철저히 성의 노리갯감으로 교육을 받는다. 음곡(音曲)을 익히고 사내를 기쁘게 하는 온갖 성기교를 배운다.

잔혹하게 멀쩡한 소녀를 장님으로 만든 까닭은 상대방을 가리지 못하도록 하기 위해서이다. 창녀도 인간인 이상 손님(남자)의 외모에 따라 감정이 다르게 나타난다.

"저 사내는 싫어! 너무 못생겼어. 추악해서 손길만 닿아도 소름이 끼쳐!"

인간의 이런 감정도 눈으로 보기 때문에 생긴다. 차라리 보지 못한다면 그런 좋고 나쁘다는 기호가 생길 까닭이 없고, 오로지 사내를 위해 헌신적으로 봉사한다.

'의치녀'란 문자 그대로 '틀니 여인'이다. 의치녀들도 고녀들과 마찬가지로 아직 어린 나이에 무지막지한 방법으로 생니를 뽑히고 틀니를 한다. 그 이유는 구음(口淫)을 잘하게 하기 위해서이다.

포주들은 소녀를 옴짝달싹 못 하게 꽁꽁 묶어놓고 뻬찌로 생니를 뽑아낸다. 그 고통은 무시무시하여 참아낼 도리가 없다. 소녀가 울며불며 비명을 질러대는 것은 당연하다.

이때 포주는 이렇게 말한다.

"너는 지금 아프다고 나를 원망하겠지? 그러나 이담에 네가 늙게 되면 나를 고맙게 생각하게 된다. 여자의 미색은 꽃과 같은 것으로 길어야 10년을 가지 못한다. 다시 말해서 너의 젊음은 곧 시들고 마는데, 그때는 사내들이 너를 거들떠보지도 않는다. 그런 네가 자식도 없고 별 재간도 없이 굶어 죽지 않으려면 무슨 짓을 해야 하겠니? 그런 때 이빨 없는 네 입이 사내들을 기쁘게 해주어 늙어도 안심하고 살아 갈 수 있단다. 그러니 아프더라도 참아라.”

포주들은 이런 말로 꾀어 소녀를 의치녀로 만들었던 것인데, 대표적인 여인 잔혹사 중의 한 장면이다.

황제의 성생활

당나라 황궁의 생활은 전례없이 호화로운 생활이었고, 황제는 많은 여자를 거느렸다. 당나라 궁중 제도에 의하면 황제는 121명의 여인을 아내로 거느릴 수 있게 되어 있었다. 황후를 시작으로 하여 그 다음이 귀비(貴妃)이며, 차례로 숙비(淑妃)·덕비(德妃)·현비(賢妃)가 있었다. 이 4명의 비를 부인(夫人)이라고 했으며, 벼슬은 정1품이었다.

부인 밑으로 정2품의 벼슬에 해당하는 9명의 빈(嬪)이 있고, 또 그 밑으로 정3품에 해당하는 9명의 여인과 정6품에 해당하는 27명의 여인이 있었다. 여기에 공식적인 부인은 아니라고 하나 6국(局)에 속하는 궁인들이 있었다. 궁인들의 수는 어마어마했는데, 보통 몇만 명은 되었다. 《신당서》〈환자열전(宦者列傳)〉에 의하면, 당 현종(玄宗)의 개원(開元)과 천보(天寶) 연간에 궁빈이 4만에 이르렀다고 기록하고 있다.

황제의 성생활은 ‘여사(女史)’라고 불리는 특별한 궁녀가 통제하고 관리했다. 여사는 황제의 침전을 지키며 ‘동관(桐管)’이라고 불리는 붉은 붓으로 교정의 횟수를 꼼꼼하게 기록했다.

측천무후(則天武后)가 태종 이세민과 첫날밤을 보낸 기록을 살펴보면 다음과 같다.

　　휘장을 열고 천자가 침상 위로 오르면 미랑(무후의 아명)의 꽃과
같은 얼굴
　　샛별 같은 눈이 쉴새없이 깜빡이네
　　두 눈썹에 부끄러움이 어려 초승달로 변해 가고
　　시녀가 앞뒤에서 옥체를 눌러 주면
　　좌우로 뒤틀어 엉덩이를 진상하누나
　　세 번 전진하여 두 번 후퇴하니
　　욕정이 두 사람의 몸에 차올라
　　위로 맞고 아래로 접하는데
　　어느 새 천자의 상투가 풀어지누나.
　　(〈천지음양 교환대락부·天地陰陽交歡代樂賦〉)

　　여사라는 궁녀가 황제의 성생활을 곁에서 지켜보며 그 동
작과 표정 등을 세세히 기록했다는 사실은 대단히 흥미
롭다. 이것은 성행위를 은밀한 것, 부끄럽고 수치스러운 것
으로 생각하지 않았다는 것을 말해 준다.
　　황제의 성행위는 거리낌없는 분위기에서 이루어졌다. 황
제는 궁전 연못에서 여자들과 함께 완전히 발가벗고 목욕을
하곤 했다. 황제가 목욕을 할 때나 여자들과 성행위를 할 때
는 경비가 한층 강화되었다. 이때는 황제가 희락에 빠져 주
위를 의식하지 못하는 경우가 많기 때문에 시해(弑害)의 위
험에 노출되어 있는 것이다.
　　혹시라도 있을지 모르는 시해를 방지하기 위하여 할 수
있는 모든 일을 했다. 황제와 동침하도록 뽑힌 여인은 몸에

▶측천무후, 장선 그림

실오라기 하나 걸치지 못했다. 그녀는 여사와 환관이 보는 앞에서 완전히 발가벗었다. 알몸이 되면 이불로 둘둘 말아 환관이 등에 업어 황제의 침전으로 데려가는 것이 오래된 궁중의 풍습이었다. 이것은 여인이 몸에 무기를 지니지 못하게 위한 수단인데, 명나라와 청나라 시대에도 존재했었다.

측천무후

황제와 동침한 여인들은 팔에 '풍월(風月 ; 성적 희롱)'이란 도장을 받았다. 그 도장은 황제의 은총을 입었다는 가장 확실한 증거였다. 때문에 여자들은 그 도장이 지워지지 않도록 각별히 조심했다. 어떤 여자는 저고리 소매를 걷고 걸을 때도 도장이 찍힌 팔은 흔들지 않았다고 한다. 그리고 황제의 은총을 입지 못한 여인들은 사무치도록 그 도장을 받을 날을 기다렸다.

황제의 여자들이 몇만 명에 이르다보니, 황제의 총애를 얻기 위한 여자들의 경쟁과 노력은 실로 눈물겨웠다. 어지간해서는 황제의 얼굴 한 번도 보지 못하고 숫처녀로 늙어야 하는 것이 그녀들의 운명이었다.

그래서 여자들 간에는 음모와 암투가 치열했다. 그녀들은 황제의 성생활을 관리하는 여사들에게 온갖 뇌물을 갖다 바쳤다. 그러고나서 황제를 모시지 못한 여자들은 눈물과 한숨으로 청춘을 썩혔다.

"하늘을 봐야 별을 따지."

이 속담은 궁중의 소외된 여인들에게서 비롯된 말이다. 경쟁자가 많으면 특출한 인물이 등장하기 마련이다. 당나라 초기부터 그런 여인이 등장한다. 역사는 그 여인을 일컬어 측천무후(則天武后)라고 한다.

측천무후의 성은 무(武), 본명은 조(照)이다. 그녀의 아버지 무사확은 일찍이 장사꾼 대열에 뛰어들어 거금을 움켜쥔 거상(巨商)이었다. 막대한 재물을 모은 그는 벼슬에 대한 욕심을 품고 수 양제(煬帝)의 사촌인 이연(李淵)을 후원하여 태원부의 군속관 자리를 따냈다. 그 후 나라의 주인이 이연으로 바뀌면서 당나라가 들어서자 그의 벼슬은 점점 높아져 이주도독(利州都督)이라는 요직에 올랐다.

무사확은 높은 벼슬에 올랐지만 장사꾼 출신이라는 신분

상의 약점이 있었다. 그래서 가문을 명문가로 만들겠다는 속셈으로 조강지처를 버리고 후한 광무제의 누님이 되는 양씨와 재혼을 했다. 이들 사이에서 무조가 태어났다.

무조는 고래로부터 내려오는 미인의 모든 조건을 갖춘 천하절색이었고, 머리 또한 영리했다.

그 당시 미인의 용모 조건이란 '미청안수 순홍치백(眉淸眼秀 脣紅齒白)'이었다. 즉 눈썹은 맑고, 눈은 아름다워야 하며, 입술은 붉고, 이는 하얘야 미인축에 들었던 것이다.

미청(眉淸)이란 말은 그냥 눈썹이 맑은 것만을 뜻하는 것이 아니다. 눈썹의 선이 맑으며, 가늘거나 굵지 않고 마치 초승달 모양으로 부드럽고 자연스럽게 휘어져 있는 것을 최고로 쳤다.

인상학에서 눈썹은 형제의 일이나 자손의 일, 혹은 친척의 일을 판단한다. 그것은 털이 자기의 혈액과 관계가 있기 때문이다. 초승달 눈썹은 작가들이 작품에 등장하는 미인의 눈썹을 묘사할 때 흔히 택하는 눈썹의 유형이다. 어감이 좋을 뿐더러 인상학적으로도 미인에게 어울리기 때문이다. 이 눈썹의 여자는 대단히 민감하고 섬세하며 정서가 풍부하다.

안수(眼秀)라는 말은 눈이 너무 크거나 작지 않은 것을 뜻한다. 그러면서도 눈동자는 또렷하여 아주 새까맣고 흰자가 많아야 한다.

인상학에서 눈은 얼굴 전체 운의 절반 이상을 차지하는 가장 중요한 곳이다. 맹자는 "마음이 바르면 곧 눈동자가 맑고, 마음이 바르지 못하면 곧 눈동자가 어둡다."고 했다.

일반적으로 여자의 눈은 항상 소박하고 유화(柔和)한 것이 길상이지만, 성적 매력을 놓고 본다면 하백안(下白眼)이 단연 으뜸이다. 눈동자가 눈 위쪽에 붙어 있고 아래쪽의 흰자가 많이 보이는 요염한 눈이다.

그러나 여성이 이런 눈을 가지고 있으면서 힘이 없을 때는 반드시 정신병을 앓게 된다.

다음으로는 순홍(脣紅), 불그스레한 입술이다. 사람의 얼굴에서 입이나 입술은 애정, 음식물에 대한 미각, 언어 등을 표현하는 기관으로서 지극히 본능적인 감정을 나타낸다.

입은 우선 윤택이 좋아야 하며 벌릴 때는 크고 다물었을 때는 작은 입이 좋은 입이다. 입술의 색깔이 좋으면 미학적인 측면에서 보기가 좋고, 색깔이 나쁘면 매력이 반감된다. 실제로도 입술의 색깔이 예쁘고 좋으면 애정 생활도 건강하지만, 정상이 아니면 무질서한 성생활을 하고 있거나 심장 등 신체에 이상이 있다는 증거이다.

마지막으로 치백(齒白)이다. 좋은 이는 적당히 길면서 치열이 고르며, 하얗고 깨끗하면서도 광택이 있어야 한다. 또한 사이가 뜨지 않아야 하고 웃을 때 잇몸이 보이지 않아야 한다.

인상학에서 이는 건강의 좋고 나쁜 것을 본다. 치열이 고르고 광택이 좋으면서 하얀 이는 사내의 몸에 이로움을 준다는 믿음이 있었다.

용모와 함께 아름다워야 할 것이 있다. 그 하나가 적당한 키에 몸의 살찐 정도가 알맞아야 한다는 것인데, 이를 골육균정(骨肉均停)이라 한다. 키가 너무 커서도 안 되고 작아서도 실격이다. 몸이 뚱뚱하거나 빼빼해도 미인은 못 된다. 어디까지나 적당한, 평균 사이즈를 가장 아름답다고 보았다.

몸매 다음은 피부와 머리카락으로 부눈발흑(膚嫩髮黑)이라

했다. 피부는 부드럽고 머리카락은 새까맣게 검어야 하고, 윤기가 자르르 흐르는 것을 귀격(貴格)으로 쳤다.

마지막은 언금성(言金聲)이다. 미인의 말소리는 곱고 상냥하면서도 분명해야 한다. 모든 면이 미인의 조건을 갖추고 있어도 목소리가 나쁘면 좋은 평을 받을 수 없었다.

방중술에서 목소리는 아주 중요한 의미를 갖는다. 《육포단(肉蒲團)》을 보면, 남성에게 호감을 갖게 하는 여성의 조건으로서 목소리가 강조된다. 화진(花唇)이란 이름의 여성이 미앙생(未央生)에게 가르친 세 가지 조건 중의 하나가 바로 목소리이다.

이상과 같은 미인의 조건을 완벽하게 갖춘 무조는 14세 때 궁궐로 들어가 '재인(才人)'이란 직첩을 받고 태종의 후궁이 되었다. '재인'은 정3품에 해당하는 비교적 높은 지위다.

태종은 수 양제가 고구려 정벌에 실패한 것을 못내 아쉬워하고 있었다. 중화의 황제가 조그만 고구려 하나를 쉽게 깨뜨리지 못한 것을 큰 수치로 생각했다. 그래서 기회를 노리다가 마침내 대군을 회동하여 고구려 원정에 나섰다. 서기 645년 5월의 일이었다.

그러나 고구려의 굳센 저항으로 안시성(安市城)을 이기지 못하고 회군했으며, 647년과 그 이듬해에도 고구려 침략을 꾀했으나 모두 실패했다. 이 원정으로 인한 당나라의 피해는 멀리 사천성(四川省)에까지 미쳐 각지에 폭동이 일어나는 결과를 초래했다.

몇 차례의 고구려 침략이 무위로 돌아가자 태종은 절치부심했다. 그는 어떻게 해서든지 고구려를 정벌하려고 생각했다. 고구려 정벌은 수나라 이래 한족(漢族)의 역사적 과제였다. 그 역사적 과제를 자기의 손으로 풀고 후대에 길이 남을 황제가 되고 싶었던 것이다.

그러나 하늘은 그에게 그런 기회를 주지 않았다. 그는 고구려 정벌을 준비하는 도중에 병을 얻어 자리를 보전하게 되었다.

태종의 병이 점점 악화되어 명재경각에 이르자 황제에게 소속된 여자들은 모두 불안에 떨었다. 황제가 죽으면 그녀들은 죽을 때까지 유폐된 생활을 해야 하기 때문이었다. 그것은 순장을 하는 것이나 다름없었다. 중국에서는 오래 전부터 제왕이 죽으면 그 후궁들은 순장하는 풍습이 있었다.

이때 무조는 부황을 간병하는 황태자를 유혹하여 정을 통했다. 그 장소가 '상의헌(尙衣軒)'이라 불리우는 황제 전용 화장실이었다.

그 일로 말미암아 무조는 고종의 후궁이 되었다. 말하자면 아버지의 여자였다가 아들의 여자가 된 것이다. 그 후 고종의 총애를 받은 무조는 간계를 써서 황후를 쫓아내고 스스로 황후가 되어 황태자 충(忠)을 폐위시켰다. 그 뒤에 곧 황제는 죽었고, 황태후 무조는 정권을 찬탈하여 스스로 황제 자리에 앉았다.

크게 성행한 방중술

황제의 자리에 오른 측천무후의 개인적인 생활은 극도의 음탕함으로 유명했다. 그녀가 수많은 미소년들을 뽑아다가 내정에서 시중들도록 한 것은 널리 알려진 사실이다. 또 이름난 방중술의 방사들과 음경이 큰 사내들을 왕궁으로 불러

잠자리 시중을 들게 했다. 그래서 음경이 큰 신하들은 공공
연히 자신의 양물이 뛰어나다고 소문을 내며 돌아다녔다.

이런 풍조를 타고 방중술은 당나라 때 크게 유행하였다.
문인들은 자유롭게 성문제를 이야기하거나 글로 썼고, 화가
들은 그림으로 남겼다. 또 방중술 전문서는 당당히 의학의
한 분야로 분류되었다.

방중술이 의학의 한 분야로 분류된 데에는 당나라 초기의
어의(御醫) 손사막(孫思邈)의 영향이 크다. 그는 유년 시대부
터 독서를 즐겨 노장백가(老莊百家)의 설(說)을 독파하고 한
의(漢醫)의 법통을 이어온 명의였다. 당시의 사람들은 그를
가리켜 약왕(藥王)이라느니 신의(神醫)라느니 하는 말을 아
끼지 않았다.

그는 여러 권의 의서를 집필했다. 그중《천금요방(千金要
方)》30권은 그가 필생의 사업으로 집필한 당대 최고의 의학
서였다. 이 책의 〈방중보익(房中補益)〉에는 방중술에 관한
폭넓은 설명이 되어 있다. 뒤에 나오게 될 〈방중술〉 항목에
서 보다 자세히 다룰 것이다.

이밖에도 손사막의《천금익방(千金翼方)》5권, 왕도(王燾)
의《외대비요(外臺秘要)》17권, 견권(甄權)의《고금록험(古今
錄驗)》25권 등과 같은 방중술 관련서가 편찬되었다.

거듭 말을 하지만, 방중술 관련서는 호색을 부추기는 내
용, 홍미 위주의 내용을 기록한 것은 아니다. 어디까지나 양
생과 장생을 얻기 위한 수단으로 성행위를 이용한 것이다.

외설문학의 발생

그러나 당나라에 들어와서 성을 흥미로운 방식으로 다루는 문학 풍조가 생겨났다. 재미를 유발하고 사람들의 말초적인 자극을 유발시키기 위하여 방중술이 제시하는 여러 가지 기교를 교묘하게 이용한 것이다. 이것이 중국의 외설 문학의 기원이다.

앞에서 당 태종과 무조의 첫날밤을 묘사한 기록을 소개했었다. 그 기록은 〈천지음양교환대락부〉에 실려 있는데, 백행간(百行簡)의 작품이다. 백행간은 당나라 때의 대시인 백거이(白居易)의 친동생으로 《이왜전》의 저자이기도 하다.

이 부에는 현란하고도 유혹적인 성생활이 묘사되어 있고, 방중술의 용어도 많이 나온다. 이를테면 '구천일심(九淺一深), 우삼좌삼(右三左三)' 등의 표현이 그것이다.

백행간은 자상하게도 주석까지 달고 있다. 아홉 번은 얕게 하여 여성에게 간질이 나게 한 다음, 마지막에 심부를 힘차게 일격하는 것이 '구천일심'이다. 심부에 해당하는 경관(頸管)의 입구가 홍분함에 따라 팽창과 긴축을 되풀이하면서 상호간의 성감(性感)을 최고조로 높이기 위해서는 구천일심을 행해야 한다는 것이다.

하지만 그것만으로 충분하지 않다. 단순히 강약을 조절하여 출입 운동을 되풀이하는 것만이 아니라, 좌우의 벽을 번갈아가며 유효하게 마찰하라고 하는 것이 '우삼좌삼'이다.

'구천일심·우삼좌삼'과 함께 전하는 말은 '뱀장어가 여울을 따라 올라가듯이, 거머리가 논에서 헤엄치듯이'라는 말이다. 뱀장어가 여울을 거슬러 올라갈 때는 옆으로 몸을 비틀고, 거머리가 논에서 헤엄을 칠 때는 앞뒤로 몸을 비튼다. 이 뱀장어와 거머리가 헤엄치는 것을 인용하여 리듬의 변화를 주라는 뜻이다.

동작의 요령을 불과 몇 마디의 어휘로 뛰어나게 묘사하고 있다. 이만큼 간결하고 요령 있는 표현은 달리 찾아볼 수가 없을 것이다.

당나라의 성풍속

〈천지음양교환대락부〉에는 당시의 성풍속과 관습 등을 자세하게 설명하고 있다. 그중 한 가지를 예로 들면, 욕정에 눈이 먼 음탕한 남자가 낯선 집으로 몰래 침입하여 여자를 겁탈하려고 할 때, 여자들의 반응을 기록한 대목이 있다.

혼전의 처녀들은 무서워 말을 못한다. 남자의 힘에 저항하며 일어나려 한다. 그러나 결혼한 여자들은 잠든 체하며 저항하지 않는다.

이 문장은 매우 흥미롭다. 여러 가지 해석이 나올 수 있는데, 처녀와 유부녀의 정조 관념에 확연한 차이가 보인다. 처녀들이 정조를 지키려고 했던 것은 유교의 전통 예법에 제약을 받았다는 뜻으로 해석할 수 있다. 그러나 결혼을 하고 나서 처녀때의 생각이 변해 버린 것이다.

사실 여성의 성은 경험에 의하여 서서히 눈을 뜬다. 성경험이 없는 여성들은 '반드시'라고 할 만큼 섹스에 즐거움보다는 고통을 더 느낀다. 그렇지만 날이 감에 따라 차츰 고통이 사라지고 쾌감을 느끼기 시작한다. 그것을 섹스의 반복에 따라 육체가 성의 쾌락에 길들여졌다는 것을 의미한다.

"청상은 수절해도 마흔 과부는 수절 못 한다."

청상과부는 혼자 살아도 사십대의 과부는 혼자서 못 산다는 속담인데, 밑변에 섹스가 깔려 있다. 젊은 나이에 과부가 된 여성은 성경험이 적어 아직 섹스의 쾌미를 모르기에 수절할 수 있지만, 마흔이 된 여자는 이미 관능에 눈을 떠버린 후이기 때문에 수절할 수 없다는 말이다.

과연 인간 생리의 정곡을 찌른 말이라 아니 할 수 없다.

대개 남자의 섹스는 지성적(知性的)이고 시각적(視覺的)이어서 경험을 거듭할수록 권태를 느끼지만, 여자의 섹스는 감성적이고 촉각적(觸覺的)이어서 단련을 받을수록 더욱 즐거움을 느끼게 된다. 그래서 여자가 일단 관능에 눈을 뜨게 되면 싫증은커녕 오히려 적극성을 띠게 되는 것이다.

일부다처제하에서의 중국 여성은, 모르기는 해도 섹스에 목말라 있었을 것이다. 그래서 외간 남자가 침입하여 겁탈하려고 할 때 잠든 척하며 저항하지 않았던 것은 아닐까?

당나라 시대는 분명 유교사상이 도교·불교사상보다 우위에 있었다. 유교의 경전은 관리 등용을 위한 문장 시험의 기본으로 지정되었기 때문에 벼슬에 뜻을 둔 사람이면 누구나 유교 경전을 알아야 했다.

그러나 그 가르침을 엄격하게 실천하지는 않았다. 유교의 가르침은 남녀유별과 일부종사, 여성의 정절 등을 강조하고 있다. 그런데 지배층을 비롯한 일반 백성들은 그런 것에 크게 속박받지 않았다는 것을 많은 문헌에서 찾아볼 수 있다.

믿음은 사람을 섬기는 길이고 부인의 덕이다. 남의 아내가 되어
한번 뇌(牢)를 함께 먹었으면 죽을 때까지 신의를 고치지 못한다.
그렇기 때문에 남편이 죽어도 다시 시집가지 않는다.

　(《예기》〈교특생〉)

　남편에게 나쁜 행실이 있어도 아내는 그 곁을 떠날 수 없다. 이는
땅이 하늘을 떠나지 못함과 같다. (《백호통》〈가취〉)

　이렇듯 유교는 여자에게 일부종사하라고 가르치고 있다.
남편이 일찍 죽더라도 개가를 해서는 안 된다고 못박고 있
는 것이다.
　그러나 당나라의 여자들은 개가를 했다. 당나라 공주들이
개가를 한 일은 일찍부터 널리 알려진 사실이며, 명문 거족
의 딸들도 개가를 했다. 명문가의 딸 채문희(蔡文姬)는 세
번이나 혼인을 했지만, 누구도 예의에 어긋난 일이라고 말
하지 않았다.
　이것들은 모두 "남편이 죽어도 다시 시집가지 않는다."는
유교의 예법과 완전히 배치되는 행동이다.

젖가슴을 드러낸 여자들

　'안사의 난(755~763)'은 당 왕조가 흥성하다가 쇠퇴해 가
는 전환점이다. 이 난의 결정적인 원인 제공자가 희대의 미
녀 양귀비였다는 것을 앞에서 기술했다.
　이 동란이 평정된 후에 사회의 모순은 더욱 첨예하게 드

러났다. 안으로는 환관(宦官)이 전행하고 번진(藩鎭;변경 지방의 수비 병정을 통할한 장수)이 할거하며 관료가 당쟁을 일삼았다. 밖으로는 토번(吐蕃)과 회골(回鶻)의 위협을 받는 등 내우외환이 끊임없이 이어졌다.

이런 배경에서 성풍속은 극도로 문란해졌다. 강한 번진들은 중앙의 명령에 복종하지 않고 멋대로 전횡을 일삼았다. 그들은 마음에 드는 여자가 있으면 취하여 온갖 음탕한 행위를 다했다. 이때 번진들이 즐겨 애독한 책이 흥미 위주로 쓰여진 외설 문학이었다.

이런 혼란기가 100여 년 이상 지속되자 '황소(黃巢)의 난'이 일어났다. 이 난 전후에 당 제국은 이미 서산에 지는 해와 같은 상황에 놓여 있었다.

당나라의 성풍속을 끝내기 전에, 그 시대에 유행했던 여성들의 복식(服飾)을 잠시 말하고 넘어가는 것도 나쁘지는 않겠다.

그 시대의 그림들과 부장품의 조상(彫像)들을 보면 당나라의 복장을 알 수 있다. 여자들의 복장은 마치 일본 부인들이 입는 기모노와 비슷한데, 사실상 기모노는 당나라 시대의 양식에서 유래된 것이라고 한다.

흥미로운 사실은 여성들의 가슴이 훤히 드러낸 그림과 조상들이 많다는 점에 있다. 목에서 가슴까지는 맨살로 드러내고 있는데, 이는 그 당시에 여성의 젖가슴을 숨겨야 할 부분으로 인식하지 않았다는 것을 추측하게 만드는 대목이다.

근래에 들어 소위 '신세대'라 불리우는 여성들은 배꼽을 드러내놓고 거리를 활보하는 모습을 볼 수 있다. 필자는 그것을 처음 보았을 때는 몹시 민망했었는데, 자꾸 보다보니 이제 아무렇지도 않게 되었다. 당나라 여성들이 유방을 드러낸 것도 이런 맥락으로 이해할 수 있을 것 같다.

옛날 우리 나라에서도 서민층 여자들이 짧은 저고리 밑으로 젖가슴을 훤히 드러내 놓고 살았던 시기가 있었다. 필자의 졸저《한국인과 에로스》에 관련된 사진과 그림을 함께 실어 설명한 부분이 있다.

무릇 모든 풍속은 눈에 익숙해지면 눈에 거슬리지 않는다. 그리고 풍속은 유전한다. 미래의 한 시기에는 여자들이 가슴을 훤히 드러낸 복식이 유행하게 될지도 모른다. 그것도 사람들의 눈에 익숙해 지면 부끄러운 노출로 이해되지 않을 것은 분명하다.

5대 10국과 송 왕조의 성풍속

당 왕조 몰락의 시대적 배경

당 고조(高祖) 이연(李淵)으로부터 20대 황제 애제(哀帝)에 이르기까지 290년 동안 존속했던 당 왕조는 당시의 세계에서 가장 강대한 문명국이었다.

그러나 제6대 황제 현종(玄宗) 때 일어난 '안사의 난'을 기점으로 하여 근 1세기 동안 극심한 내우외환을 겪다가 '황소의 난'이 일어남으로 해서 멸망하기에 이르렀다.

안사의 난이 평정된 후에 황제의 영향력은 급격히 쇠락하였다. 강한 번진들이 황제를 우습게 여겼으며, 세력을 키운 환관들이 중앙의 정치를 좌지우지하기에 이르렀다.

환관들은 대신의 임명은 물론 황제의 폐립조차 마음대로 했다. 제7대 황제 숙종(肅宗) 때의 환관 이보국(李輔國)은 황후를 살해했고, 제10대 순종(順宗) 때의 환관 구문진(俱文珍)은 황제를 시해했다. 구문진을 비롯한 환관들에 의하여 옹립된 제11대 헌종(憲宗) 역시 환관 진홍지(陳弘志) 등에게 암살되었고, 제13대 경종(敬宗) 또한 환관들에 의하여 살해당했다.

이렇듯 환관들은 자기들의 비위에 맞지 않는 황제들을 죽이거나 폐위시켰다. 그래서 '정책국로(定策國老), 문생천자(門生天子)', 즉 환관은 시험관, 황제는 수험생 같다는 말이 널리 유행하였다.

제14대 문종(文宗) 9년(835), 환관들의 횡포를 보다 못한 재상(宰相) 이훈(李訓)과 정주(鄭注)는 환관 세력을 제거하기 위해 한 가지 계획을 세우고 실행에 옮겼다. 그들은 궁중 뜰에 감로(甘露)가 내렸다는 헛소문을 퍼뜨렸다. '감로'란 하늘에서 내려주는 불로불사의 영약인 달콤한 이슬을 말하는데, 천하가 태평하면 하늘이 상서(祥瑞)로 내리는 것이라고 믿고 있었다.

이훈과 정주는 환관들이 감로가 내렸다는 소문을 듣고 그것을 보러 뜰로 나오면 모조리 주살하기로 계획을 세워놓고 있었다. 그러나 실패하여 도리어 이훈·정주 등이 살해당했다. 이 변란을 일컬어 '감로지변(甘露之變)'이라고 한다.

감로지변 이후 환관들의 횡포는 더욱 심해졌다. 이러한 정세 속에서 번진들은 자기의 군대를 유지하기 위해 영내의 농민·상인들을 가혹하게 수탈하여 백성들의 원성이 높아졌고, 군대 내에서는 하극상(下剋上)의 분란이 그치지 않았다.

극심한 사회 혼란과 가혹한 착취에 시달리던 농민·상인들은 반항 세력으로 무리를 짓게 된다. 마침내 874년, 왕선지(王仙芝)라는 소금 밀매상(소금 밀매상을 '염적·鹽賊'이라 불렀다)이 몰락한 농민과 상인 3천여 명을 모아서 난을 일으켰다. 그러자 황소(黃巢)가 그 이듬해인 875년에 반항 세력을 규합하여, 산둥 10여 주를 공략하여 세력을 떨쳤다.

왕선지가 죽은 뒤 황소는 그 잔당들을 모아 중국 대륙 대부분을 휩쓸었다. 880년, 스스로 천보평균(天補平均) 대장군이라 칭하면서 장안(長安)을 함락시키고 나라를 세워 황제에 올랐다.

그러나 황소는 통치 능력과 경험이 부족한 데다 유력한 부장(部將) 주온(朱溫)이 당나라 조정에 투항하고, 사타족(沙陀族) 이극용(李克用) 등의 토벌군에게 격파되어 타이산산〔泰山〕에서 자결하였다.

이 난리 때 우리 나라의 최치원(崔致遠)이 당나라에 있으면서 황소를 치는 격문(檄文)을 지은 것이 유명하다.

황소의 난이 평정된 후로 황제의 위세는 너무도 약해져, 장군들의 꼭두각시로 전락했다. 특히 황소의 부장이었다가 당나라 조정에 투항하여 난을 평정하는데 큰 공을 세운 주온(투항한 후 황제로부터 '전충·全忠'이란 이름을 받고 절도사에 제수됨)의 위세는 실로 대단했다.

주전충은 전횡을 일삼던 환관 수백 명을 학살하고 제19대 황제인 소제(昭帝)마저 죽였다. 그런 다음 13세의 어린 황제 애제(哀帝)를 옹립했다가 3년 만에 쫓아내고 후량(後梁)을 일으켜 세웠다. 그 뒤를 따라 사타족 이극용이 후당(後唐)을 세웠고, 후진(後晋)·후한(後漢)·후주(後周) 등의 왕조가 생겨났다.

전족 풍습의 유행

중위안 지역(중원 지역) 밖에서는 전촉(前蜀)·후촉(後

蜀)·오(吳)·남당(南唐)·오월(吳越)·형남(荊南)·민(閩)·초
(楚)·기(岐)·연(燕)·남한(南漢)·북한(北漢) 등 10여 개국이
난립하게 되었는데, 중위안의 다섯 왕조를 5대(五代)라 하고
그밖의 여러 나라를 10국(十國)이라 일컬으며 양자를 합쳐서
5대 10국이라고 한다.

5대의 황제는 당나라의 정통적 계승자의 지위를 가지고
있었으며, 10국의 군주들도 5대의 황제와 대등하다는 의식
을 가지고 있었다. 그것은 그들이 무력으로 정권을 세웠기
때문이었다.

당나라 말기의 정치·경제의 중심지는 황하와 대운하가
교차하는 변경 주변이었다. 따라서 5대의 왕조들은 이 전략
요지를 위해 싸웠고, 그동안 당나라 때까지 정치나 사회를
좌우한 문벌 귀족은 자취를 감추었다.

5대 10국이 부국강병(富國强兵)을 위해 힘썼기 때문에 지역
마다 개발이 이루어지고 생산을 늘리기 위한 정책을 실시
했다. 그러나 무인들의 정치는 너무 가혹했다. 그래서 지주
와 부상(富商), 지방의 지식인 등 새로운 지도자들 사이에서
군벌(軍閥)을 배척하고 통일을 이루려는 움직임이 일어났다.

이들의 응집력은 너무 강력했기 때문에 5대 10국은 50년간
의 혼란을 마감하고 송(宋) 왕조의 지배하에 다시 재통일되
었다.

5대 10국의 시기에 고대 중국을 대표하는 풍습 중의 하나
가 생기게 되었다. 그것은 바로 '전족'이라는 풍습이었다.
〈도산신문(道山新聞)〉의 기사에 의하면, 남당(南唐)의 제2대
원종(元宗) 이경(李璟)이 여자들의 발을 묶는 관습을 도입
했다고 한다.

원종에게는 요랑(窅娘)이라는 이름의 춤을 잘추는 총첩이 있었다. 원종은 6척이 넘는 높이의 커다란 연꽃 모양의 받침대를 만들고 요랑에게 그 위에서 춤을 추도록 하였다. 이때 요랑은 천으로 발을 꽁꽁 묶고 춤을 추었는데, 그 모습이 너무 아름다웠기 때문에 궁녀들이 모방하기 시작했다고 한다.

원종의 총첩 요랑이 전족의 효시라고 증명할 근거는 없다. 그러나 5대 10국의 시대에 전족 풍습이 생긴 것은 분명한 것 같다. 송나라 때는 이미 전족이 널리 시행되고 있었다.

한편 전족의 기원에 대한 재미있는 전설이 있다. 은(殷)나라 주왕(紂王)의 비(妃) 달기(妲己)가 여우였기 때문에 사람으로 둔갑해도 발을 감출 수가 없었다. 그래서 달기는 천으로 발을 감추고 다른 궁녀들에게도 그렇게 하게 하여 전족 풍습이 생겼다는 이야기이다.

전족이란 계집아이가 4~5세 될 무렵 발을 긴 피륙으로 감아서 발의 성장을 정지시키는 풍습인데, 한마디로 병신으로 만드는 것이다.

전족의 유래에 대한 제설이 분분하다. 성기관의 특수한 발달을 촉진시킨다는 설도 있고, 부녀자의 정절을 지키기 위한 구속의 목적이라는 설도 있다. 또 전족을 하게 되면 뼈가 가늘어지기 때문에 여성의 몸 전체가 날씬해지는 반면에 엉덩이가 발달하여 성적 매력이 풍부해진다고 하는 설도 있다.

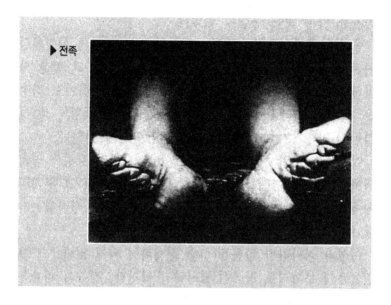

▶전족

　풍만한 여성의 엉덩이는 성적 매력을 발산한다. 하이 힐이 여성의 패션으로 발달한 것도 이런 이유에서이다. 하이힐을 신으면 엉덩이가 뒤로 나오고 걸음을 걸을 때면 엉덩이의 움직임이 최고로 강조되는 것이다.

　전족 여성의 자세는 직립 자세가 불안정하기 때문에 발뒤꿈치를 고정시키고 발끝을 밖으로 벌리는 형태가 된다. 그래서 걸음걸이도 자연히 오리처럼 뒤뚱거리는 우스꽝스런 걸음이 되는데, 그 당시의 남성들은 그런 걸음을 연보(蓮步)라 하여 특히 좋아했다고 한다.

　여성들은 병신이 된 발에 길이가 세 치밖에 안 되고 폭이 두 손가락을 합친 것만한 뾰족한 수단(繡緞)신을 신었다. 그래서 전족을 '세치 금련(三寸金蓮)'이라고 했다. 또한 '춘순(春筍;봄의 죽순)'이라 일컬어지기도 하고, 그 모양이 마치 '종자(粽子;떡의 일종)'와 비슷해서 처음 천을 감은 날에는 종자를 먹게 하는 풍습이 있었다.

송나라 때부터 작고 뾰족한 여성의 발은 여성의 상징처럼 여겨지게 되었다. 남성들은 여성들의 앙증맞은 그 발을 사랑하였다. 전족에 신은 수단신을 힐끔 보기만 하여도 격정을 느꼈다. 그래서 여성들은 그 발을 '황금의 백합', 즉 성적인 심벌로 여기고 생명처럼 소중히 받들게 되었다.

여성들은 성의 상징 자체인 전족을 남자에게 보일까 염려되어 밤에도 수단신을 벗지 않았다. 송나라 때와 그 후대의 성애화를 보면 여성들이 전족을 얼마나 소중히 생각했는지를 엿볼 수 있다.

여성의 적나라한 알몸을 그린 성애화는 적지 않다. 그 그림들은 음부까지도 자세히 묘사하고 있지만, 전족의 피륙을 풀어 버린 여성의 발을 보여 주는 그림은 없다. 이는 음부나 유방보다 전족을 더 은밀한 부분으로 여겼음을 말해 주는 대목이다.

전족이 성의 심벌로 여겨지자, 남성이 여성의 발을 만지는 것이 전통적인 교접의 예비 행위가 되었다. 송나라 이후의 성애 소설들을 보면, 모두가 약속이나 한듯이 최초의 구애를 일률적인 모습으로 묘사하고 있다.

한 남성이 어느 여성에게 호감을 가지고 있다가 둘만이 얘기를 나눌 자리를 마련한다. 두 사람은 이런저런 이야기를 하면서 서로의 마음을 확인하는 과정을 거친다. 남성은 여성에게 좋은 감정을 가지고 있고, 여성도 남성에게 싫은 감정을 갖고 있지는 않은 듯하다.

이때 우리의 경우라면 살며시 손을 잡을 것이다. 그러나 중국 남성의 방법은 사뭇 다르다. 그는 손수건이나 젓가락

등을 실수를 가장하여 일부러 바닥에 떨어뜨린다. 그것을 줍기 위해 몸을 굽히면서 살며시 여자의 발을 만진다. 그런 동작이 여성의 마음을 떠보는 마지막 테스트이다. 여성이 발을 피하지 않고 가만히 있으면 구애가 받아들여진 것이다.

그런 후의 모든 신체적 접촉은 거칠 것이 없어진다. 키스를 해도 좋고 옷을 벗겨도 여성은 반항하지 않는다. 여성은 발을 만지는 것을 허락함으로써 모든 것을 허락한 것이다.

이런 이유 때문에 전족한 발은 여성 신체의 어느 부위보다 중요한 의미를 가졌다. 일례로 남성이 여성의 젖가슴이나 엉덩이를 만지는 것은 우연한 실수로 치부할 수 있다. 그러나 여성의 발을 만지는 행위에 대해서는 어떠한 변명도 받아들여지지 않았다.

전족을 하지 않은 여성은 오히려 병신 취급을 받았다. 남성들이 매력을 느끼지 않았으며, 그래서 시집을 갈 수도 없었다.

전족의 애무 기교

전족은 순전히 남성들의 성적 만족을 위한 여성 학대인 것은 틀림없다. 전족에 대한 남성의 애무 기교도 기기묘묘하여 도합 28가지의 규방 비기(閨房秘技)가 개발되었다. 그중 몇 가지를 소개하면 다음과 같다.

'식(食)'은 전족의 꺾어진 발가락 사이나 발바닥의 깊은 홈 속에 수박씨나 건포도 등을 넣어 두고서 이것을 혀로 빼먹으면서 성적 흥분을 유발케 했다.

'승(承)'은 여성의 전족을 남성의 볼, 무릎, 다리 등으로 옮겨가면서 애무를 하다가 맨 끝에 사타구니 위에 얹어 놓는 전희이다.

좀 색다른 방법으로 '현(懸)'이라고 하여 전족을 싸매고 있는 긴 천을 풀어서, 이 천으로 여성의 다리를 침대에 거꾸로 매달아 놓고 성을 즐기는 것도 있다.

'연(吮)'이라고 하는 것은 뾰족한 여성의 발끝을 어린아이가 젖을 빨듯이 빠는 것을 말하며, 발 전체를 핥는 것을 '지(舐)'라고 했다.

'교(嚙)'는 가볍게 깨무는 것을 말하고, '교(咬)'는 발의 앞 부분을 세게 깨무는 것을 말한다.

《금병매》에서 서문경이 반금련의 발끝을 세 개의 손가락으로 꼬집어서 의사 표시를 하는 장면이 있는데, 이것은 '염(捻)'이라 한다. 두 손으로 쥐는 것을 '악(握)', 반주하듯이 주무르는 것을 '날(捏)', 전족의 발바닥을 살살 간지럽게 긁는 것을 '소(搔)'라고 했다.

또 오른손으로 여성의 두 발의 발끝을 맞추어서 쥐고, 왼손으로 두 발꿈치를 맞추어서 쥐면 발바닥으로 움푹 패인 곳에 작은 공동(空洞)이 생기게 된다. 그 속에 남성을 삽입해서 마찰하는 것을 '농(弄)'이라고 했다.

이밖에도 기기묘묘한 전희 방법이 있지만, 여기서는 이만 생략한다. 서구에서는 유방을 사용한 전희가 발달했지만, 중국에서는 전족을 사용한 전희가 발달했던 것이다.

▶ 〈잡극도〉, 전족을 한 두 여인. 베이징 고궁박물원 소장

봉건 예교의 기틀을 잡은 송나라 유학자들

송 왕조(960~1279)는 통일 왕조로서는 중국 역사상 가장 연약한 왕조였다. 태조(太祖) 조광윤(趙匡胤)이 중국을 통일하고 5대의 분열 상태를 마무리지어 사회 경제의 번영을 촉진하니, 한때 태평스런 국면이 나타났다.

그러나 잘못된 군사 정책과 방대한 관료 기구는 송 왕조를 극도로 빈약하게 만들어 끊임없이 외족(外族)으로부터 모욕을 당하게 만들었다. 즉 요(遼)·서하(西夏)·여진(女眞)·몽고(蒙古) 등에게 타협을 구하고, 예물을 보내며, 땅을 떼어 주는 등 굴욕적이고 구차한 정책을 취했다.

그리하여 송 왕조는 당 왕조와 같이 그렇게 기백에 찬 모습을 보이지 못했다. 북송 중엽부터 지극히 빈약하던 국면을 둘러싸고 개혁파와 보수파, 그리고 주전파와 강화파 간에 격렬한 당쟁이 끊임없이 일어났다.

유교는 한대(漢代)에서 당대(唐代)에 걸쳐 경전해석학이 중심이 되었기 때문에 사상적으로는 침체화되었다. 한편 불교와 도교는 독자적인 교리 조직에 충실하여 사람들의 사상적 욕구를 만족시켰다.

이러한 풍조 속에서 도교와 불교를 배제하고, 전통 교학인 유교를 민족의 전통 사상으로 부흥시킨 것이 송학(宋學)이다. 송학을 '성리학(性理學)'이라고도 하는데, 우리 나라에는 고려 말기에 들어와 조선시대에는 국시(國是)가 되었다.

송학의 시조는 북송의 주돈이(周敦頤)이며, 그 사이에 정호(程顥)·정이(程頤) 형제가 나와 송학의 기초가 되었다. 그 후 여러 유학자들이 송학의 체계를 정교화시켰고, 그것을 집대성한 사람은 남송의 주희(朱熹)이다.

송학은 종래의 오경(五經) 중심에서 사서(四書) 중심으로 나아가 경전의 자유해석학풍 등 신세대의 사상적 요청에 부응했지만, 특히 윤리학·형이상학 등을 포섭하여 도교와 불교에 대항할 수 있는 것을 구축했다는 점에 특색이 있다.

북송의 정이는 이천 선생(伊川先生)이라고 불렸으며, 형 정호와 함께 '이정(二程)'이라 일컬어졌다. 그는 엄정한 몸가

짐과 높은 식견으로 황제 철종(哲宗)의 시강(侍講)이 되었으나, 그 엄격함이 천자의 측근 및 소동파(蘇東坡) 등 문인파(文人派)와의 사이를 벌어지게 했다. 또 왕안석(王安石)의 신법에 반대하여 신·구 양당의 당쟁에 휩쓸려 쓰촨(四川)에 유배되는 등 말년까지 다난(多難)했다.

어쨌든 송나라 유학자의 예교 중시 가운데 가장 뚜렷한 것은 바로 정호·정이 형제에게서 비롯되었다.

어떤 사람이 정이에게 물었다.

"과부가 먹고 살 방도도 없고 의지할 곳도 없습니다. 그 과부는 개가를 해야 합니까, 하지 말아야 합니까?"

정이가 대답하였다.

"단지 후세 사람들이 춥고 굶주려 죽을까를 두려워하여 이런 말을 한 것이다. 그러나 굶어 죽은 일은 극히 사소하나 절개를 잃는 일은 매우 중대하다."(《이정유서》 권22)

끝의 두 마디는 이 이후로 명언이 되었다.

조선조 성종(成宗) 8년(1477) 7월에 관제를 개혁할 때 부녀의 재가에 대한 금지의 가부가 논의되었다. 찬성하는 쪽과 반대하는 쪽이 팽팽히 맞서 갑론을박했다. 이때 성종은 정이의 말을 채택하여 다음과 같은 결론을 내렸다.

"여인의 절개는 생명과도 같다. 설혹 일찍 과부가 된 여인이 의지할 데 없어 굶어 죽는다 하더라도 이는 작은 일에 지나지 않는다. 그러나 절개를 잃고 개가를 한다면 이는 중대한 일이다. 그러니 나라가 법을 세워 마땅히 이런 중대한 일을 다스리지 않을 수 없다."

성종의 이 한마디가 떨어진 이후 여자는 한번 시집가면 종신토록 불개(不改)해야 했고, 재가한 여성의 자손은 벼슬 길에 나설 수 없게 되었다.

정이의 학설은 주희에 의해서 계승되어 주자학(朱子學)으로 집대성되었다. 주희가 수용한 대부분의 것이 정이의 학설이므로, 주자학을 '정주학(程朱學)'이라고도 한다.

예교에 대한 강조는 주희에게서 더욱 완고해졌다. 그는 천리와 인욕이 공존할 수 없다고 강조하였고, 고전에 대한 엄격한 유교적인 해석을 공표하였다. 그의 완고한 태도는 《시경》의 연가들에 대한 그의 주석에 잘 나타나 있다. 그는 《시경》의 연가들을 음탕한 노래라고 신랄하게 비난하였는데, 이는 공자의 견해와는 완전히 상반된 생각이었다.

남을 공격하는 몽둥이

주희는 여자들의 열등함과 엄격한 양성 분리를 강조했고, 침실 바깥에서 이루어지는 이성간의 사랑의 표현들을 모두 금지시켰다.

주희가 신유학의 기반을 다진 후부터 유교는 중국 관료제의 강령으로 계속 남게 되었다. 그것은 일률적이고 능률적인 국가 행정을 위한 단단한 기반을 보장해 주었지만, 다른 한편으로는 권세가들이 남을 공격하는 몽둥이 구실을 톡톡히 하였다.

송나라 때도 당나라 때와 마찬가지로 관기와 가기 모두가 성행하였다. 사대부가 가기를 두는 것은 아무렇지도 않게 여겼으며, 술자리에 관기를 불러 시와 술을 주고받으며 노는 것을 사대부의 풍류로 치부했다.

그러나 관기들과 성관계를 맺는 것은 예교에 어긋난 것으로 보았다. 당시의 예교로는 기녀들과 시와 술을 주고받으며 즐거운 시간을 보내면서도 교접을 하지 않는 것이 '풍류의 도'라고 여겼다. 만약 성관계가 발생하면 사대부의 명예가 크게 실추되었다.

주희는 자기 학설과 대립하던 당중우(唐仲友)를 치기 위해 그가 엄예(嚴蕊)라는 관기와 성관계가 있음을 투서하였다.

주희의 투서로 관기 엄예는 옥에 갇히어 혹형을 당했다.

"네가 태수 당중우와 불륜의 관계를 맺었다는 투서가 들어왔다. 냉큼 진실을 밝혀라!"

엄예는 모진 고문을 당하면서 이렇게 말했다.

"이 몸은 천한 기생입니다. 나와 같은 천한 기생이 설령 태수와 운우지정을 나누었다 하더라도 그 죄가 죽음에까지 이르지는 않을 것입니다. 그러나 사대부의 경우는 다릅니다. 천한 제가 전후 사정을 함부로 말해 지체 높은 사대부를 욕되게 할 수야 있겠습니까? 비록 이렇게 고문을 당해 죽는 한이 있더라도 무고할 수는 없습니다."

이 사건은 당시를 뒤흔들어 황제까지도 알게 되었지만, 어떤 큰 죄목으로 비화 되지는 않았다.

표리부동한 유학자

만년에 주희 자신도 이런 문제로 인하여 관리로서의 자격을 박탈당하는 수모를 겪고 자신의 학설을 스스로 '위학(僞

▶주희

學;거짓된 학문)'임을 인정했다.

주희는 우승상(右丞相) 조여우(趙汝愚)의 추천으로 중앙에 초치(招致)되어 황제의 고문관이 되었다. 이때 좌승상(左丞相) 한탁주(韓侂冑)가 조여우를 참언하여 지방으로 유배시켰다. 그러자 주희는 한탁주의 죄상을 상주했고, 한탁주는 즉각 주희의 학파를 '위학'이라고 공격하며 그의 위선적인 태도를 들추어 냈다.

감찰어사 심계조(沈繼祖)가 꼼꼼히 뒷조사한 주희의 사생활은 그의 학설처럼 엄격하고 깨끗한 것은 아니었다.

주희는 두 명의 비구니를 유인해 첩으로 삼고 외방 관직에 나갈 때마다 그들을 데리고 갔다. 또 그의 큰딸이 남편이 죽은 후에 임신을 했던 사실이 밝혀졌다.

한탁주는 이런 사례를 들어가며 주희의 언행이 불일치함을 신랄하게 공격했다.

"폐하, 환장각대제겸시강(煥章閣待制兼侍講 ; 황제의 고문관)은 지금까지 강력히 천리와 인욕의 구분을 주장했습니다. '사람의 마음에 천리가 있으면 인욕이 없고, 인욕이 기승을 부리면 천리는 소멸되는 것이기 때문에 인욕을 모두 없애고 천리를 회복하라'고 주장했던 것입니다. 그런데 그의 실생활은 어떻습니까? 불도에 전념하던 비구니 둘을 유인하여 첩으로 삼고, 외방 관직에 나갈 때마다 그녀들을 데리고 나간 것도 천리이겠습니까? 또 일찍이 남편을 잃은 그의 큰딸이 사생아를 잉태한 것이 법도에 맞는 일이겠습니까? 폐하, 이렇듯 주희는 표리가 부동한 위인이옵니다. 입으로는 예의 도덕을 떠들지만 실제의 행동은 전혀 그렇지 못하옵니다. 이런 것으로 미루어 보아 그의 학설이 위학이 아니고 무엇이겠습니까, 폐하 !"

한탁주의 날카로운 비판에 주희의 안색은 보기 딱할 정도로 창백해졌다. 인욕을 완전히 없애라고 기회 있을 때마다 목청을 높였던 그의 주장이 구두선이었음이 만천하에 드러난 것이었다. 그래서 그는 변명할 말도 찾지 못하고 꿀 먹은 벙어리처럼 곤혹스런 표정을 지으며 안절부절못했다.

영종(寧宗)은 곧 주희의 벼슬을 깎아내렸다. 황제의 고문관 벼슬에 오른 지 겨우 45일 만에 사생활이 문제가 되어 좌천된 것이다. 1196년의 일이었다.

좌천된 주희는 즉시 자기의 죄를 인정하는 표문(表文)을 올렸다. 비구니를 유인하여 첩으로 삼은 일과, 딸이 사생아를 잉태한 일도 모두 인정했다.

소신은 가난하고 하찮은 선비이며, 경전의 주석이나 일삼는 썩은

학자이옵니다. 그런 연유로 위학의 주석만을 알 뿐이니 어찌 어진 임금이 다스리는 밝은 세상의 실용에 맞출 수 있겠사옵니까? … 소신은 지금까지의 잘못을 깊이 반성하고 지금의 올바름을 면밀히 살피겠사옵니다. (《주문공문집(朱文公文集)》 권85)

주희는 자신이 집대성한 신유학을 스스로 '위학'임을 분명히 인정했다. 그러나 통치 차원에서 신유학은 확대 발전하였다.

남창

전통 사회의 중국에서 여성의 동성연애는 흔했다. 그러나 남성의 동성애는 고대부터 한나라 때까지는 드물었다. 거세당한 배우 이연년을 비롯하여 여러 명의 미남자와 동성애를 즐긴 한무제(漢武帝) 때부터 동성애는 널리 유행하기 시작했다.

위진남북조시대에 동성애는 성행했다. 조조의 군사들은 공공연히 동성애를 즐겼다. 전쟁에서 사로잡은 적군의 포로 중 인물이 반반한 남자가 있으면 조조의 군사들은 그를 차지하기 위하여 서로 경쟁했다. 〈적벽가(赤壁歌)〉에 어여쁜 병졸의 고통이 희화적으로 그려져 있다.

한 병사가 항문에 손을 받치고 울면서 뛰어들어온다.
"아이고 똥구멍이야, 아이고 똥구멍이야!"
조조가 그것을 보고 눈을 부라리며 호통을 친다.
"네 이놈, 앓을 데가 없어 똥구멍을 다 앓느냐?"

병사가 학질을 뗐다는 표정으로 대답한다.

"적벽강서 적군에게 쫓겨 간신히 오림으로 도망을 쳤습니다. 그런데 적군의 한 장수가 쫓아와서 다짜고짜로 내 바지를 벗기고 침도 안 바르고 생짜로 쑥 디밀었습니다. 그 고통이 너무 심하여 견딜 수가 없었습니다. 그놈이 욕심을 채우자 또 다른 놈이 하고, 또 다른 놈이 뒤를 따르고 하여 장장 일곱 놈한테 당했습니다. 그러니 제 항문이 온전할 리가 있겠습니까?"

야사를 보면 이와 비슷한 가락의 이야기는 숱하게 많다.

북송시대에는 남창(男娼)으로 생계를 영위한 남자들이 한 계층을 이루었다. 정화(政和; 1111~1117) 연간에는 남창질을 하다가 발각되면 곤장 100대와 함께 무거운 벌금을 물게 하는 법률이 공포되었다. 그러나 남창은 근절되지 않았다.

남송시대에도 남창의 활동은 계속되었다. 그들의 화대는 창녀들보다 두 배는 더 높았다.

남창들은 여자처럼 옷을 입고 화장을 한 채 거리를 활보했다. 그들이 마음에 드는 남자들을 유혹하는 교태는 여자들을 능가하면 능가했지 못하지는 않았다고 한다.

예교를 지키지 않은 특권층

송나라 황제들은 신유학을 공식적으로 지지했지만 그 자신들은 신유학의 가르침을 실천하지 않았다. 개인적으로 그들은 이전 한나라의 황제들과 마찬가지로 도교에 훨씬 더 많은 관심을 가졌다. 그들은 끊임없이 불로불사의 영약을 찾았고, 많은 후궁들과의 쾌락에 대부분의 시간을 보냈다.

송나라 작가 왕무(王楙)의 《야객총서(野客叢書)》를 보면, 황제를 비롯한 귀족들이 방중술의 가르침을 실행했다는 것을 폭로하고 있다.

황제들은 매일 수없이 많은 후궁들과 교접하고 있다. 이에 뒤질세라 양반들도 수많은 첩들과 가기들을 상대로 자기의 양기를 보충하고, 생명력을 강화시키기 위해서 교접에 열을 올린다. 여자들을 일종의 약품으로 사용하고 있는데, 이것은 이롭지 못한 일이다. 오히려 과다한 교접이 곧 그들의 건강을 망쳐놓을 것이다. … 분 바른 얼굴들과 그린 눈썹을 가진 여자들로 인해 수없이 많은 귀족들이 자신들의 몸을 해치고 생명을 잃지만, 그들은 고집스럽게도 그러한 훈련들을 하고 있다. (《야객총서》)

황제를 비롯한 사대부는 공공연히 방탕을 저질렀다. 또 관리들은 미색이 뛰어난 아내나 첩을 바쳐 윗전의 환심을 사기도 하고, 누이를 팔아 관부에 들여보내는 등 갖가지 추태가 숱하게 많았다.
(《송사》〈화악전·華岳傳〉)

그러나 신유학의 예교는 여성들에게 만큼은 철저히 적용되었다. 남성은 여러 명의 첩을 둘 수 있고 기생과 놀아날 수도 있지만, 여성은 더욱더 부도(婦道)를 지켜야 했다. 여성이 지켜야 할 최우선의 덕목은 정절이기 때문에 남녀의 생활 공간을 분리하는 한편 여자는 아예 외출도 못하게 했다. 만일 여성이 스스로 성적 욕구를 표현하면 음란한 여성으로 지탄을 받았고, 불륜을 저지르면 무참히 죽이거나 노예로 팔아넘겼다.

여성은 운명처럼 성억압을 당해야 했다. 죽음을 무릅쓰고 남편에 대한 절개를 지켜야 했다. 이리하여 송나라 이후 갈수록 '절부(節婦)'와 '열녀(烈女)'가 늘어났고, 남성들은 그녀들을 위해 '열녀문' 및 '정절비'를 세워 칭송했다.

필자는 《한국인과 에로스》에 〈열녀문에 숨은 뜻〉이란 제하의 글을 쓴 바 있다. "열녀란 한마디로 죽을 힘을 다해 본능을 외면한 여성을 말하는데, 남성들은 여성의 눈물겨운 인내력을 찬양하기 위하여 '열녀'라는 단어와 '열녀문'이라는 상징물을 만들어 냈다."라는 요지의 글이다. 독자들도 한번 읽어 보면 신유학의 예교를 이해하는데 적잖은 도움을 받을 것이다.

남자의 방탕에는 관대하고 여성들만을 옭아매는 악법은 후대로 갈수록 더욱 강화되었다.

원 왕조의 성풍속

창녀보다도 낮은 지위로 떨어진 유학자의 권위

몽고 명문 칸씨 출신의 부족장 테무진(Temujin)은 1188년경부터 몽고족을 평정하고, 1206년 쿠릴타이(대집회)에서 대(大) 칸의 지위에 천거되어 칭기즈 칸이 되었다.

그는 강력한 군대를 편성해 동쪽으로는 금(金)을 공략하여 황하강 이북의 허베이[河北]와 산둥[山東] 땅을 얻었고, 서쪽으로는 중앙아시아에서

▶칭기즈 칸

남러시아까지를 제패해 아시아와 유럽에 걸친 엄청난 대제국, 몽고 제국을 건설했다.

칭기즈 칸의 업적으로는 세계 역사상 전무후무한 대제국을 건설하여 비단길(Silk Road)을 다시 열고, 마르코 폴로

와 그리스도교 선교사들로 하여금 아시아를 왕래할 수 있게
한 것을 들 수 있다.

중국을 완전히 통일한 것은 칭기즈 칸의 손자인 쿠빌라이
칸이다. 그는 이민족으로서는 처음으로 중국 전역을 통일하
고, 국호를 대원(大元)이라 하였다.

원 왕조(1279~1368)는 강성했지만 기간이 짧았던 봉건왕
조이다. 이 당시는 한족(漢族)과 지식인을 천대하는 정책을
취했으며, 몽고민족 고유문화의 유지를 도모했다. 이것을
'몽고지상주의'라고 한다.

몽고지상주의를 보여 주는 것이 민족별 신분제도인데, 몽
고인·색목인(色目人;위구르인·이란인 등)·한인(漢人)·남인
(南人;옛 남송 치하의 주민)의 4등급으로 나누어 졌다. 이 중에
서 몽고인만이 정치적인 요직을 독점해 모든 특권을 향유했
으며, 색목인은 몽고인이 능숙하지 못한 재정 등을 담당함
으로써 역시 지배자의 반열에 끼여들었다.

수적으로는 월등히 많은 한인과 남인은 피지배자의 자리
에 떨어져 정치의 중추에는 참여하지 못했고, 법률상으로도
심한 차별 대우를 받았다. 특히 유학자들의 지위는 땅에 곤
두박질했다.

당시의 사회적 지위는 ① 고관, ② 낮은 관리, ③ 승려,
④ 도사, ⑤ 의사, ⑥ 공원, ⑦ 기술자, ⑧ 창부, ⑨ 유학
자, ⑩ 거지라고 하여 유학자는 창녀의 아래이며, 겨우
거지보다 한 단계 위로 평가되었다.

원 왕조에서는 전통적인 관리 등용 시험인 과거를 폐
지하고, 고위 관리의 임용은 세습 또는 추천제 등 문벌
주의(門閥主義)에 의했다. 문벌이라 하더라도 귀족 사회의

그것과는 달리 조정과 특별한 관계를 가졌느냐의 여부가 기
준이 되었다.

도덕 공과표의 유행

이런 정책으로 말미암아 학식 높고 지조 있는 많은 유학
자들은 산중의 으슥한 곳으로 들어가 은둔했다.

세상에 환멸을 느끼고 세상을 등진 유학자들의 가장 큰
근심거리는 집안의 여자들을 관리하는 것이었다. 오랑캐로
치부했던 몽고인으로부터 여자의 정조를 보호하기 위해서는
강력한 장치가 필요하다고 생각하여 유교 예교를 보다 엄격
히 적용했다.

그 결과 도덕주의적인 공과표(功過表)가 나와 널리 퍼
졌다. 이것은 어떤 행위에 대하여 도덕적 평점이 덧붙여져
있었다. 이를테면, 과부와 처녀를 강간하면 1000과(過)에 속
하는데, 이는 살인을 했을 때 받는 '과'와 똑같다. 또 호색
적인 책·노래·그림을 만들면 역시 살인에 해당하는 1000
과를 받았다. 성풍속과 관련된 몇 가지만 소개하면 다음과
같다.

　· 처첩들의 매력을 비교하면 – 과 1
　· 연극을 구경하면 – 과 1
　· 경박한 소설을 읽으면 – 과 5
　· 처첩을 흥분시키기 위해 음란한 이야기를 하면 – 과 20
(처첩들에게 수치심을 키워주기 위해 그랬을 경우는 예외)
　· 마음속에 호색적인 생각을 불러일으키면 – 과 50

　세세한 항목까지 구분하여 평점을 덧붙인 공과표에 따라 유학자들은 자신의 도덕 성적을 스스로 계산할 수 있었다.

　여기서 호색적인 책·노래·그림을 만들면 살인·강간에 해당하는 '과'를 받았다는 사실은 매우 흥미롭다.

기층 문화의 활성

　몽고의 지배자가 유교를 천대하여 과거를 폐지하자 정치를 목적으로 학문을 연마했던 사대부들은 시와 서화의 세계에 몰입했다. 그 결과 오로지 문학과 예술만을 추구하는 새로운 문인층이 생겨났다. 이러한 풍조는 명나라에까지 이어져 자유 분방한 시민 문화가 꽃피우게 하는 동인이 되었음은 물론이다. 또《서유기(西遊記)》,《수호전(水滸傳)》등 구어소설(口語小說)의 원형도 이 시대에 생겼다.

　한편 그때까지 고상한 사대부 문화의 그늘에 가려서 표면에 나타나지 못했던 기층 문화가 대두하여 서민을 대상으로 하는 연극과 예능이 발달했다. 지은이들은 서민 취향의 경박한 오락성을 추구하는 경향이 많았는데, 그것이 유학자들의 눈에 못마땅했던 것이다.

　원나라 때는 세상을 등진 유학자들에 의해 유교 윤리가 한층 강화되는 한편 향락 문화도 발전했다. 이때는 이미 모든 여성들이 전족을 했다. 만일 전족을 하지 않는 여성이 있으면 병신 취급을 당했고, 여성들도 그것을 큰 수치로 여겼다. 하물며 몽고 여성들까지 전족의 풍습을 따랐다.

성행한 인신매매

몽고인이 중국을 지배하면서부터 인신매매가 부쩍 성행하여 곳곳에 여자 매매시장이 번창했다. 특히 평강(平江; 현재의 '소주·蘇州')에는 각국의 여자들을 매매했다. 여기에는 중국 여자를 비롯하여 고려 여자·왜국 여자·러시아 여자·안남 여자·미얀마 여자 등 몽고 제국이 정복한 모든 나라의 여성들이 항상 우글우글했다.

인신매매단들은 닥치는 대로 여자들을 잡아가 무지막지하게 발가락을 꺾어 전족을 만들었다. 그들은 납치한 여성들을 '구구(驅口)'라고 불렀는데, 구구들의 발을 전족으로 만든 데는 두 가지 이유가 있었다. 그 한 가지는 도망가지 못하게 하기 위함이었고, 다른 한 가지는 전족한 여성들의 값이 비쌌기 때문이었다.

전족을 어려서부터 시작하면 비교적 쉽게 모양이 잡히지만, 어느 정도 자란 뒤에 시작하면 염증과 화농을 일으켜 큰 고통이 따르고, 또 예쁜 모양이 되기도 어렵다. 그래서 '소각일쌍 안누일항(小脚一雙 眼淚一缸)'이란 말이 생겼다. "전족 발이 되기까지는 독 가득히 눈물을 흘려야 한다."는 말이다.

그런데 전족과는 상관없는 다른 나라 여자들을 잡아다가 억지로 발가락을 꺾어 전족을 만들었으니 그 고통이 오죽했겠는가!

돈만 있으면 여자들을 얼마든지 살 수 있었다. 돈 많은 몽고인은 아버지와 아들들이 함께 와 한꺼번에 몇십 명씩 여자들을 사갔다.

몽고인들은 전통적으로 일부다처제의 혼인 형태를 유지했지만, 중국인의 일부다처제와는 차이가 있다. 그들은 아버지가 죽으면 그 아들들이 생모를 제외한 모든 여자를 골고루 차지해서 사는데, 그것을 '치붙는 증(蒸)'이라 한다. 형이 죽으면 형수를, 동생이 죽으면 제수를 데리고 사는 것은 물론이다. 이것은 오랜 유목생활에서 빚어진 풍습이라 할 수 있다.

포주들은 인신매매시장에서 각국의 다양한 여자들을 사다가 매춘을 시켰다. 매춘녀를 '천인기(千人騎)' 또는 '만인압(萬人壓)'이라 불렀다. 천 명의 남자가 타고 만 명의 남자가 깔아누른 여자, 즉 갈보·창녀란 뜻이다.

마르코 폴로의 《동방견문록(東方見聞錄)》을 보면, 수도 교외에 2만 명이 넘는 창녀들이 머물고 있었다고 기록했다. 그녀들은 외국인 방문객에게도 몸을 팔았는데, 화대는 전적으로 포주의 몫이었다.

이 무렵 고급 기생집에서는 희한한 풍습이 하나 생겼다. 그것은 기생들의 신발을 술잔으로 삼아 술을 마시는 풍조였다. 그 신발을 '금련배(金蓮杯 ; 황금 연꽃 잔)'라고 했다. 기생이 신고 있던 신발을 벗어 술을 따른 후 남자에게 권하면, 모든 것을 허락하겠다는 의미였다. 따라서 그날 금련배를 받은 사람이 술값을 계산하는 것이 술자리에서의 관례였다.

방중술에 열중했던 칭기즈 칸

원나라 때는 유교가 찬서리를 맞은 반면에 도교와 불교는 번성했다. 여기에 비단길을 따라 동서의 교통이 빈번하여 종교를 비롯한 서방 문화가 중국에 들어왔다. 이때 이슬람교·그리스도교·가톨릭교 등의 종교가 전래되었다.

도교는 금대(金代)에 일어난 전진교(全眞敎)가 화베이〔華北〕 일대의 교세를 크게 확장했고, 전통적인 정일교(正一敎)는 화중(華中)을 본거지로 하여 흥성했다.

전진교의 제3대 교주 구장춘(丘長春)은 칭기즈 칸의 마음을 사로잡아 도교에 빠져들게 만들었다. 그리하여 불세출의 영웅 칭기즈 칸은 방중술이 가르치는 성적 훈련을 누구보다 열심히 했다고 전한다.

황사바람이 부는 퉁구스 넓은 벌판을 말을 타고 맘껏 달렸던 몽고족은 호전적인 기질의 강인한 종족이었다. 몽고족이 얼마나 강인하고 날쌘가는 몽고말을 보아도 알 수 있다고 사가(史家)들을 적고 있다.

몽고말은 서구의 말에 비하여 볼품이 없다. 서구의 말들은 보기에는 때깔이 좋고 훤칠하게 잘생겼지만, 몽고말은 목과 다리가 굵고 몸통에 어울리지 않게 머리가 크다. 그러나 강인성과 지구력 면에서는 서구의 말에 비할 바가 아니다. 동물학자의 말에 의하면, 많은 종의 말들이 몽고말 앞에 서기만 하면 마치 고양이 앞의 쥐처럼 겁을 먹는다고 한다.

이런 말을 세 살만 되면 올라타고 달릴 줄 알았던 몽고인이 칭기즈 칸의 영도력 아래 뭉치자 삽시간에 세계 정복의 대제국을 만들어 냈던 것이다.

필자의 첫아이가 태어났을 때의 기억이 새롭다. 보송보송한 아이의 엉덩이에 푸른 색의 반점이 선명했다. 몽고 인종에게서 흔히 볼 수 있는 반점이기 때문에 그 이름도 '몽고반

(蒙古斑)'이다.

우리 한국인은 인종적으로는 몽고로이드에 속해 있다. 중국의 한족보다 몽고족이 더 가깝다. 그래서 원한국인의 기질은 광대한 아시아 초원을 주름잡던 몽고인의 기질 그대로인 것이다.

그런데 전통사회 우리 민족은 종족적으로 가장 가까운 만주족을 야만족이라 경멸하였고, 한족 문화에 동화되어 스스로 소중화(小中華)의식을 가졌다. 신채호는 《상고사(上古史)》에서, 한국인이 오랑캐·여진·거란, 즉 퉁구스족으로부터 자기를 단절시킨 데서 민족의 힘을 잃은 것이라고 주장하고 있다.

어쩌다 이야기가 곁길로 빠졌는데, 여기서 다시 원 왕조의 성풍속으로 돌아가자.

궁정에서 행해진 탄트라의 성적 의식

원 세조 쿠빌라이 칸과 그의 뒤를 계승한 황제들은 라마교를 믿었다. 불교의 한 파인 라마교는 8세기 중엽 인도에서 전래한 대승(大乘)불교의 비밀교가 티베트 재래의 풍속·신앙과 동화되어 발달한 종교로 힌두교의 탄트라적 요소가 적잖게 가미되어 있다.

여기서 '탄트라(Tantrayana)'란 힌두교 시바파 가운데 여성의 생식 능력을 신격화한 샤크티(Sakti ; 성력)를 숭배하는 집단의 문헌을 총칭하는 말로, 탄트리즘은 모두 요가행법(行法)을 통한 신비의 체험을 해탈의 방법으로 삼고 있다. 따라서 라마교 성상화에서는 대부분의 신들이 그들과 쌍을

▶ 탄트라, 대립물의 합일을 상징하는 조각

이루는 여신(女神)들과 교접을 하는 모습으로 묘사되어
있다.

탄트라파의 고승들은 "불성(佛性)은 여음(女陰) 속에 머
문다."고 여겼기 때문에 성적 교접을 무엇보다 중시한다.
이것은 도교도의 성적 신비주의와 유사한 점이 많다.

원나라 궁정에서는 탄트라의 성적 의식이 행해졌다. 황제
는 탄트라파의 고승들에게 에워싸여 지내면서 그들이 말하
는 '지고의 희열의 비법'을 실행으로 옮겼다. 이때 섹스 파

트너가 되는 여자들을 공양(供養)이라고 불렀다.

원나라 역대 황제는 라마교를 광신하여 빈번한 대규모 법회를 개최했고, 오대산(五臺山) 등에 계속해서 사탑(寺塔)을 건립함으로써 낭비를 거듭했다. 그래서 국가 경비의 3분의 2가 라마교에 대한 보시(布施)에 충당되었다고까지 전해진다.

원 왕조의 몰락

당연히 재정 적자가 누적되어, 그것을 보완하기 위해서 지폐를 남발하여 경제적 혼란을 초래했다. 또한 천재(天災)가 거듭되어 많은 유민(流民)이 생겼고, 몽고지상주의에 대한 민족적 반감도 급격히 고조되어 각처에서 반란이 속출했다.

그 중심 세력을 형성한 것은 '미륵불하생(彌勒佛下生)'을 설파하는 백련교도(白蓮敎徒)들이었다. 그들은 머리에 붉은 두건을 썼기 때문에 '홍건적(紅巾賊)'이라고도 불렸다.

반항 세력은 민중의 절대적인 지지를 받으며 불길처럼 급속히 퍼져갔다. 그러나 몽고의 지배자들과 군사는 호화스럽고 방탕한 생활에 젖어 이전의 호전적인 용맹을 잃고 있었다.

원 말의 가장 뛰어난 정치가이며 유학자인 유기(劉基)는 당시의 시대 상황을 반영하여 다음과 같은 우언을 창작했다.

호리자(瓠里子)가 오(吳)에서 월(粵)로 돌아가게 되었다. 재상은 다른 사람에게 그를 배웅하게 하면서 이렇게 분부한다.

"스스로 관청의 배를 한 척 골라 타고 강을 건너가게 하라."

강가에는 수천 척의 배가 있었다. 호리자는 관선 한 척을 고르려고 했으나 어느 것이 관선인지 알 수 없었다.

호리자가 묻는다.

"배가 이렇게 많으니 어느 것이 관선인지 찾을 수가 없군요. 대체 어떤 것이 관선입니까?"

배웅객이 대답한다.

"매우 쉬운 일입니다. 뜸은 해지고, 노는 부러졌으며, 돛은 찢어진 것을 고르면 바로 그것이 관선입니다."

그리하여 관선을 쉽게 찾을 수 있었다.

호리자는 형편없는 관선을 확인한 후 하늘을 우러러보며 탄식한다.

"오늘날 정치하는 이들, 그들도 백성을 관의 백성으로 여길 수 있겠는가? 백성을 아끼는 이가 드물도다! 그러니 그들이 헐벗는 것도 당연하다."(《욱리자·郁離子》〈영구장인·靈邱丈人〉)

관리들은 국사와 민생 문제를 마음에 두지 않아 하루하루 멋대로 망쳐지게 방치해 두니, 마치 관선이 돌보는 이 없어 노는 부러지고 뜸은 해지고 돛은 찢어진 것과 같다. 이는 바로 당시 원나라의 정치 상황에 대한 생생한 묘사이다.

지배층이 부패와 방탕에 빠져 허우적거리자 군인들은 한 술 더 떴다.

북인(北人 ; 고대 '천남·川南' 일대의 소수민족)이 원숭이 무리를 길렀다. 원숭이들은 음률에 맞춰 춤을 출 수 있었으나, 일단 밤〔栗〕

만 보기만 하면 서로 차지하려고 싸웠다.

　(《욱리자》〈공손무인·公孫無人〉)

　위의 우언은 원나라 군대에 대한 신랄한 풍자이다. 즉 원
나라 군사들은 군기가 해이해질대로 해이해져 원숭이 무리
처럼 재물을 놓고 서로 다투기를 일삼았다. 그러니 전투력
을 갖출 리가 만무했다.

　지배층과 군대의 두 계층이 엉망이 되었으니 원 제국의
혹독한 통치도 막다른 골목에 이르렀던 것이다.

　반항 세력이 우후죽순처럼 봉기하여 공격하자 원 왕조는
속수무책 도망가기에 바빴다. 이때 주원장(朱元璋)이 두각을
나타내어 군웅(群雄)을 차례로 제압하고 남경을 수도로 하여
명(明) 왕조를 세웠다.

명 왕조의 성풍속

거지에서 황제가 된 사나이

명 태조 주원장은 입지전적인 인물로 많은 역사가들이 칭송하는 황제이다. 그러나 그가 취한 조치들은 몹시 잔혹하고 역행적이었다.

주원장은 빈천한 집안에서 태어났다. 아버지 주오사(朱五四)와 어머니 진이양(陳二孃)은 모두 문맹이었다. 17세 때 굶주림과 전염병으로 차례로 죽었고, 형 중육(重六)과 주원장만이 살아남았다. 그의 아명은 중팔(重八)이다. 중국에서는 이름에 숫자가 들어 있다는 사실은 무식하다는 증거이다. 자식의 이름을 지을 때 낳은 순서대로 숫자를 따다 붙인 것이다.

중팔은 황각사(皇覺寺)라는 절에 사미승으로 들어가면서 형과 헤어졌다. 이때 형과 헤어진 후 평생 다시는 형을 만나지 못했다.

머리를 깎고 중이 된 중팔은 먹고 살기 위해 탁발 동냥에

▶주원장

나서 만 4년 동안 거지 행각을 했다.

원나라 말기의 세상은 어수선했다. 원 왕조의 가혹한 정치에 핍박받고 굶주린 농민들 사이에서는 명교(明敎) 또는 미륵교(彌勒敎)라는 비밀 종교가 번졌다. 세상이 악해지면 명왕(明王) 또는 미륵보살이 나타나서 세상을 바로잡는다는 혁명적 교리를 가진 종교였다.

1351년, 그들 종교 단체들이 봉기하여 대규모의 반란이 일어났다. 중팔은 명교의 동계홍군(東系紅軍)에 들어가 말단 병사가 되었다. 그 후 중팔은 기지와 용기, 그리고 성실성으로 부대장이었던 곽자흥(郭子興)의 인정을 받고 그의 양녀 마씨(馬氏)와 혼인하기에 이르렀다. 이때 이름이 천하다 하여 주원장으로 바꾸었다.

곽자흥의 양녀와 혼인함으로써 계급이 높아진 주원장은 직접 고향에 내려가서 군사를 모집하는 신분이 되었다. 기근이 심한 난세에 군사를 모집하기란 매우 간단했다. 굶주린 유민들이 많아서 한마디만 외치면 수천 수만이 모여들었다. 그는 탁월한 리더십을 발휘하여 삽시간에 2만 명의 군사를 모집하여 몽고인 군대를 공격했다. 이미 전투력을 상실한 몽고 군대는 변변히 싸워보지도 못하고 도망가기에 바빴다.

강대해진 주원장은 여러 군웅들을 차례로 제압하고 황제의 자리에 올라 국호를 명(明), 연호를 홍무(洪武)라고 했다.

밥을 빌어먹던 거지에서 몸을 일으켜 황제의 자리에 오른 주원장은 급격히 폭군으로 변했다. 먼저 종교 탄압부터 감행했다.

"명왕이 곧 세상에 오신다!"

"나는 미륵불의 환생이다!"

이것들은 홍건적이 퍼뜨린 유언비어였다. 주원장도 이런 유언비어를 백분 활용하여 군사를 모아 중국을 통일한 것이다.

그러나 이제는 상황이 달라졌다. 주씨의 세상이 된 것이다. 숱한 우여 곡절을 겪으면서 힘들게 세운 주씨 왕조의 기초를 단단히 다지고 그 왕조를 영구히 유지할 필요가 있었다.

그래서 그는 조서를 내려 모든 사교(邪敎), 특히 백련교·대명교·미륵교를 엄금했다. 요컨대 반란의 온상이 될 염려가 있는 민간 종교를 모두 금한 것이다.

주원장 자신은 도교 및 불교사상을 다분히 가졌으면서도 송나라 때의 신유학을 제국의 유일한 공식 이념으로 채택하고 유학자들을 중용했다. 그것은 제국의 효율적인 통치를 위해서였다.

주원장이 유학자들을 중용하자 싸움터를 누빈 역전의 무인들이 불만을 터뜨렸다.

"명나라를 세운 것은 순전히 무신들의 공로입니다. 무신들이 목숨을 내걸고 피투성이가 되어 싸울 때 지금의 문신들은 어느 구석에 처박혀 있었는지도 모릅니다. 그런데 그들이 속속 높은 자리를 차지한다는 것은 불합리하옵니다."

무신들의 주청을 주원장은 한마디로 일축했다.

"세상이 어지러울 때는 무(武)를 사용하고, 세상이 안정됐을 때는 문(文)을 쓰는 것이 원칙이다. 짐이 결코 편파적으로 사람을 쓰는 것이 아니다."

그러나 무신들은 물러서지 않았다. 물러서면 권력다툼에서 문인들의 지배 아래 놓이게 되는 것이다. 한 무신이 나서서 이렇게 말했다.

"폐하의 말씀은 지당하십니다. 그러나 문인을 너무 믿는 것은 좋지 않습니다. 문인들 중엔 악질들이 많습니다. 무릇 문인이라 일컫는 자들은 남의 허물을 찾아내어 욕이나 하고 또 남을 조롱하는 데 선수입니다. 장사성(張士誠)이 그 좋은 예입니다. 장사성의 본이름은 구사(九四)인데, 일생을 두고 문인 및 유학자들을 후하게 대접했습니다. 좋은 집을 마련해 주고 높은 녹봉을 주며 사흘에 한 번은 작은 잔치, 닷새에 한 번은 큰 잔치를 열어 주며 하늘처럼 대우해 주었습니다. 그런데 그가 왕이 되었을 때 문인들은 그에게 '사성

(士誠)'이라는 이름을 지어 주었던 것입니다.”

“잘 지은 이름이지 뭐냐?”

주원장이 퉁명스럽게 말하자 무신은 재빨리 다음 말을 이었다.

“아닙니다, 그렇지 않습니다. 《맹자》를 보면 ‘사(士)는 정녕 ‘성소인(誠小人)이다’라는 구절이 있습니다. 말하자면 문인들은 장사성을 소인이라고 욕한 것입니다. 그러나 무식한 장사성은 죽을 때까지 그것도 모르고 놀림을 받았으니 얼마나 가엾습니까?”

이 말에 당혹한 주원장은 즉시 《맹자》를 읽어 보았다. 과연 〈공손추(公孫丑)〉 하편에 그런 글귀가 있었다.

이때부터 주원장은 신하가 올리는 표문(表文)을 주의 깊게 살폈다. 그 자신이 빈천한 농부 출신으로 소금장수 출신 장사성과 비슷한 입장이었던 것이다. 자격지심에 사로잡힌 주원장은 이것을 계기로 문인들을 미워하는 동시에 문장(文章)으로 인한 끔찍한 옥사와 문자(文子)로 인한 참혹한 옥사를 벌이게 된다.

그는 자신의 과거를 비방하려는 의도가 있는 문장을 쓴 자는 가차없이 죽였다. 중머리를 ‘광두(光頭)’라고 하는데, ‘광(光)’자를 쓴 사람이 있으면 자신이 중이었다는 사실을 빗댄 것이라 하여 죽였다. 그뿐만이 아니다. ‘승(僧)’자와 발음이 비슷한 ‘생(生)’자, ‘적(賊)’자와 모양이 비슷한 ‘칙(則)’자를 쓴 자도 죽였다. ‘적’자를 주원장이 싫어했던 까닭은 그가 젊었을 때 홍건적의 졸개였기 때문이다.

많은 문인들이 죽임을 당했고, 명나라 초의 대시인 고계(高啓)도 그 가운데의 한 사람이다.

주원장은 더 나아가 '공묘대성전(孔廟大成殿;공자 위패를 모신 곳)'에 함께 모신 맹자의 위패를 없애라고 명령했다. 그것은 《맹자》에 황제의 권위를 거슬리는 대목이 너무 많았기 때문이었다.

"이 괘씸한 늙은이, 살아 있었다면 그대로 두지 않았을 텐데."

주원장은 증오에 불타 맹자의 위패를 땅바닥에 내동댕이쳤다. 그러면서 폭탄적인 대고(大誥)를 내렸다.

"《맹자》는 가르치지 말고 지금 있는 책을 샅샅이 찾아내어 몽땅 없애라!"

이때 유학자 유삼오(劉三吾)가 나서 절충안을 건의했다.

"《맹자》 내용 중에 천자께서 거슬리는 대목이 있으실 것입니다. 그 대목들을 빼고 가르치도록 하면 어떻겠습니까?"

유삼오의 제의에 주원장은 뜻밖에도 순순히 동의했다.

유삼오는 《맹자》 총 255여 조목 중에서 주원장의 비위에 거슬리는 85조목을 삭제하고 나머지 170여 조목을 《맹자절문(孟子節文)》이란 이름으로 인쇄하여 전국에 반포했다. 그로부터 주원장은 매사를 체제 유지에만 열중하게 되었다.

주원장은 모든 백성들을 일사불란하게 통제하기 위하여 이갑제(里甲制)를 고안해 냈다. 농가 일백 가구를 한 리(里)로 정하고, 한 사람의 이장을 두었다.

이장은 마을을 통제하고, 매달 여섯 차례에 걸쳐 목탁을 치면서 마을을 돌며 황제의 유시 여섯 마디[聖諭六言]를 전파했다. 그 유시는 다음과 같다.

① 부모에게 효도하고 순종하라.
② 윗사람을 존경하라.
③ 마을 사람끼리 화목하라.
④ 자손을 가르쳐라.
⑤ 자기 생업에 만족하라.
⑥ 나쁜 짓을 하지 말라.

모두 좋은 말이요, 너무나 당연한 말들이다. 하지만 이갑제의 무서운 것은 '노인(路引) 제도'에 있었다.

'노인'이란 여행 증명서다. 관청이 발행한 여행 허가서인 노인이 없으면 백 리 밖으로 나갈 수 없다. 노인이 없는 자는 고발해야 하고, 그것을 묵인한 자는 죄를 받았다. 노인이 없이 지경을 넘거나 나루를 건넌 자는 곤장 80대, 비켜 간 자는 곤장 100대, 나라 지경을 벗어난 자는 교살형에 처하였다.

환관 금기대고

주원장은 역대 왕조의 흥망사를 보고 환관이 정치에 참여하여 나라를 망쳐놓은 경우가 많다는 것을 깨달았다.

"환관을 엄하게 다스리지 않으면 나라까지 들어먹는다!"

이렇게 생각한 주원장은 마 황후에게 인사 청탁을 한 환관 소덕충(小德忠)을 박피(剝皮)시켜 죽였다. 박피란 사람의 가죽을 벗기는 끔찍한 형벌이다.

환관 소덕충의 가죽을 벗겨 잔인하게 죽인 주원장은 환관에 대한 엄한 대고(大誥 ; 황제의 명령)를 내렸다.

환관은 글자를 배워서는 안 되고 책을 읽어서도 안 된다. 내시들은 오직 궁안을 쓸고 닦고 심부름만 해야 한다. 만일 정사에 참견한 자는 즉각 참한다.

이 무시무시한 환관 금기대고는 철패(鐵牌 ; 쇠를 녹여 만든 경고판)로 만들어져 문마다 걸어놓게 했다. 주원장은 이처럼 지독하게 환관들을 탄압했지만, 얄궂게도 훗날 명나라는 환관들의 손에 의해 망하게 된다. 이 대목은 뒤에 나오는 〈환관〉에서 보다 자세히 다루기로 하자.

경사방태감이 관리 감독한 황제의 성생활

주원장은 역대 왕조 흥망사를 통하여 외척들이 설치면 나라가 망한다는 사실을 알고, 궁중 여자들이 지켜야 할 계율인 《여계(女誡)》를 만들어 지키도록 했다.

"후비(后妃)는 정무에 참여하는 것을 엄금한다."

《여계》에 따라 황후를 비롯한 후궁들은 일체 정무에 관한 일에 참견할 수가 없었다. 또 주원장은 궁중의 황후 이하 모든 궁녀들을 일사천리로 통제하기 위하여 '경사방태감(敬事房太監)제도'를 과감히 고안해 내어 실천했다.

경사방태감이란, 황제의 여자들을 감독·관리하는 직책을 맡은 관청이다. 물론 여자들을 관리하는 기관이기 때문에 경사방 관계자들은 모두 환관들이었다.

황제는 자손을 많이 퍼뜨리기 위해 열심히 후궁과 동침을 해야 한다. 그러나 황제도 인간인 이상 사랑하고 싶은 여자

▶ 일이 끝난 후,
명나라 목판화

가 있고, 그렇지 않은 여자가 있다. 따라서 정이 가는 여자
에게 이끌리게 되면 자연히 그녀의 말을 믿게도 되고, 그녀
의 부탁을 들어주게도 된다.

황제와 후궁간의 그러한 관계는 역사상 궁중 음모의 큰
비극을 만들어 냈다. 주원장은 그러한 음모를 예방할 목적
으로 황제와 후궁과의 동침을 경사방태감이 엿듣고 감시하
는 제도를 만들어 낸 것이다. 이는 이전 왕조의 '여사(女史;
황제의 성생활을 조정하고 기록하는 궁녀)'제도를 더욱 강화시킨
것이었다.

황제의 저녁 식사가 끝나면 경사방 내시가 녹두패(錄頭牌;
후궁들의 이름이 기록된 명함)를 쟁반에 담아 황제에게 바친다.

황제가 뜻이 없을 땐 "치워라!"고 거절하나 뜻이 있을 때는 마음에 있는 후궁 녹두패를 슬쩍 뒤집어 놓는다.

그 사실은 곧 당사자인 후궁에게 연락되고, 후궁은 목욕 재계하고 기다린다. 정해진 시간이 되면 경사방 내시가 후궁의 방으로 간다. 후궁은 내시가 보는 앞에서 옷을 다 벗고 적나라한 알몸이 된다. 이는 앞에서 이미 언급했던 것처럼 후궁이 흉기를 몸에 지니지 못하게 하는 수단이었다. 그런 후 내시는 새털로 만든 자루에 후궁을 담아 황제 침실로 메고 간다. 후궁은 자루에서 나와 그곳에 준비된 잠옷을 입고 황제를 기다린다.

황제가 나타나면 이때부터 경사방태감과 담당관이 황제와 후궁과의 모든 대화를 빠짐없이 기록한다. 황제와 후궁이 서로 주고받은 말, 교접 개시 시간, 끝난 시간 등을 기록하는 것은 물론이거니와 그 체위까지도 기록한다. 또한 황제가 후궁과 함께 있을 수 있는 시간도 정해 놓았다.

시간이 지나면 황제의 사정이 어떻든간에 경사방태감은 지체없이 "시간이 다 됐습니다!"라고 소리친다. 세 번까지 경고해도 황제가 성행위를 계속하면 경사방태감과 담당관은 무조건 후궁을 침상에서 끌어내어 자루에 담아 버린다. 이때 황제는 절대로 이의를 제기하지 못한다.

이것은 후손들이 지나치게 후궁들과 엽색에 빠지는 것을 막고, 대화 내용을 일일이 기록하여 간악한 후궁들의 고자질, 이간질, 청탁 등등 여인들의 베갯머리 송사를 막아 궁중 음모의 소지를 근본적으로 차단하기 위해 연구해 낸 기막힌 제도였다.

이와 같은 비빈 강제 연행 제도는 명나라 때 시작됐지만 청나라 때에 이르러서도 황제의 건강 유지를 위해 매우 좋은 제도라 하여 청나라 강희제(康熙帝)도 이 제도를 채택하였다.

봉건 예교의 강화

주원장은 통치권을 유지하기 위해 봉건 전제를 강화했다. 통치권을 위협하는 세력은 가차없이 살육했고, '팔고문(八股文)으로 관리를 선발하는 제도를 만들어 지식인들의 사상을 통제했다.

주원장 정치의 특색은 형벌의 잔인함에 있다. 때려 죽이는 편태형(鞭笞形)은 약과다. 가죽을 벗기는 박피형을 비롯하여 각을 떠서 서서히 죽이는 자형(剌形), 남자의 생식기를 잘라내는(여자의 생식기는 꿰맸다는 설이 있음) 엄할형(閹割形), 코를 베어내는 의형(劓形), 창자를 뽑아내어 죽이는 추장형(抽脹形) 등등 이루 잔인하기 짝이 없다.

주원장은 주희의 신유학이 가르치는 예교를 만백성이 지키도록 강요했다. 유교 이외의 사상에는 의심의 눈초리를 보냈고, 신유학을 비판하는 자는 반애국적 행위로 매도되어 처벌을 당했다.

지배층의 전폭적인 지지 아래 유교 윤리는 백성의 일상생활에 침투되었다. 그리하여 여성의 정절은 더욱 강조되었고, 특별한 경우가 아니면 외출을 할 수 없었다.

침실에서 방중술의 가르침은 여전히 준수되었으나 문헌 자체는 이전처럼 자유롭게 유통되지는 못하였다.

명나라 개국 이후 백여 년 동안은 사회가 비교적 안정되고 경제도 발전을 회복했으며, 사람들도 태평을 갈망했다.

그러나 명 중엽에 이르자 사회 상황에 현저한 변화가 일어났다. 유교 윤리를 바탕으로 한 관료주의가 점점 횡포를 부리기 시작했고, 사회적 모순은 날로 격화되었다. 황제는 황음에 빠져 쾌락을 일삼았으며, 환관들은 맘껏 설치기 시작했다.

환관들의 발호

명 태조 주원장의 무시무시한 환관 금기대고로 인하여 환관들은 근 30여 년 동안 숨을 죽이고 살았다. 환관들이 다시 목소리를 내기 시작한 것은 제3대 황제 성조(成祖 ; 영락제·永樂帝) 때부터였다.

주원장의 넷째 아들인 영락제는 조카 건문제(建文帝)로부터 왕위를 빼앗아 황제의 자리에 올랐는데, 아버지의 지엄한 환관 금기대고를 깨고 환관에게 사신, 징세, 군 검열, 행정구역 분할, 대민 정보 획득 등의 특권을 주었다.

이렇게 하여 정치에 참여한 환관들은 숭정(崇禎) 시기 망국에 이르기까지 갈수록 심화되었다. 제16대 황제 희종(熹宗 ; 천계제·天啓帝)의 신임을 얻은 환관 위충현(魏忠賢)은 공포 정치를 단행하여 '동림당(東林黨 ; 정의파 관료에 의하여 결성된 단체)'을 탄압하였다.

환관 위충현의 본이름은 진충(進忠)인데, 그는 원래 무례한 깡패로 승마와 궁술에 뛰어나고 도박을 즐겼다고 한다.

어느 날, 위진충은 건달 친구들과 어울려 도박을 하다 판돈을 다 날렸다. 화가 난 그는 자기의 남근(男根)을 걸고 다시 도박을 했지만 또 졌다. 왈칵 울화가 치민 그는 그 자리에서 자기 남근을 뚝 잘라 내밀어 보상을 한 후에 환관이 되었다.

위진충처럼 자기 자신이 자원해서 환관이 되는 자를 '자궁환관(自宮宦官)'이라고 한다. 그는 환관이 된 후 충현이란 이름으로 바꾸고 악명 높은 만행을 저질렀다.

위충현을 위시한 환관의 행포를 풍자한 우언이 《애자후어(艾子後語)》에 실려 있다.

애자가 농장에 양 두 마리를 길렀다. 숫양은 싸움을 좋아하여 매번 낯선 사람을 보기만 하면 쫓아가 들이받았다.

그리하여 문하인들이 왕래하면서 이를 심히 걱정하여 애자에게 청했다.

"선생님의 양은 숫놈이라 사납습니다. 불알은 발라 그 성질을 누그러뜨려 순하게 만들어 주십시오."

이 말에 애자가 대답했다.

"오늘날 양기 없는 놈들이 더 사납다는 것을 그대들은 모르는가!"

(《애자후어》〈목양·牧羊〉)

여승의 낙태술

중국에 불교가 전래된 시기는 여러 가지 학설이 있다. 그러나 후한(後漢) 영평(永平) 10년(서기 67) 대월씨국(大越氏國)으로부터 가섭마등(迦葉摩騰)과 축법란(竺法蘭)에 의해 처음 전해졌다고 하는 것이 일반적이다.

중국에 전해진 불교는 대체로 대승 계통이었다. 중국은 대승불교의 이론체계를 완결시키면서 어떤 의미로는 발상지 인도보다도 뛰어난 불교의 역사를 창조해 갔다.

중국 불교의 황금시대는 수당시대(隋唐時代)였다. 이때는 천태종(天台宗)을 비롯하여 삼론종(三論宗), 정토종(淨土宗), 선종(禪宗), 화엄종(華嚴宗) 등등의 종파가 난립했다.

수당시대에 백화난만했던 불교 종파 가운데 가장 중국적인 것은 선불교(禪佛敎)의 발흥이다. 선종이 발흥된 배경은 고도로 심화(深化) 발달된 교종(敎宗) 불교에 대한 반성과 중국 재래의 노장사상과의 영합이라는 두 가지 측면이 있다.

화엄 철학과 같은 현란한 교종 불교의 이론 체계가 지나치게 사변(思辨) 중심인 데 대한 반동으로 제시된 것이 선(禪)의 직관적 행동 철학이었다. 그러나 선종은 그 발생 배경이 중국적인 토양인데다가 지나치게 출세간적(出世間的), 은둔적이어서 결과적으로는 교종보다 더 사변화되기에 이르렀다.

이러한 중국 불교의 성격은 당말(唐末) 이후 송대(宋代)에 크게 부흥한 유교에 의해 비판되었다. 유학자들은 출세간과 세간의 윤리 문제를 중심으로 하여 불교를 맹렬히 비난했다. 또 만민 평등(萬民平等)을 기본으로 하는 불교의 사상은 유교적 신분 질서를 중요하게 여기는 중국 사회 윤리와 필연적인 대립을 가져와 마침내는 '삼무일종(三武一宗)의 법란(法難)'을 겪게 된다.

'삼무일종의 법란'이란 북위(北魏)의 태무제(太武帝 446), 북주(北周)의 무제(武帝 574), 당(唐)의 무종(武宗 834) 때 일어난 '삼무(三武)' 법란과 후주(後周)의 세종(世宗 955) 때 일어난 '일종(一宗)'의 폐불 사태(廢佛沙汰)를 말한다.

이 과정에서 불교는 국왕의 권위에 굴복하고 만다. 물론 법란 과정에서 수많은 호법승이 목숨을 걸고 항거했지만, 권력자들의 강압은 불교를 어용화시켜 "백성과 국토를 수호하고, 그럼으로써 불법을 수호한다."는 호국 사상을 낳게 했다.

한족(漢族)이 최초로 타민족의 지배를 받던 원대(元代)에는 라마교가 도입돼 중국 불교를 일변(一變)시켰다. 원조(元祖)는 티베트의 라마승 파스파[八思巴]를 제사(帝師)로 삼아 원 제국 내의 모든 불교를 장악케 했다.

파스파에 대한 절대적인 귀의는 그가 죽자 사방에 제사사(帝師寺)를 지을 만큼 열광적이었다. 이에 따라 라마승들의 권위도 더욱 강화되었다.

그러나 도에 지나친 라미승 보호는 결과적으로 이민족(異民族)에 대한 한족의 반발을 불러일으켜, 마침내 원 제국이 멸망하는 한 요인이 되었다.

수당시대에 극성(極盛)을 이루었던 중국 불교는 명·청대에 이르러 쇠퇴기에 접어든다.

명나라 때의 승도(僧徒)는 경학(經學)을 외면하는 경향이 높아 그 자질은 날이 갈수록 저열해 졌으며, 그중 일부는 사도비적(邪道匪賊)이 되기도 했다.

대체적으로 남성들은 유·불·도 3가지에 모두 관심을 갖고 있는 반면에 여성은 대부분 불교만을 신봉했다. 따라서 승려들은 여성들과 접촉이 많았고, 이런 배경에서 야기된 문제도 적지 않았다.

명나라 때에 비구와 비구니는 사회적으로 환영받지 못

했다. 그 시대의 소설을 보면 승려들의 타락상이 과장되게
묘사되어 있다. 비구니들은 오직 나쁜 소행으로 인해 불교
에 입교했고, 사찰에서도 은밀히 음란 행위를 하는 것으로
기술되었다. 또한 비구니는 미약들을 지니고 신도들의 가정
집을 돌아다니면서 여자들과 외간 남자와의 밀회를 주선
한다는 소문이 일반인에게 퍼져 있었다.

이러한 인식으로 말미암아 엄격한 유학자들은 자기 집에
승려들의 접근을 통제했다.

사실상 참된 종교적 열정으로 불교에 입문한 여성은 비교
적 드물었다. 사찰은 여러 가지 이유로 핍박받는 여성들과
방탕한 여성들에게 피난처를 제공하였다. 불륜 행각이 발각
되어 절로 도망친 여성, 가족들과의 불화로 집을 뛰쳐나온
여성, 동성연애를 즐기려는 여성, 창녀로 등록하지 않은 채
남성과 제멋대로 관계를 맺으려는 여성들이 머리를 깎고 승
복을 입었다.

그래서 절의 도덕 규범이 한없이 문란했다. 특히 4월 8일
의 연등, 7월 보름의 우란분(盂蘭盆), 12월 8일의 욕불(浴佛)
때에 음탕한 승려들과 신도들의 탈선 행위가 극심했다.

아이를 낳고 도망가는 여승들도 많았다. 여승이 아이를
낳으면 큰 벌을 받아야 하기 때문에 흉칙한 낙태술이 횡행
했고, 영아 살해가 빈번하게 발생했다.

명나라의 유명한 화가 당인(唐寅 ; 1470~1520)은 마음에 드
는 여성의 환심을 사기 위해 온갖 장난과 농담 등을 일삼아
많은 일화를 남겼다. 그는 여성의 누드화를 많이 그렸는데,
문학적 재능도 뛰어나 향락주의적 색채에 찬 아름다운 산곡
(散曲)을 남겼다. 그가 남긴 문헌으로는 《당백호화보(唐伯虎

畵譜)》,《당백호선생집(唐伯虎先生集)》등이 있다.

당인은 호색 소설집《승니얼해(僧尼孽海)》를 수집하여 해설을 붙였다. 이 책에는 절을 무대로 벌어지는 음행에 관한 26가지의 장·단편소설이 수록되어 있다.

당인이 써넣은 서시(序詩)는 다음과 같다.

스님은 더없는 행복을 그럴 듯하게 말하지만
실제로는 호색의 악당
검은 옷을 입고 머리를 깎아
확실히 외경스런 외모를 하고 있지
그러나 위와 아래가 모두 털이 없지
아래의 것은 빛을 받으려고 위의 것과 경쟁하네
둘 다 털이 없으니 빛이 나고
스님은 누구나 털 없는 머리가 둘
눈은 고양이가 살찐 쥐를 보듯 빛나고
피에 굶주린 흡혈귀같이 몸을 뒤틀지
예쁜 아가씨를 초대해
부처 이빨의 정체를 드러낸다네
정토는 탐욕의 바다로 변해
수도승의 옷은 비단치마와 뒤엉키네
지옥을 피하기 어렵다지만
염라대왕의 장부를 두려워하지 않는구나. (《승니얼해》)

이 책의 내용 중에는 남승은 물론이거니와 여승들의 추악한 음행도 많이 묘사하고 있다. 여승들의 동성연애에는 나무나 상아로 만든 가짜 남근이 사용되었다.

청나라 때에 들어와 불교의 타락상은 말로 표현하기 어려울 정도였다. 당시에 유행하던 다음과 같은 속담이 승도(僧徒)의 타락상을 말해 주고 있다.

"지옥문 앞에 많은 것은 승려다(地獄門前僧徒多)."

"중이 돈을 보면 불경도 판다(和尚見錢經也賣)."

성애문학의 범람

명의 만력(萬曆 ; 제14대 '신종 · 神宗'의 치세 연호) 년대는 인간 본능을 긍정한 시대로 《금병매》, 《육포단》과 같은 인간의 색욕을 대담하게 묘사한 소설이 발표될 정도였다.

《금병매》는 《수호지》의 서문경(西門慶)과 반금련(潘金蓮)의 정사(情事)에 이야기를 보태어 당시의 상인과 관료, 그리고 무뢰한의 어둡고 추악한 작태를 폭로한 소설이다. 제목은 주인공인 서문경의 첩 반금련 · 이병아(李瓶兒), 그리고 반금련의 시녀 춘매(春梅)에서 한 글자씩 딴 것이다.

요약하면 다음과 같은 줄거리이다.

약재상을 경영하는 서문경은 악질적인 방법으로 재산을 모은 후 관리와 결탁하여 실력자로 올라선다. 많은 첩이 있는데도 불구하고 그는 추남인 떡장수 무대(武大)의 처 반금련과 밀통하고, 그녀로 하여금 남편을 독살케하여 첩으로 삼는다. 무대의 아우 무송(武松)은 형의 원수를 갚으려다가 실수하여 다른 사람을 살해하고 유죄(流罪)에 처해진다.

서문경은 다시 친구의 처인 이병아를 첩으로 만들고, 그 재산을 빼앗는다. 이병아와의 사이에서 태어난 아들은 반금련의 잔혹한 음모로 인하여 어려서 죽고, 이병아도 죽는다.

▶《금병매》의 삽화.
방술 비방을 전해주는 범승

　서문경은 음란한 생활을 거듭하다가 반금련이 준 미약을 과도하게 복용한 후 섹스를 탐닉하다가 33세의 젊은 나이로 급사한다. 그가 죽은 그 시각에 서문경의 처 오월랑(吳月娘)은 유복자 효가(孝哥)를 낳는다.

　서문경이 죽은 후 쫓겨난 반금련은 무송에게 무참히 살해된다. 오월랑은 금(金)나라 군대의 침입을 피해 절로 들어갔는데, 그곳에서 인과응보의 이치를 깨닫고 아들 효가를 출가시킨다는 것이 《금병매》의 줄거리이다.

　이 소설의 전편에서 가정 말(嘉靖末)부터 만력 중기까지의 부패한 사회상과 어린 여자아이를 매매하는 밑바닥 서민생활이 폭로되고, 상업이 발달한 그 시대의 세태와 시민 계급

의 의식 형태가 잘 반영되어 있다. 정밀한 묘사와 감칠맛 있
는 문장으로 구성되어 있고, 수많은 인물들의 성격을 명확
하게 묘사한 수법은, 그 이후에 나온 장편소설에 많은 영향
을 주었다.

성행위와 관련된 대목을 살펴보면, '범승(梵僧)의 방술 비
방(房術秘方)'이라는 대목이 나온다. 서문경이 방술 비방을
물었을 때 범승은 이렇게 대답한다.

"소승은 좋은 약을 하나 가지고 있습니다. 이것은 노자(老
子)가 조제했고, 서왕모가 전한 것이지요."

범승은 환약 몇십 개를 내놓으며 복용법을 가르쳐 준다.

"이 약들은 어떤 효험이 있습니까?"

서문경의 질문에 범승이 대답한다.

"이 약은 금과 바꿀 수 없고 옥과 견줄 수 없습니다. 약효
가 신비하여 밤새도록 교접을 해도 양물의 굳기가 창과 같
습니다. …… 하룻밤에 열 명의 여자와 관계해도 그 정력은
조금도 상하지 않습니다."

서문경은 즉시 그 약을 시험해보고 싶은 충동을 억제하지
못하고 사통하고 있던 유부녀 왕육아(王六兒)에게 시험하려
고 마음먹는다. 이때 서문경은 왕육아의 집으로 가기에 앞
서 일곱 가지의 보조 도구를 가지고 가는데, 그중 면령(勉
鈴)과 현옥환(縣玉環) 등이 나온다. 면령은 여자가 자위할 때
쓰는 은으로 만든 속이 빈 작은 공인데, 교접에 앞서 여성의
질에 삽입되었다.

현옥환은 발기한 남성의 근본에 착용하는 옥반지이다. 이
옥반지를 착용하면 남근이 마치 못생긴 고구마처럼 울퉁불
퉁해져서 지속력을 강화시키고 정력이 왕성해지는 효과를

발휘한다고 한다.

　서문경은 범승이 준 환약 한 알을 먹고 고약을 1리(厘) 반쯤 뭉쳐서 양물 구멍에 넣는다. 그러자 양물은 갑자기 성을 내며 머리를 끄덕이더니 시퍼런 힘줄이 서며 사나운 모습이 되었는데, 그 빛깔은 푸르죽죽하고 길이는 6, 7촌(寸)이나 되었다.

　이것 이외에는 《금병매》에 방중술과 관련된 내용이 들어 있지 않다. 이것으로 미루어 보아 방중술과 관련된 문헌이 명나라 때에 크게 쇠퇴하였음을 추측할 수 있다.

　《육포단》은 일명 《각후선(覺後禪)》 또는 《야포연(耶蒲緣)》 등으로 불리는 성애소설인데, 작자는 불분명하다.

　이야기는 주인공 미앙생(未央生)의 엽색(獵色)을 중심으로 전개된다. 그러나 방탕아 미앙생이 잘못을 깨닫고 불가에 귀의함으로써 끝난다.

　이 책은 엄청난 음서(淫書)이면서도 끝에 인과응보에 대해 언급함으로써 권선징악을 권고하기 위한 책으로 가장했다.

　《금병매》, 《육포단》 이후 성애 문학 및 춘궁도(春宮圖 ; 춘화), 횡진상(橫陳像 ; 여인 나체상)은 매우 일상적으로 나타났다. 이는 명 말의 세기말적인 현상에 편승하여 나타나게 된 풍조였다.

청 왕조의 성풍속

명 왕조의 멸망과 청 왕조의 성립

명나라 말엽의 사회는 내우외환이 극도로 심각했다. 제14 대 황제 신종(神宗 ; 만력제・萬曆帝)은 융경제(隆慶帝)가 급사한 뒤, 10세의 나이로 즉위하였다. 그 때문에 대학사(大學士) 장거정(張居正)이 수보(首輔)가 되어 정무 전반을 집행하였다.

황제의 스승으로서 최고의 권력을 잡은 장거정은 사회적 위기를 극복하기 위하여 호구(戶口)・전답 조사・세제 개혁을 실시하는 등 탁월한 정치력을 보였다.

그러나 성격이 강직하여 황제나 다른 관리에 대해 지나치게 엄격한 나머지 남의 원한을 많이 샀다. 그리하여 그의 전횡에 반대하는 관료들이 동림당(東林黨)을 구성하여 동림・비동림간의 당파 싸움을 야기시켰고, 결국 이들의 싸움이 명나라 멸망의 근원이 되었다.

장거정이 죽자 황제는 완전히 자유롭게 되어 정무를 내던지고 사치와 방탕에 빠졌다. 그리하여 순식간에 나라의 기강이 문란해지고 환관의 횡포가 기승을 부리자 크고 작은 민변(民變)이 계속되었다. 더욱이 일본의 침략을 받은 조선에 원병을 파견하는 등, 이른바 '만력삼대정(萬曆三大征)'과 여진족의 발흥에 대비한 과다한 군사비 지출로 재정이 궁핍해졌다.

1620년, 신종이 죽은 후 광종(光宗 ; 태창제·泰昌帝)이 즉위했지만, 불과 1개월여 만에 붉은 환약을 먹고 폭사(暴死)했다. 그 뒤를 이어 제16대 황제 희종(熹宗 ; 천계제·天啓帝)이 보위를 이어받았다.

그러나 이때는 동림과 비동림의 당쟁이 격화되어 국론이 분분하였다. 정무에 염증을 느낀 소년 황제는 목공(木工)과 칠공(漆工) 등의 재미에 빠져 정치를 측근 환관 위충현에게 맡겼다.

황제의 신임을 얻은 환관 위충현은 공포 정치를 단행하여 동림당을 탄압하였다. 끊임없는 정쟁으로 정치는 문란해 지고, 사회 모순의 심화에 따른 계급대립의 격화로 각지에서 반란이 계속 일어났다.

명나라 마지막 황제 의종(毅宗 ; 숭정제·崇禎帝)은 노래와 여색을 멀리하고 기울어 가는 나라를 부흥시키려고 열의를 다했다. 환관 위충현 등을 처단함과 동시에 탄압받았던 동림당의 정의파 관료를 석방하여 중용했다.

그러나 때는 이미 늦어 있었다. 안으로는 당쟁의 여파가 남아 관료들 간에 통일이 이루어지지 않았고, 밖으로는 장병이 모두 부패하여 군사력도 약화되어 있었다. 설상가상으로 그 무렵 북방의 만주족(滿洲族)은 무섭게 성장하

▶ 이자성

고 있었다.

숭정제는 만주족에 대비하여 전비를 팽창했다. 자연히 민중은 과중한 납세 부담으로 고통을 당했다. 여기에 가뭄·수해 등이 잇따라 심각한 기근까지 겹쳐 도시에서는 폭동, 농촌에서는 반란이 일어났다.

이때 두각을 나타낸 인물이 이자성(李自成;1606~1645)이다.

그는 명 왕조의 정치적 부패와 가혹한 세금으로 몰락한 소지주이다. 1628년, 산시지방[陝西地方]에 대기근이 들어 굶주린 농민들이 반란을 일으키자 여기에 동참하여 농민 반란군을 지휘했다.

그는 단시간에 강력한 군대를 조직하여 일사분란하게 통솔한 능력 있는 전략가였다. 그는 "귀천을 가리지 않고 농토를 균등하게 분할하며, 3년 동안 징세하지 않겠다."는 민생책을 내놓고 세력을 키웠다.

① 살인하지 말라.
② 재물을 탐하지 말라.
③ 간음하지 말라.
④ 약탈하지 말라.

이상은 이자성이 자기 군사들에게 내린 명령이었다. 이 명령을 어긴 군사는 엄하게 다스림으로 해서 민중의 신망을 얻었다.

1643년, 상양[襄陽; 호북성·湖北省]에서 스스로 신순왕(新順王)이라 자칭하고 시안[西安]을 점령했다. 이듬해, 국호를 대순(大順), 연호를 영창(永昌)이라 정하고, 관료 제도를 설치하여 국가 체제를 갖추었다. 또 동정군(東征軍)을 일으켜 산시성[山西省]을 거쳐 베이징[北京]을 공략했다.

이때 명나라의 명장 오삼계(吳三桂; 1612~1678)가 통솔한 최강의 부대는 만주족의 침공 위협을 저지하기 위해 북방에 파견되어 있었다. 따라서 명나라 황실은 이자성의 맹공을 막아낼 힘이 없었다.

숭정제는 황자(皇子)를 멀리 피신시키고 황녀를 죽인 뒤, 1644년 3월 18일 메이산[煤山; 만세산·萬歲山]에서 목을 매고 죽음으로써 명나라는 멸망했다.

숭정제가 자결하자 이자성은 자신을 새 왕조의 황제로 선포하고, 오삼계의 애첩 진단단(陳丹丹)을 자기의 후궁으로 삼았다.

애첩을 이자성에게 빼앗긴 오삼계는 분기탱천하여 이를 빠드득 갈았다.

"이자성 이놈, 내가 네놈의 고기를 씹으리라 ! "

오삼계는 이자성을 응징하기 위하여 만주족과 공동 전선을 구축하여 북경을 공격했다. 이자성은 오삼계와 만주족 동맹군에게 패배하여 북경을 탈출했으나 결국 살해당하고 말았다. 만약 이때 이자성과 오삼계가 힘을 합쳤더라면 이민족인 만주족에게 정권을 빼앗기지는 않았을 것이다. 그런 이유에서 명나라의 멸망 이면에는 진단단이라는 경국지색이 크게 작용했다고 말할 수 있다.

문자의 옥으로 더욱 강화된 봉건 예교

오삼계에 협력하여 중국 대륙에 들어간 만주족은 곧바로 분열된 중국인에 대한 지배권을 확보했다. 그들은 별로 싸우지도 않고서 중국 북부지역의 주인 노릇을 했으며, 수도를 봉천(奉天)에서 북경으로 옮겨 남쪽의 완강한 저항에 대비했다.

만주군을 이끌고 북경에 천도한 이는 누르하치의 14번째 아들 도르곤(Dorgon ; 1612~1650)이다. 그는 오삼계 등과 점령 지역에서 중국과 만주의 관계에 대한 법제를 작성했다. 이때 중국인과 만주족의 혼인을 금지하기로 합의했다. 이 법령은 청나라의 서태후(西太后)가 1905년에 폐지할 때까지 그 효력을 발휘한다.

또 중국인 남자에게 만주족의 옷을 입히고 여진족의 풍습인 변발을 해야 한다고 강요했지만, 여자의 경우 옷과 풍속은 간섭당하지 않았다. 반면에 만주족 여성은 중국인의 복장을 따르거나 전족을 하지 못하도록 금지했다.

▶ 조화를 이루고 있는 두 남녀, 청나라 강희 시대의 그림

만주족 여성들은 그런 조치에 매우 불만이었다. 그래서 법을 어기고 전족을 시행한 용감한 여성들이 속출했다. 그 당시는 전족이 미의 상징이었던 것이다.

제4대 황제 성조(聖祖;강희제·康熙帝)는 많은 저항 세력을 누르고 완전히 중국을 평정하였다. 이리하여 청나라는 한족(漢族)이 아닌 이민족으로서의 중위안[中原]을 통일하여 통치한 두 번째 국가이며, 중국 역사상 최후 왕조의 역사를 기록하게 되었다.

강희제는 어릴 때부터 유교적 교육을 받은 인물이었다. 그는 명나라에 이어 주자학을 정통적인 관학으로 삼고 과거의 특례를 열어 한족 관리를 중용했다. 또 《주자전서》를 편집하도록 하고 자신이 직접 서문을 지었다. 강희제는 만주족 여성까지 유행병처럼 전족 풍습에 물들자 전족을 폐지하라고 했다. 그러나 여성들은 그것을 따르지 않았다.

당시의 유학은 고증학(考證學)이 주류를 이루었다. 송(宋)·명(明)의 유학자들이 너무 공리(空理)·공론(空論)을 일삼은 것에 반발하여 시작된 고증학은 옛 문헌에서 확실한 증거를 찾아 경서(經書)를 설명하려고 했다. 고염무(顧炎武)·황종희(黃宗義)·왕부지(王夫之) 등의 대표적인 고증학자들은 명나라 말기를 풍습이 날로 퇴락하고 인심이 옛날 같지 않은 난세라고 보았다. 마침내 명 왕조가 멸망하고 청 왕조가 들어서자 이들은 문란해진 풍습으로 인하여 명나라가 멸망했다고 보았다.

청나라를 세운 만주족은 비교적 성적 금기가 적은 민족이었다. 그러나 청나라 조정에 협력한 한족 유학자들의 영향을 받아 남녀유별이라는 유가 원리에 급속히 동화되었다. 제6대 황제 고종(高宗 ; 건륭제·乾隆帝)은 한족의 반만사상(反滿思想)을 없애기 위하여 통치에 불이익하다고 인정되는 책은 무조건 소각했다. 이때 방중술 전문서를 비롯하여 《금병매》, 《수호전》 등의 소설이 풍속을 문란하게 하고 사회불안을 초래할 우려가 있다고 해서 금서(禁書)로 지정되었다.

《금병매》 등의 성애소설이 금지되고부터 방중술에 관한 문헌과 성을 묘사한 소설이 찬서리를 맞고 지하로 숨어들었다. 문인들도 '문자(文字)의 옥(獄)'을 피하기 위하여 대담한 성애소설을 쓰는 것을 꺼려했다.

봉건 예교에 대한 반역의 조류

남녀 관계의 예교에 있어서 청나라는 중국의 역대 어느 왕조보다 고루하고 완고했다. 성문제를 말하거나 글로 쓰는 것을 극단적으로 꺼려했으며, 만약 성적인 문제로 구설수에 오르면 최고의 수치로 여겼다.

그러나 남녀 관계의 예교에 대한 반역의 조류가 끊이질 않았다.

포송령(蒲松齡 ; 1640~1715)은 《요재지이(聊齋誌異)》를 통하여 봉건적 혼인과 예교를 비판했다. 《요재지이》는 위진남북조 때 유행한 지괴의 전통을 계승한 단편 소설이다. 때문에 이 책에 기록된 이야기의 주인공은 대부분 요물이나 귀신이다. 그래서 사람들은 이 책을 '귀호전(鬼狐傳)'이라고도 불렀다.

그러나 이 책은 당대의 전기(傳奇) 수법을 채택하여 사회의 암흑상과 부패, 탐관오리의 학정을 폭로하고 규탄했다. 포송령이 이렇게 특별히 귀신을 소재로 한 까닭은, 대체로 더욱 자유롭게 자기의 이상을 표현하고 시간과 공간, 그리고 생사나 각종 인간의 장애와 속박의 제약을 벗어나기 위해서였다. 동시에 더욱 철저하게 현실의 암흑상을 폭로하면서도 필화를 면하기 위해서였다.

《요재지이》에 나타난 포송령의 사상은 모순되고 매우 복잡하다. 그는 백성의 질고를 동정하면서도 농민 봉기를 반대하였고, 탐관오리를 증오하면서도 황제에 대하여 환상을 품었다. 또 봉건 예교의 속박을 반대하면서도 삼강오상(三綱五常)과 삼종사덕(三從四德)을 선양하였다.

이것은 모두 포송령이 살았던 시대와 신분의 한계성 때문

이라고 이해할 수 있다. 그는 지주 계급의 가문에서 태어났
고, 또 전통적인 유가사상 교육을 받은 지식인인 만큼 도덕
관념의 속박과 정주리학(程朱理學)의 영향에서 벗어날 수 없
었던 것이다.

《요재지이》에 수록된 글 중에 반봉건, 반예교, 자주 혼인
의 사상을 나타낸 작품으로는 〈아보(阿寶)〉, 〈아두(阿斗)〉,
〈영녕(瓔寧)〉 등이 있다.

〈아보〉는 가난한 선비 손자초와 대상인의 딸 아보와의 열
렬한 사랑을 묘사한 작품이다. 손자초와 아보의 결합은 가
문과 문벌을 따지는 봉건적 혼인과 예교에 대한 비판이고
승리이다.

〈아두〉에서는 반항 정신이 강한 호녀(狐女)의 형상을 부각
하였다. 포송령은 이 작품에서 봉건 예교의 속박에 허덕이
는 여인들에 대하여 동정하였고, 또 그녀들의 굴할 줄 모르
는 투쟁 정신을 높이 찬양하였다.

《요재지이》가 세상에 나온 후로는 지괴류의 단편 소설을
쓰는 사람들이 매우 많아졌다. 기윤(紀昀)의 《열미초당필기
(閱微草當筆記)》는 봉건적 교화를 선양하기 위하여 편찬했는
데, 내용 중에는 봉건 예교를 날카롭게 풍자한 작품도 들어
있다.

　부현은 독서하기를 좋아하여 박학다식했다. 다만 성격이 더디고
약간 우둔한 데가 있어 답답한 늙은 서생 같았다.
　그가 하루는 점잖은 걸음으로 시장에 가서 길 가는 사람을 붙들
고 물었다.
　"위삼 형을 보셨습니까?"

어떤 사람이 그가 있는 곳을 가르쳐 주니 점잖은 걸음으로 걸어 갔다. 그 사람을 만나서는 기침을 한참이나 했다.

위씨가 기침소리를 듣고 고개를 돌려 왜 왔느냐고 물었다. 그제 서야 부현은 말했다.

"내가 우물 옆을 지나다가 그대의 부인이 나무그늘 아래에서 바 느질하는 것을 보았는데, 피곤한지 졸고 있었소. 그런데 어린아이 는 우물 옆 서너 자밖에 안 되는 곳에서 놀고 있어 걱정이 되더 이다. 그러나 남녀가 유별한 터이라 부인을 깨울 수 없어 그대를 찾 아온 것이오."

"뭐라고요?"

위씨가 몹시 놀라 뛰어가 보니 부인은 이미 우물가에 엎드려 슬 피 통곡하고 있었다. (《열미초당필기》〈고망청지·故妄聽之〉)〉

이 이야기는 봉건 예교의 해독을 객관적으로 폭로하고 있다. 이밖에도 기윤은 도학자를 매우 통렬하게 비판하는 20여 편의 글을 실었다.

봉건 예교를 신랄하게 비판한 사람은 대진(戴震; 1723~ 1777)이다. 청나라 고증학의 제일인자로 일컬어지는 그는 대 담하게 고전의 진실에 접근하여 《맹자자의소증(孟子字義疏 證)》을 저술하였다.

대진은 이 책에서 이(理)·도(道)·성(性) 등의 어의(語義) 를 논증함으로써 공맹(孔孟)의 참뜻을 파악하고자 하였다. 그는 주자학을 비판하여 인간의 욕망을 긍정하는 철학을 전 개하였고, 다른 저술에서도 이를 가장 중요한 것이라고 주 장하였다.

대진은 통치자들의 방종을 열거하면서 호색은 상정이므로

별로 이상할 것이 없다고 말한다. 그러나 이어지는 말은 봉건 예교를 강요하는 통치 계급의 이중성을 통렬하게 질타하고 있다.

그런데 이로써(봉건 예교) 백성들을 나무라는 데에 이르러서는 주저함이 없다. 세상에서 찾아보기 어려운 높은 지조를 들먹이고 의리에 비추어 논죄한다. (《맹자자의소증》)

대진은 봉건 예교의 강요는 백성을 통제하기 위한 권력층의 몽둥이임을 날카롭게 지적하면서, 그 결과 표리부동한 사람을 양산해 냈다고 한탄한다.

천리와 인욕의 구분은 천하의 백성들로 하여금 모두 거짓된 사람으로 만들기에 충분하다. (《맹자자의소증》)

당시로서는 파격적인 대진의 사상은 정주리학을 뿌리째 흔들며 많은 사람들에게 영향을 끼쳤다.

마침내 무너진 봉건 예교

그로부터 몇십 년 후에 아편전쟁(阿片戰爭 ; 1840~1842)이 일어났고, '태평천국의 난'이 뒤를 따랐다. 농민 혁명의 성격을 지닌 태평천국의 난은 중국에서는 물론 세계사에서 그때까지 예를 볼 수 없을 만큼 대담한 여성 해방 정책을 내걸었다. 전족과 매춘이 금지되고 수도의 방위에 여성들을 동원했다. 또 엄격한 일부일처제를 주장하고 중국에서 처음으로 등기혼(登記婚)을 채택하였다.

아편전쟁 이후 중국 봉건사회는 점차 해체되고 역사의 수레바퀴는 새로운 시대로 굴러 들어갔다.

중국에서 전족이 금지된 것은 신해혁명(辛亥革命 ; 1911) 후의 일이다. 그러나 많은 여성들은 작은 발을 포기하는 것을 아쉬워하여 스스로 구습을 답습했다. 때문에 새 중국에 들어와서야 비로소 전족이 완전히 없어지게 되었다.

3

중국인과 에로스

환관의 성생활

옛날 궁중이나 유력자 밑에서 사역에 종사하던 거세(去勢)된 남자를 환관(宦官)이라고 했다. 내관(內官)·내시(內侍) 등의 이름으로도 불렸다.

중국에서는 이미 기원전 1300년 무렵에 환관이 존재했다는 흔적을 찾을 수 있다. 은(殷)나라의 무정왕(武丁王) 때 서쪽 지방의 강인(羌人)을 포로로 잡았다. 그 포로를 환관으로 삼아도 될 것인가를 신(神)에게 점(占)을 쳤다는 갑골문자의 기록이 있다. 이것으로 미루어 보아 중국에서 환관은 그 이전부터 실재했으리라 여겨진다.

환관은 왜 생겼을까?

중국에서는 환관이 발생한 원인을 두 가지로 설명하고 있다. 그 하나는 중국인의 신중성에 있다. 중국인은 의심과 질투가 심하여 좀처럼 사람을 신뢰하지 않는다. 때문에 왕이나 권력자의 측근에서 시중을 드는 남자 하인들은 남녀 관계의 혐의로 인하여 곧잘 목숨을 잃었다. 그래서 아예 그런 혐의를 없애기 위하여 스스로 남근(男根)을 제거했다는 설이다.

다른 하나는 제왕의 혈통과 관련이 있다. 제왕은 수많은 후궁들을 거느렸다. 만일 궁중에서 근무하는 남자와 궁녀간에 성적 교섭이 이뤄진다면 제왕의 혈통에 중대 이상이 발생하게 된다. 왕은 이것이 두렵다. 그것을 예방하기 위해 성불구자를 두게 되었다는 설이다.

고대 이집트에서는 전쟁에서 이기면 패전 병사의 고환과 성기를 없애 버렸고, 그것을 한 곳에 산처럼 쌓아 놓고 승리를 자축했다고 한다.

중국의 초창기 환관도 적의 포로 및 죄수였다. 그들 중에서 용모가 아름답고 고분고분 말을 잘 듣는 자를 골라 궁형(宮形)에 처한 후 환관으로 삼은 것이다.

환관은 대개 고환과 성기를 동시에 제거한다. 간혹 고환만을 제거하는 경우도 있었고, 태어날 때부터 고자인 경우도 있었다. 선천적인 고자는 기능이 발휘되나 정충이 없는 이상성 고자이다.

환관을 두는 지배층은 고환과 성기를 완전히 제거한 쪽을 선호했다. 그래서 선천적인 고자는 의심을 피하기 위하여 깨끗이 성기를 제거한 후에 환관이 되었다.

환관은 남성으로서의 기능을 상실했기 때문에 신체상의 변화가 생긴다. 외모는 남성으로서의 특성인 수염 등이 사라지고 중성화(中性化)되며, 행동과 음성은 여성화된다. 또 육체적 결함을 의식한 열등감으로 인하여 감정의 기복이 심해진다.

환관들은 꽃같이 아름답고 매혹적인 여자들 틈에서 산다. 그들도 명색이 남자인데 어떤 욕망이 발동하지 않을 수 없다. 그러나 그들은 고환을 썩힌 불구다. 아무리 마음이 간절해도 여자를 상대로 성적 쾌락을 느낄 수가 없다. 그것에 그들은 절망한다. 분노한다. 신경질을 부린다.

환관들은 육체적인 불구에 대하여 많은 보상을 받으려고 하는 욕구가 강하다. 그들은 대부분 재물에 욕심이 많고, 유명한 대식가들이다.

환관들도 아내를 두고 여러 명의 첩을 거느렸다. 그녀들은 처음부터 성적 만족을 포기해야 했다. 환관인 남편들이 온갖 기교를 다부린 애무로 만족을 주려고 노력했지만, 오히려 그것은 안타까움만을 가중시킬 뿐이었다.

환관들은 눈에 불을 켜고 처첩들을 감시했다. 그래서 환관의 여자들은 양반집 부인들보다도 더 엄중히 갇혀 지내야 했다. 환관들은 자기 집에 누가 찾아오는 것을 몹시 꺼려했다. 고환이 달린 남자는 아예 발도 못 붙이게 했다. 심지어는 처첩의 친척되는 여성의 방문도 백안시했다. 그것은 환관들의 자격지심에서 생기는 뿌리 깊은 의심 탓이었다.

환관들은 늘 황제 곁에 있어서 황제의 성격, 능력, 약점 등을 정확하게 파악하였다. 개중에는 황제의 동성애 파트너도 적지 않아 황제의 총애를 흠뻑 받았다. 또 황제의 후궁에 자유롭게 접근할 수 있었던 덕분에 궁중 여인들 사이에서 진행되는 온갖 뒷공론과 음모들에 정통할 수 있었다.

환관들은 눈치가 빨랐다. 황제의 눈빛만 보고도 기분을 알아차리고 거기에 맞는 처신을 했다. 일반적으로 중요한 의식이나 알현할 때에나 황제를 보게 되는 관료들보다도 실제로 환관이 훨씬 더 황제와 가까웠다.

그런 까닭에 황제는 종종 신임하는 환관에게 비밀 임무를 맡겼고, 최고 기밀 사항을 말하기도 하였다. 그래서 권신(權臣)이 밀통해 오는 일이 많았으며, 마음만 먹으면 언제라도 정치의 이면에서 활동할 수 있었다.

정치에 관여하여 중국의 역사를 흔든 환관도 많다.

춘추시대 제(齊)나라의 유명한 재상 관중(管仲)이 병석에 눕게 되었다. 환공(桓公)이 친히 찾아가 문병을 했다.

"만일 불행하게도 경이 다시 일어나지 못한다면, 나는 장차 누구와 나라일을 의논하면 좋겠소? 수조(竪刁)는 자기 자신보다 과인을 더 사랑하는 사람인데, 그는 어떻겠소?"

환공의 이 말에 관중은 단호히 반대했다.

"안 됩니다. 사람이 자기 자신보다 더 사랑하는 것은 없습니다. 그런데 그는 스스로 남성이기를 포기하면서까지 주공을 섬겼으니, 믿을 수 없는 사람이옵니다."

관중은 비열한 수단으로 벼슬에 오르려는 출세주의자는 믿을 수 없다고 말한 것이다.

과연 관중의 판단은 적중했다. 환관 수조는 뒷날 반란을 일으켜 제나라를 위기에 빠뜨렸던 것이다.

진시황제가 그처럼 애를 써서 천하를 통일했지만, 조고(趙高)라고 하는 한 환관으로 인해 어이없게도 진나라는 15년 만에 망하고 말았다.

조고는 황제가 타는 마차를 관리하는 중거부령(中車府令)이었다. 시황제가 지방 순시 중에 병이 났다. 재기 불능을 깨달은 황제는 큰아들 부소(扶蘇)에게 자신의 뒤를 이으라는 유서를 남기고 하북성 사구(沙丘)에서 죽었다.

조고는 승상 이사(李斯)와 짜고 유서를 위조하여 우둔한 호해(胡亥)를 2세 황제로 삼아 마음대로 조종했다. 그는 계교를 부려 이사를 죽이고 자신이 승상이 되었다.

모든 권력을 자기의 손아귀에 틀어잡은 조고는 더욱 기고 만장하여 사슴을 말이라 속이고 2세 황제에게 바쳤다. 우둔한 2세 황제는 조고의 이 말을 의심하지 않았고, 신하들은 조고의 권세를 두려워하여 이를 묵인했다.

조고는 2세 황제까지 죽이고 황제의 자리까지 넘보려고 했다. 그러나 농민들이 봉기하여 마침내 진나라는 망하고 말았다.

후한(後漢) 때는 실력자 환관들, 이른바 십상시(十常侍)가 영제(靈帝)를 허수아비로 만들어 정치를 전횡하자 황건적(黃巾賊)이 반란을 일으켜 나라를 멸망시켰다.

당(唐)나라 현종 때의 고력사(高力士), 황후를 살해한 숙종(肅宗) 때의 이보국(李輔國)도 내시였다. 또한 당나라 후반 약 백 년 동안에 즉위한 9명의 황제 중 7명은 환관들이 마음대로 옹립한 황제이며, 나머지 두 명은 환관들의 손에 의하여 무참히 살해를 당했다.

송(宋)·원(元) 때에는 비교적 환관의 세력이 강하지 못하였으나 명·청 때에 다시 환관이 득세하였다. 명나라의 태조 주원장은 무시무시한 환관 금기금고를 내렸지만, 결국 위충현이라는 환관 때문에 망했다.

청나라 때는 명나라를 비롯한 역대 왕조의 폐해를 본보기로 삼아 초기에는 환관의 발호가 비교적 적었다. 그러나 후기 서태후(西太后)가 집정한 때 환관 안득해(安得海)·이연영(李蓮英) 등이 정치에 관여한 적이 있었다.

이러한 환관의 폐단 속에서도 황제를 잘 보필하고, 또 위대한 업적을 남긴 환관도 더러 있었다.

한(漢)나라 무제(武帝) 때 궁형으로 환관이 된 사마천은 유명한 《사기》를 저술했고, 후한의 채윤(蔡倫)은 종이를 발명했다. 명나라 영락제(永樂帝) 때의 환관 정화(鄭和)는 대선단을 인솔하여 전후 7회에 걸쳐 남해(南海)의 여러 나라를 정벌했다.

몇몇 환관을 제외한 대부분의 환관들은 그 나라와 주변에 크고 작은 재앙을 가져다 주었다.

환관들은 정사보다는 많은 야사에 등장한다. 야사를 보면 환관들은 늙은 후궁들의 성욕을 만족시켜 주기 위하여 불려다녔다. 이때는 특히 혀가 길고 코가 큼지막한 환관이 인기가 있었다고 하는데……, 필자로서는 그 이유를 모르겠다.

다음은 야사에 전하는 환관의 이야기이다.

환관 장모(張某)의 아내는 피어오르는 꽃이 무색할 정도로 아름다운 여자였다. 그러나 그녀는 천성적으로 음탕했다. 가난 때문에 고자의 아내가 되었지만, 벌써 처녀때부터 여러 명의 남자와 맺은 관계를 줄곧 유지하고 있었다.

그러다가 큰 사달이 생겼다. 덜컥 임신을 하게 된 것이다. 영악한 그녀는 궁리에 궁리를 거듭한 끝에 한 꾀를 생각해 냈다.

"참 신기한 얘기를 들었어요."

그녀는 밑도 끝도 없이 이렇게 말했다.

"뭐가?"

환관이 이렇게 묻는 것은 당연하다.

"누가 말하기를 당신도 아기를 가질 수 있다고 하더

이다."

"쓸데없는 소리!"

최고의 약점을 지적당한 환관은 얼굴을 붉히며 아내의 말을 일축한다.

"아녜요. 사람들이 말하기를 여자가 잉태하려 할 때는 남편을 생각하는 마음이 유다르다 하더이다. 그런데 요즘 당신을 사랑하는 내 마음이 꼭 그렇습니다. 너무너무 당신이 좋고, 잠시라도 당신 곁에서 떨어지고 싶지 않으니……, 이것이 혹시 잉태할 징조가 아닐까요?"

아내는 남편의 불알(없지만)을 살살 긁어준다. 불알을 살살 긁어주는데 싫어할 사람은 없다. 환관도 마찬가지이다. 기분이 흐뭇하다.

"그럴 수만 있다면 오죽 좋을까!"

씨가 먹혀들자 아내는 미리 준비한 다음 말을 꺼낸다.

"당신이 아이를 낳지 못하는 이유는 양근(陽根)이 끊어져 남녀의 정액이 합하지 못하는 까닭이 아니겠어요? 그러니 정액을 합할 수만 있다면 아이를 잉태시킬 수가 있을 거예요."

얼핏 들으니 그럴 듯하다. 환관은 고개를 끄덕이며 강렬한 눈빛으로 그럴 방법이 있느냐고 묻는다.

"있지요!"

아내는 자신 있게 말하면서 품 속에서 대롱을 하나 꺼낸다.

"이것을 통하여 당신의 정액을 내게 보내면 틀림없이 잉태할 수 있을 거예요."

"아, 그렇게도 좋은 방법이……."

환관은 감탄을 하고 아내의 지시에 따른다.

세상 최초로 '대롱 섹스'가 이루어진 것이다.

"꼭 관계를 실제로 하는 느낌이에요. 너무너무 좋아요!"

그로부터 한 달이 지났다.

"임신한 모양이에요."

아내는 불러오기 시작한 배를 환관 남편에게 보인다. 환관은 흥분하여 떨리는 손으로 아내의 배를 만져본다. 모르기는 해도 임신이 분명한 것 같다.

"야호! 내가 임신을 시켰다."

환관은 즉시 밖으로 뛰어나가 동료 환관들에게 자랑을 늘어놓는다.

"우리들이 자식을 낳지 못한다고 누가 그랬지? 멍청하게 방법을 몰랐던 것이야. 내 아내는 이미 임신하였다네."

동료 환관들은 웃기만 한다. 그 말이 가당키나 한 소리냐고. 이에 화가 난 환관이 냅다 소리친다.

"왜들 웃어? 내가 비상 수단으로 아이를 얻었는데, 본받으려 하치 않고 비웃다니……."

아내가 일곱 달 만에 아이를 낳았다. 잘생긴 옥동자를 얻었지만, 환관이 생각하기에도 어쩐지 이상하다.

"왜 아이가 석달이나 빨리 나왔지?"

아내가 어물쩍 대답한다.

"대롱을 타고 당신의 양기가 쉬지 않고 죽죽 내려와서 그런 것이 아닐까요?"

"……?!"

환관은 아들의 이름을 대룡(大龍)이라고 지었다. '대롱 섹스'로 얻었으니 '대롱'이라고 지을까 하다가 여러 가지를 고려해서 이렇게 지은 것이다.

동료 환관들이 놀러 왔다. 한 환관이 히죽히죽 웃으면서 아기를 보고 소리쳤다.

"고놈 잘생겼다. 이름도 좋고. 대롱대롱, 죽대롱, 얼마나 좋은 이름인가！"

이 말을 듣고 아이의 아버지인 환관이 나선다.

"이 사람아, 대롱이 아니고, 대룡일세. 큰 대자에 용 룡자. 그리고 성은 장씨네. 자네는 내 성도 모르는가？"

동료 환관이 대답한다.

"대롱은 가느다란 통대의 토막이 아닌가？ 그 죽(竹)이 아들을 만들었으니 죽씨가 맞지 어째서 장씨라 한단 말인가？"

야사에는 이런 가락의 이야기가 많다. 성불구자인 내시를 남편으로 삼은 여자들이 성적 욕구를 참지 못하고 간통을 한다는 줄거리가 대부분이다.

그러나 송나라 이후로는 환관의 아내들도 순종의 미덕을 지녔다. 여필종부라는 유가의 엄격한 도덕 관념에 얽매여 남편에게 충실한 것이다. 환관의 아내로서 정조를 망치고 분연히 자결한 여성들의 이야기도 야사는 전하고 있다.

변태와 수간

사회의 일반적 성습관을 두드러지게 일탈(逸脫)한 성행위를 변태성욕 또는 이상성욕이라고 한다.

이상성욕에는 양적 이상과 질적 이상이 있다. 양적 이상에는 성욕의 이상항진(亢進)과 이상감퇴가 있는데, 일례를 들어 남성의 음란증(淫亂症)과 여성의 색정광(色情狂)은 선천적 이상성항진 때문이다.

성욕의 질적 이상을 성도착(性倒錯)이라 하는데, 성 대상의 이상과 성 목표의 이상으로 나누어진다. 성 대상의 이상에는 나르시시즘을 비롯하여 동성연애·복장도착·수간·시체애·근친간 등이 있고, 성 목표 이상에는 노출증·사디즘·마조히즘 등이 있다.

필자의 다른 저서 《한국인과 에로스》 중에서 필자는 동일한 제목으로 이상성욕을 설명한 바 있다. 때문에 여기서는 자세한 기술을 피하기로 한다.

중국에서 근친상간은 매우 드물었다. 제양공(齊襄公)이 누이동생 문강(文姜)과 불륜을 저지르고, 하희(夏姬)가 사촌 오빠와 정을 통한 것 등은 지극히 예외적인 경우에 속한다.

동성연애는 일찍부터 비교적 성행했다. 특히 여성의 동성 애는 흔했다. 그것은 일부다처제 및 남녀유별 등의 관습에 서 기인된 것이었다. 여자들은 가정이라는 울타리 안에서 오랫동안 함께 살도록 강요받았기 때문에 후궁과 후궁, 첩 과 첩, 주인과 몸종간의 동성애는 피할 수 없는 것으로 인정 되었다.

궁정에서도 남성간의 동성애는 드물지 않게 일어났다. 중 국에서 남성간의 동성애를 '용양(龍陽)' 또는 '단수(斷袖)'라 는 말로 표현하기도 한다.

'용양'에 대해서는 앞에서 기술했다(P.187 참조).

'단수'라는 말은 애제(哀帝; 전한 왕조의 마지막 황제) 때 생 겨난 말이다. 애제는 동현(董賢)이라는 환관을 총애했다. 하 루는 애제가 동현과 함께 침상에 누워 있었는데, 동현은 황 제의 옷소매를 베고 곤히 잠들고 있었다. 이때 접견을 아뢰 는 소리가 들렸다. 황제는 총애하는 동현의 잠을 깨우지 않 기 위해 칼로 옷소매를 잘랐다. 그 후 '단수'라는 말은 남성 간의 동성애를 가리키는 말이 되었다.

남성들간의 동성애는 병영이나 절간에서 일어나는 경우가 많았다. 다음은 야사에 수록된 이야기이다.

어느 대사(大師)가 있었다. 그는 중국 대륙의 명산을 두루 돌아다니며 수행을 쌓은 훌륭한 고승이었다. 경험에 의하여 그는 인가가 많은 마을에서는 젊은 수도승들이 여색에 빠져 참다운 수행을 할 수 없다는 것을 깨달았다.

"불도를 닦는 데 있어서 최고의 적은 여색이다."

그는 여색을 피할 수 있는 방법을 열심히 생각했다. 궁리 끝에 심산(深山)에 절을 짓고 그곳으로 옮겼다. 여인 금제의 철저한 교육을 하기 위해서였다.

그러나 이 제도가 피끓는 젊은 수도승들에게 얼마나 큰 괴로움을 가져다 주었는지, 그는 예측하지 못했다.

젊은 수도승들은 자신의 의지와는 상관없이 발기하는 것에 속수무책이었다. 그 부분이 참나무 몽둥이처럼 단단하게 성이 나서 통 주체할 수 없었다.

어느 날, 그 문제로 괴로움을 당하는 젊은 수도승들은 비밀리에 모였다. 그들은 번쩍거리는 머리를 맞대고 대책을 강구했다. 마침내 의견을 종합하고 대사를 찾아갔다.

"대사님! 저희들은 지금 죽을 지경입니다. 배꼽 아래쪽에 붙어 있는 물건이 화를 내면 도통 정신이 없습니다. 불경도 머리에 들어오지 않고, 마음이 산란하여 그 생각 외에는 아무 생각도 할 수 없습니다. 이 일을 어찌 해야 좋습니까?"

수도승 대표가 진지한 표정으로 묻자 대사는 눈을 지그시 감고 깊은 생각에 잠겼다. 주위는 정적 속으로 잠겼다. 숨소리도 크게 들리지 않았다.

대사는 수행을 높이 쌓았을 뿐 아니라 뛰어난 아이디어맨이었다. 확실치는 않으나 만두와 두부를 그가 발명했다는 말이 있을 정도였다.

깊은 생각에 잠겨 있던 대사가 눈을 번쩍 떴다. 젊은 수도승들은 일제히 대사의 입에 시선을 집중했다.

"그럼……, 남자들끼리 뒤에서 밀어넣어 보면 어떨까?"

젊은 수도승들은 그 묘안을 즉시 실천에 옮겼다. 그러자

이게 웬일인가! 그 쾌미가 각별했다. 마치 하늘에라도 오른 것과 같은 황홀감에 사로잡혔던 것이다.

"아아, 왔다 왔다!"

"여자들 것보다 더 희한하다!"

"왜 이런 것을 여태 몰랐을까?"

젊은 수도승들은 희열에 몸을 떨면서 저마다 한마디씩 했다. 얼마 후 그 대사는 천수를 다하여 입적(入寂)했다.

수도승들은 그의 죽음을 매우 슬퍼했다. 대사의 희한한 발명을 존중하고, 후세에 길이 전하기 위하여 이런 이름을 증정하여 묘비를 세웠다.

"후봉대사(後棒大師) 이곳에 잠들다!"

고대 중국인들은 동성연애를 크게 부끄러운 짓으로 여기지는 않았던 것 같다. 동성연애를 찬양하는 시를 어렵지 않게 찾아볼 수 있다.

남조 양(梁)의 제2대 황제 간문제(簡文帝;549~551)는 시작 (詩作)을 즐겼다. 그는 남녀간의 정애(情愛)를 섬세하게 묘사하여 방탕문학의 유행을 낳게 했다. 그의 시 중에 다음과 같은 시가 있다.

> 미소년 그 자태 아름다워라
> 동소완(董小宛)을 무색케 하고 하미인(瑕美人)보다 뛰어나네
> 연희를 질투의 화신으로 변하게 하기에 충분하며
> 정나라 여인들을 감탄하게 하네. (〈연동시·戀童詩〉)

위의 시는 누가 보아도 동성애를 찬양하는 시이다.

남자들간의 동성애는 청나라에 들어와 매우 성행했다. 마치 유행처럼 번졌다. 《요재지이》, 《열미초당필기》 등의 문헌에는 동성애를 묘사한 대목이 수두룩하다.

《열미초당필기》를 보면 동성애를 행하는 심리와 최초의 원인을 언급하는 대목이 있다.

여자들끼리 음란한 행위를 하는 것은 정욕의 자연스러운 발로로 인한 것이다. 그러나 남성 동성애의 상대가 되는 소년들에게는 본래 이런 마음이 없다. 그들은 모두 철부지 어린 나이에 세도에 이끌리고 재물에 팔려 동성애를 시작한다.

동성애자들은 대개 채 열 살이 지나지 않은 단정하고 예쁜 사내아이를 사들인다. 그리고는 어린 시첩들과 희롱하고 있을 때 그 사내아이로 하여금 등불을 들고 옆에서 시중들게 한다. 그것을 보면서 사내아이는 자연스럽게 동성애를 배우게 된다.

처음에는 남자들 간의 동성애가 음란한 행위라고 종종 비난을 받았다. 그러나 점차 관습이 되어 당연한 것으로 여겨지게 되었다. 3년이 지나자 많은 사람이 자연스럽게 동성애를 즐겼다.

(《열미초당필기》 권12)

중국인의 섹스 대상은 짐승이 포함된다. 개·송아지·양·돼지 등의 동물과 인간 사이에 행해지는 성교를 수간(獸姦)이라 하는데, 이 일은 고대의 전설 가운데에 이미 들어 있다.

삼황(三皇)의 하나로 꼽히는 신농씨(神農氏)의 어머니는 소전(少典)의 왕비였다. 그녀는 화양(華陽)이라는 곳에 놀러 갔다가 용의 머리를 보고 임신하여 신농씨를 낳았다. 신농씨는 몸은 사람의 모습을 하고 있으나 머리는 소, 또는 용의 모습을 하고 있다. 강수(羌水)라는 강가에서 자라났으므로 성을 강(羌)이라 하였다.

신농씨는 그 이름이 나타내는 바와 같이 우선 농업의 신이다. 염제(炎帝), 즉 태양의 신이기도 한 그는 사람들에게 가래를 써서 경작하는 농업을 비롯하여 양잠·상업·의약을 가르쳤고, 오현금(五絃琴)을 발명했다. 따라서 그는 상업의 신이며, 의약의 신이기도 하다.

그런데 신농씨의 성인 강(姜)은 양(羊)과 여(女)를 합친 글자이다. 즉 양을 치는 여자에게서 태어났다는 뜻이다. 또 강수(羌水) 옆에서 살았다는 이야기의 강수는 강모(姜母)와 통한다. 성(姓)은 여(女)와 생(生)을 합친 글자로 사람의 출생 유래를 의미하며, 강(羌)은 양(羊)과 인(人)을 합친 글자이다.

신화와 글자의 해석을 옛 생활 습관과 연관시킨다면, 신농씨는 사람과 짐승의 성행위인 수간에 의하여 태어난 것으로 풀이할 수도 있다.

태호(太昊) 복희씨(伏羲氏)도 반수반인(半獸半人)이다. 《십팔사략》에 의하면, "몸은 뱀이요, 머리는 사람이었다."고 적혀 있다. 복희씨는 여와(女媧)와 전설적인 배필로 의인화되었는데, 한대(漢代)의 화상석(畵像石)에는 복희와 여와가 뱀처럼 꼬리로 교접하고 있는 모습이 나타나 있다.

《박물지(博物誌)》에는 직접적인 수간을 기록하고 있다.

용성씨의 막내 아들은 매우 음란했다. 그는 백주 대낮에 사람이 많은 시장 바닥에서도 서슴없이 음란한 짓을 했다. 황제는 그를 서

남쪽 먼 곳으로 쫓아 버렸다.

그러자 그는 거기서 말을 아내로 삼고 살았다. (《박물지》)

두수기(杜修己)란 사람이 있었다. 그의 아내는 아름답고 품행이 방정한 사람이었다. 그런데 어디선가 커다란 흰 개가 홀연히 나타나 그녀를 겁탈했다. 그 후 그녀는 그 개에게 쫓겨 여러 번 교미하게 되어 드디어는 견두인신(犬頭人身)의 괴물 아들을 낳았다. (《소상록·瀟湘錄》)

하씨(河氏)는 부상(富商)이었다. 그는 나이도 젊고 풍채도 그럴듯했다. 항상 수천 금의 돈을 지니고 다니며 창기들과 놀아났다. 그러나 숱한 창기들도 그를 만족시키지는 못했다.

그는 암퇘지 10여 마리를 사다가 살이 포동포동하게 찌도록 잘 먹였다. 그런 다음 깨끗하게 목욕시켜 대낮에 암퇘지들과 교미했다. (중략) 이 사건을 맡은 목금태(木金泰)가 이렇게 말했다.

"내가 이 사건을 직접 심리하지 않았다면, 사마천이 이 일을 내게 말했다고 해도 나는 믿지 않았을 것이다."(《열미초당필기》)

야사에는 개·말·양을 상대로 성행위를 한 이야기가 심심찮게 나온다. 심지어는 암탉을 성대상으로 삼기도 했다.

신화 및 전설, 그리고 야사 속에 수간이 묘사된 것은 예사롭게 수간을 했었던 고대 사회의 성속(性俗)의 흔적인지도 모른다. 사실 고대 이집트 사람들은 악어·산양·소 등의 짐승을 신(神)들의 화신으로 믿었다. 그래서 성수(聖獸)들과 교접하는 것은 신들의 분노를 회유하고 신과 인간이 화합을 맺는 것이라고 믿었다.

이슬람 문화권의 고대 문헌 및 삽화를 보면 짐승과 교접하는 장면을 흔히 볼 수 있다. 15세기 페르시아의 세밀화 중에 낙타와 수간하는 장면이 있으며, 이슬람의 터부에는 이런 말이 있다.

"메카로 가는 순례 때는 낙타와 교합하지 않으면 목적을 달성하지 못한다."

메카로 가는 순례 때 이슬람 교도들이 타고 가는 낙타와 공공연한 교합이 있었음을 엿보게 하는 대목이다.

시애(屍愛)는 시체와 성교를 하거나 시체의 일부를 절취하여 자위를 하는 등의 변태이다. 중국에서 시애에 대한 기록은 정사와 야사에 매우 많이 나타난다.

적미(赤眉)라는 사람이 있었다. 그는 도굴(盜掘)을 생업으로 하는 후안무치한 자였다. 여러 곳을 순회하며 무덤들을 파헤쳐 그 속에 들어 있는 재화를 취했다. 상태가 좋은 여자의 시신이면 그 시신을 욕보였다. 그가 파낸 여자의 시신들은 옥합 속에 염해져 있어 마치 살아 있는 사람과 같았다. 그러므로 적미는 음란하고 추악한 행위를 할 수 있었다. (《후한서》〈유분자전・劉盆子傳〉)

시체와 교접하는 변태성욕은 귀신이야기로 각색되어 있는 경우가 많다. 남성이 우연히 한 미녀를 만나 동침을 했는데, 나중에 보니 시체였다는 그런 이야기들이다.

노출증의 변태도 문헌에서 찾아볼 수 있다. 노출증이란, 이성에게 자기 성기나 나체를 보이는 일에 성적 흥분을 느끼는 변태성욕이다.

낙양시에 알몸으로 거리를 활보하는 여자가 있었다. 그녀의 질
(膣)은 매우 크고 장대했으며, 음모가 무성했다. 그녀는 미친 척하
면서 자신의 그 더러운 것을 드러내며 낙양시 거리를 돌아다녔다.
낙양시 거리에 사람이 한데 모여 우글거리면, 그 속에 어김없이 그
녀가 있었다. (《정사·情史》 권17)

그 당시에는 노출증이 일종의 병적인 상태임을 알지 못하
였다. 그래서 '미친 척하고' 그런 행위를 했다고 표현한 것
이다.

초(楚)나라 때 안모(安某)라는 사람은 자신의 거대한 성기
를 보여 주고 돈을 받았다는 야사가 있다. 그의 성기는 말의
그것을 방불케 할 만큼 컸는데, 보는 것과 만져 보는 것에
값의 차별을 두었다고 한다.

남성의 상징이 크고 강하기로는 노대(嫪大)를 따를 사람은
별로 없을 것이다. 그는 물건이 크기로 유명했는데, 음탕한
부인들이 서로 그와 동침하려고 다투었다고 전한다. 당시
진나라에서는 행실이 좋지 못한 선비를 '애(毐)'라고 일컬
었다. 따라서 노대는 곧잘 노애(嫪毐)로 불렸다.

노대는 유부녀와 놀아나다가 발각되어 관청으로 끌려
갔다. 이때 여불위가 그의 거대한 물건을 아깝게 여기고 구
해냈다.

진나라에는 농사가 끝나면 3일간 서로의 노고를 기리며
즐겁게 노는 풍습이 있었다. 이때 저마다 평소에 갖춘 특기
및 재주를 자랑했다. 만약 아무 재주도 없는 사람은 온갖 심
부름을 도맡아해야 했다.

노대가 재주를 자랑할 차례가 되었다. 그는 오동나무로

만든 수레바퀴를 자기의 큰 물건에 꿰어 빙글빙글 돌렸다.

"우와! 대단하다!"

"세상에 저게 사람이야!"

구경꾼들은 벌린 입을 다물지 못했다.

이 소문은 곧 음란한 태후의 귀에 들어갔다. 그 후 노대는 환관으로 위장하고 내궁으로 들어가 태후를 모시게 되었다.

노대를 노출증 변태로 규정하기에는 무리가 있다. 왜냐하면 그는 여불위의 계책에 의해서 명령을 받고 그런 행동을 했기 때문이다.

또 복장도착증 및 사디즘, 마조히즘의 경우도 찾아볼 수 있지만, 여기서는 생략하고 넘어가기로 한다.

성의 표현은 어디까지가 정상이고 어디서부터 비정상인가를 결정하는 것은 쉬운 일이 아니다. 시대에 따른 성윤리의 변화와 사회 배경에 따라 얼마든지 달라질 수 있기 때문이다.

방중술

섹스학으로 발달한 한방

중국에서는 일찍이 '한방'이 발달했다.

약의 원상을 거슬러 올라가면 그것은 풀[草]로 시작되었다. 약[藥]이라는 글자의 구성을 보아도 '풀 초'에 '즐거울 락'이다. 즉 즐거움과 편안함을 주는 풀이 약이라는 셈이다.

고대 원시시대의 사람들은 질병이나 부상을 당했을 때 약에 대한 지식이 없었다. 그들은 병들고 부상당한 사람을 위해 할 수 있는 모든 일을 했을 것이다. 우선 마법이나 주술에 의지하여 치병을 기원했을 것이고, 신(神)에게도 빌었을 것이다. 갖가지 풀과 열매를 먹거나 즙을 내어 바르기도 했다. 그런데 어떤 풀을 먹었을 때 어떤 증상이 치유되었다. 다른 풀의 즙을 내어 상처에 발랐는데, 그 상처가 아물었다.

고대 사람들은 경험에 의하여 하나씩 하나씩 지식을 축적했다. 그러기를 몇천 년, 몇만 년이 지나는 동안 경험적으로 실증된 것만이 남아서 입에서 입으로 전해졌다.

그러다가 문자가 생기자 전해 내려오는 처방들을 기록했는데, 이 기록은 《산해경(山海經)》으로서 남아 있다.

이 기록을 보면 내용이 지극히 황당무계하다. 마법적·주술적 치유법이 많고, 공상이나 상상 속의 동식물이 약으로 기록되어 있다.

시대가 진보함에 따라서 의학도 점차 철학적인 이론과 실천적인 기술이 첨가되어 비로소 '한방'으로 집대성되었다. 이때의 기록서가 《황제내경(黃帝內經)》이다.

본래 이 책은 18권으로 구성되어 있다. 내용은 의학전문서라기보다는 자연철학적인 색채가 농후하다. 전반 9권은 천인합일설·음양설·오행설 등의 병리학설을 주로 다루며, 후반 9권은 침구를 비롯하여 도인술 등의 물리요법을 다루고 있는데, 약물요법에 관해서는 별로 언급이 없다.

원래 한방은 섹스학으로 발달했다. 한방의 모토라 할 수 있는 '불로장수', '장생구시(長生久視)'는 생명을 어떻게 오래 유지하며 정력을 어떻게 보지하여야 할 것인가, 젊음을 어떻게 변치 않는 그대로 육체에 정착시키느냐의 깊은 연구에 들어가 이른바 '방중술'에 이른 것이다.

여기에서 말하는 방중술 전문서는 오늘날 범람하는 저속한 에로서적이나 포르노술과는 질적으로 다르다. 현명한 지도자, 도가 및 신선가를 대표하는 지혜로운 이들이 심혈을 기울여 집필한 성의학서인 것이다.

방중술 전문서는 현대 의학의 입장에서 검토해도 상당히 얻을 수 있는 부분이 많다. 별로 좋지 않는 의학서보다도 훨씬 합리적인 부분이 많으며, 무엇보다도 섹스에 대한 사고

방식이나 대전법(對戰法)이 매우 진격(眞擊)하며 사상적이다. 다시 말해서 성을 즐기면서 양생과 질병의 치료, 생명 연장에 결부시킨 것은 이상적인 것으로서 주목할 가치가 있는 것이다.

방중술은 한나라와 위나라 때 가장 유행했고, 당나라 때 전성기에 이르렀다. 대표적인 방중술 전문서로는 《소녀경》, 《옥방지요》, 《포박자》, 《동현자》, 《천금방》, 《양생요집》, 《팽조양성경》, 《갈씨방중비서》, 《현녀경》 등이 있다.

방중술의 근본 사상

고대 중국인은 '기(氣)'는 에너지이고, 천지(天地)나 인간의 체내에도 충족해 있어서 피[血]는 '기'가 구현된 혈액이라고 생각했다. 그 통로의 경로(經路)에는 내장·감각기관·수족 등을 잇는 12 경락로(經絡路)가 있다고 했다.

이것은 서양 의학의 신경계통이나 혈액순환계통과는 다른 순환의 경로인데, 이 특이한 순환경로의 요소에 해당되는 것이 경혈(經穴)이다. 침구술이나 안마 등의 물리요법은 이 경혈의 발견에 의한 것이다.

방중술의 근본 사상은 고대의 태식(胎息) 호흡법이나 도인(導引) 등의 양생술을 포괄한다. 음식·보약으로 평소 건강을 관리하는 것이 무엇보다 중요하다. 그 다음이 트레이닝에 의해서 성능력의 향상을 도모한다.

교접의 목적은 일시적인 쾌락 추구에 있지 않다. "접하고도 사정하지 않는다."라는 법을 준수하고, 여성의 정기를 흡수하는 '환정(還精)의 술'을 터득한다. 그 결과 몰라볼 정

도로 원기 왕성해 지며, 회춘할 수가 있다는 것이 방중술의
요지이다.

방중술은 지극한 도의 경지

방중술에 의한 불로장생의 법은 황제(皇帝), 유가・도가를
불문하고 이를 중시했다. 이를테면 전한(前漢)의 대유학자로
유교를 국교의 지위로 끌어올린 동중서(董仲舒)는 연령별의
성교 횟수에 대해서 당당히 자설(自設)을 발표했다.

또 후한(後漢)의 대학자인 반고(班固)는 그의 유명한 저서
《한서》에 방중술 전문서를 수록하고, 다음과 같은 의견을
덧붙였다.

> 방중술이라는 것은 인간의 타고난 성정(性情)의 지극함이며, 지
> 극한 도(道)의 경지이다. 그러므로 성인께서는 음악을 만들어 인
> 간의 타고난 성정을 잘 다스려 조절하고자 하였다. … 절도에 맞
> 는다면 평화롭고 장수할 수 있다. 그러나 미혹에 빠진 사람은 자신
> 을 돌아보지 못하기 때문에 질병이 생겨서 생명을 잃고 만다.
>
> (《한서》〈예문지〉)

반고는 섹스를 알맞게 즐기면 심신의 건강에 좋다고 말하
고 있다. 당연한 말이다. 성은 먹는 것과 더불어 인간의 2대
본능이다. 그래서 대부분의 인간은 본능 충족에 충실한다.
그러나 본능 충족에 도가 지나치면 무리가 생긴다. 과식이
건강을 해치듯이 과다한 섹스도 건강을 해친다. 절도에 맞
는 성생활을 강조한 것은 이런 이유 때문이다.

▶성기술을 후원하는 여자. 17세기 일본의 목판화

황제와 성의 수호자들

방중술 전문서에 등장하는 주된 인물은 황제(黃帝)와 소녀 (素女)이다. 황제는 중국 고대의 전설적인 제왕인 삼황오제 (三皇五帝) 가운데 한 사람으로 복희·신농씨와 더불어 삼황 으로 일컬어진다.

황제는 기백(岐伯) 등 여섯 사람의 명의(名醫)와 의술의 토 의를 통하여 《황제내경》을 저술했다고 전해진다. 그 책이 저술될 당시의 중국인 평균 수명은 100세 정도라고 기록하 고 있다. 그런데 황제는 너무 후궁을 가까이 한 탓으로 건강 을 해치고 임포텐츠(성교불능증) 증상이 나타나게 된다. 황 제는 걱정이 되어 기백에게 고민을 털어놓는다. 기백은 방 사 과다(房事過多)라는 진단을 내린다.

그리하여 소녀(素女 ; 순수한 여자)를 불러 성문제를 물어 보게 된다. 대부분의 방중술 전문서는 황제가 질문을 하고, 그의 교사들 중의 한 사람이 답변하는 방식으로 쓰여 있다.

성의 비법을 지키고 전수하는 황제의 스승들, 즉 소녀·현녀·채녀에 대해서는 앞에서 설명한 바 있다(P.141 참조).

소녀와 현녀의 방술을 아는 사람은 방중술로 세상을 구제할 수 있다. (《포박자》〈미지·微旨〉)

소녀의 이름을 따서 붙여진 성교본은 《소녀경》이고, 현녀의 이름을 따서 붙여진 성교본은 《현녀경》이다. 전자는 현재까지 전해 내려오고 있으며, 후자도 일부 내용이 보존되어 전해지고 있다.

지금부터 방중술 전문서의 주된 내용을 살펴보기로 하자.

황제가 소녀에게 묻는다.

"나는 요즘 원기가 쇠퇴하여 몸의 상태가 좋지 않다. 또한 기분도 울적하다. 내 몸에 위험이 닥쳐오는 것만 같아 두렵기 그지없다. 어떻게 하면 좋겠는가?"

소녀가 대답한다.

"원래 사람이 쇠약해지는 것은 음양 교접(陰陽交接)의 도리를 그르치는 데 있습니다. 대체로 여자의 정력(精力)이 남자보다 뛰어날 때는 물이 불을 끄듯이 남자는 맥을 못추게 됩니다. 이러한 이치를 알고 교접을 하게 되면, 마치 솥에 여러 가지 맛있는 재료를 배합하여 뜨거운 음식을 만드는 것과 마찬가지로 남녀 사이도 원만하게 영위됩니다. 음양의 이치를 잘 터득하고 있는 사람은 온갖 즐거움

을 맛볼 수가 있지만, 이것을 알지 못하는 사람은 몸을 망쳐 요절하
게 됩니다. 그래서야 어찌 기쁨을 얻을 수가 있겠습니까?"
(《소녀경》)

소녀는 '여자의 정력이 세면 물이 불을 끄듯이 남자가 맥
을 못춘다'라고 말하고 있다. 이는 오행설에서 비롯되는 오
행상극설(五行相克說), 즉 나무[木]는 흙[土]에, 흙은 물[水]
에, 물은 불[火]에, 불은 쇠[金]에, 쇠는 나무에 이긴다고 하
는 생각에 바탕을 두고 있다.
또한 이것은 생리학적으로 관찰한 남녀간의 성력의 특징
과 차이를 오행설로 교묘히 포착하고 있다. 소녀는 남녀의
교접을 솥에다 음식을 만드는 요령으로 영위하라고 가르치
고 있다.
청나라 때의 성애문학은 이 원리를 다음과 같이 묘사
한다.

무릇 남자는 한 차례가 끝나고나면 그것으로 만족하여 졸음이 쏟
아진다. 반면에 여자는 쏘이면 쏘일수록 더욱 환희를 느끼게 되어
그만두려고 하지 않는다. 이것은 무슨 까닭인가? 남자는 화성(火
性)이므로 한 번 물을 끼얹게 되면 곧 꺼져 버리고 만다. 그러나 여
자는 수성(水性)이기 때문에 불을 지피게 되면 서서히 끓게 된다.
불을 지필수록 펄펄 끓으며, 불씨가 있는 한 언제까지나 끓기를 그
치지 않는다. (《등초선사전·燈草禪師專》)

위에서 인용한 묘사는 어폐가 있다. 소녀는 섹스를 여러
가지 재료를 버무려 뜨거운 음식을 만드는 것에 비유했다.

불로 솥의 물을 끓인다는 이야기가 아닌 것이다. 재료를 버무린다는 것은 전희를 말한다. 그렇게 온갖 양념을 다하여 불을 지핀다. 음식이 맛있게 익기까지는 일정한 시간이 걸리는 것이다. 솥 속의 음식물은 여성의 성생리를 의미한다. 음식이 서서히 익는 것처럼 여성도 서서히 달아오른다.

그러나 음식물이 끓기 시작하면 어느 단계에서 반드시 불을 꺼야 한다. 너무 일찍 불을 끄면 음식이 설익고, 너무 오래 끓이면 타서 음식을 망치게 된다. 요컨대 적절한 시기에 알맞게 끝내는 섹스가 최상의 즐거움을 준다는 말이다.

현대 성과학에서도 남녀가 동시에 오르가슴에 골인하는 섹스의 일치성이 중요하다고 말하고 있다. 지나치게 긴 섹스는 오히려 여성에게 고통과 더불어 불쾌감을 준다는 것이 현대 성과학의 일관된 견해이다.

효능이 탁월한 강정약

소녀는 황제에게 성의 수호자 중의 하나인 채녀라는 선녀를 소개한다. 황제는 그 채녀에게 연명 장수(延命長壽)의 법을 묻고, 채녀는 다시 팽조(彭祖)를 찾아가 가르침을 받는다.

팽조가 대답한다.

"정력의 낭비는 아끼고, 정신 수양에 힘써 여러 가지 약을 복용하면 장수할 수 있다. 그러나 교접의 도리를 모르면 약을 복용해도 아무런 도움이 되지 못한다." (《팽조경》)

팽조는 양생술의 하나인 도인법(導引法)을 완성시킨 신화적 인물이다. 방중술 분야에서 강정약(强精藥)과 뛰어난 방중술로 인해 불로장생했다고 신봉되고 있는데, 그의 이름을 따서 붙인 성의 교본 《팽조경》이 있다.

강정약의 종류는 그 수효를 헤아릴 수 없을 만큼이나 많다. 흔히 '강장 강정(强壯强精)'이라고 말하지만, 강장과 강정은 그 목적이 다르다.

강장제는 전신의 신진대사를 촉진하며, 영양 상태를 좋게 하여 체력을 회복시키기 위한 약제를 말한다.

강정제란 강한 섹스를 위한 것이다. 곧 즉효적·직접적으로 성적 흥분을 일으키게 하여 그 당장에 섹스를 가능케하려는 방법을 말하는데, 소위 최음약(催淫藥)·미약(媚藥) 등으로 불리우는 것이 그것이다.

이것들은 말초지각신경 자극, 중추신경 흥분, 요도점막 자극에 의해서 안팎으로 효과를 얻으려는 것이다. 그러므로 당연히 부작용이 우려되며, 약품의 분류학상으로 보아도 극약이나 독약에 속하는 것이 많다. 따라서 사용상의 위험을 각오하여야 한다.

강정에 사용되는 것들은 습관성으로, 점차 양을 늘려가야 하며, 급기야는 신경마비에 이르게 하거나 죽음을 부르는 무서운 약이기도 하다.

방중술 전문서에는 적잖은 강정제가 소개되고 있다. 이를 외단(外丹)이라 하며, 그 재료는 유황이나 수은 등 독극물이 대부분이다.

중국의 역대 제왕 중에는 이것을 믿고 불로장수를 누릴 목적으로 복용했다가 불로장수는커녕 약물중독으로 반신불

수가 되거나 즉사한 예가 허다했다.

그래서 정통파는 강장제를 선호했다.

정통적인 강장은 심신의 충실을 도모하는 방법이다. 몸에 좋은 음식물을 골고루 섭취하여 체력과 기력을 충실케 하여 그 상승 효과로써 성력을 고양시켜 가는 것이다.

중국 최고의 본초서(本草書)《신농본초경(神農本草經)》에는 365종의 약물(藥物)을 기재하고, 약효에 따라 상약(上藥)·중약·하약으로 분류해 놓았다.

· 상약 – 생명을 배양하는 것이다. 독이 없으므로 장기간에 걸쳐 복용해도 해가 없다.
· 중약 – 양생을 주로 한다. 체력을 보강하는 힘이 있다. 때문에 독의 유무를 알아서 적절히 배합해서 사용해야 한다.
· 하약 – 병을 치료하는 것을 주로 한다. 독이 많으므로 장기간의 복용은 삼가해야 한다.

이 분류를 현대적으로 해석하면 상약은 보양제, 중약은 보양제와 치료제를 겸비, 하약은 완전히 치료제에 해당한다.

인삼·오가피·구기자·오미자·대추 등은 모두 상약에 해당하며, 성욕 증강에 효력이 있다고 기술하고 있다. 특히 대추는 그 효능이 뛰어난 강정약으로 알려지고 있다.

《습유기(拾遺記)》에 의하면, 선녀계(仙女界)의 원로 서왕모(西王母)가 하계(下界)로 내려와 서주(西周)의 목왕(穆王 B.C. 976 즉위)과 동침을 하는 것을 묘사하고 있다. 이때 서왕모는 자신의 생식기에 삽입해 놓았던 말린 대추를 꺼내어 왕에게 먹기를 권한다. 50세의 목왕은 그것을 먹고 정력이 불타 서왕모와 뜨겁게 사랑을 나누었다.

여성의 애액(愛液)으로 불린 대추는 무엇에 비길 수 없을 만큼 뛰어난 방중의 묘약이라고 한다. 현대 의학에서도 대추의 약효는 로열 젤리 이상으로 알려져 있다.

그러나 팽조는 그러한 약을 아무리 복용한다 하더라도 남녀 화합의 방중술을 모른다면 아무런 도움이 되지 않는다고 말하고 있다.

접하고도 사정하지 않는다

그렇다면 불로장생에 도움을 주는 방중술은 무엇인가. 팽조의 말을 들어 보자.

교접의 요점은, 되도록 많은 젊은 여성과 교접하면서 자주 사정(射精)을 하지 않도록 하라. 또한 심신을 경쾌하게 하라.

《소녀경》)

팽조의 이 말은 중국 방중술의 핵심이다. 젊은 여성과 접하는 것은 동서양을 막론하고 방중술의 중요한 비결로 전해지고 있다.

어째서 젊은 여성이 좋은가? 필자의 지식이 부족하여 다른 이유에 대해서는 설명할 수 없지만, 심리적인 작용면에서는 충분히 효과가 있다. 《구약》〈열왕기〉를 보면, 다윗왕이 늙자 아름다운 동녀(童女)를 구하여 회춘을 꾀하려 했다는 기록이 있다.

'접하고도 사정하지 않는다'는 이유에 대해서 팽조는 다음과 같이 말하고 있다.

정액을 사정하게 되면 우선 몸이 나른해진다. 귀에 윙윙거리는 소리가 나며, 눈이 저절로 감겨서 졸음이 오게 된다. 목은 마르게 되고, 뼈마디가 느근해지는 상태가 된다. 본래대로 회복은 된다고 하지만, 잠시 동안의 쾌감이 결국 불쾌하게 끝나는 것이 상례이다. 《소녀경》

중국의 고대 의학에서는 피〔血〕는 기(氣)가 형태화(形態化)한 것으로 믿었다. 즉 기와 피와 정액을 동일한 것으로 생각했다. 그러므로 정액을 사정하는 것은 기와 피를 함께 방출하는 것이기 때문에 연명 장수를 그르치는 것으로 인식했다.

동시에 교접에 의해서 여성으로부터 기를 받아들이는 것이라고 생각했다. 여성에게 충만한 기가 내재되어 있다는 견해에 대해서는 앞에서 설명한 바 있다.

여성의 기는 음부에 있다고 믿었고, 그 기를 많이 받아들이기 위해서는 교접의 시간을 되도록 오래 지속시킬 필요가 있다고 여기게 되었다.

성교에서 정액의 방출은 흥분·긴장 따위가 최고조에 이른 상태이다. 그런데 그것을 가급적 억제하라고 방중술은 가르치고 있다.

당연히 황제는 인간적인 불만을 품게 된다.

"교접은 정액을 사정할 때의 쾌감을 즐기는 것이 아닌

가? 그런데 그것을 억지로 억제하여 사정하지 않는다면 무슨 즐거움이 있겠는가?"

이 물음에 대해서 팽조는 자제력에 의한 즐거움을 강조했다. 동시에 사정을 억제함으로써 얻는 10가지 효과를 말했는데, 이 부분에 대해서도 이미 앞에서 언급했다.

'교접은 하되 사정하지 않는다'고 하는 것은 방중술의 섹스가 쾌락 추구에 있지 않다는 것을 설명해 주는 대목이다.

사정을 억제하는 방법

방중술은 사정을 억제하는 비법을 말하고 있는데, 요약하면 다음과 같은 것이다.

- 사정할 것 같으면, 회음(會陰)을 세게 누르고 길고 큰 숨을 내뱉으라. 동시에 이를 악물라. 그러나 숨쉬기를 멈춰서는 안 된다.
- 사정할 것 같으면, 재빨리 머리를 쳐들라. 동시에 눈을 크게 뜨고 고개를 상하좌우로 마구 흔들면서 아랫배를 오므려서 숨을 멈추면 효과가 있다.
- 사정할 것 같으면, 복식호흡으로 배를 부르게 하라. 정신을 집중한 후에 배를 오므러뜨려라. 이것을 반복하라.

  사정할 것 같으면, 머리를 힘차게 뒤로 젖혀서 숨을 멎게 하라. 그런 후 크게 숨을 내뱉으면서 천천히 주위를 살펴보고 배를 오므러뜨려라. (《옥방지요》)

이밖에도 사정을 억제하는 방법은 많다. 고환과 항문 사이를 회음부(會陰部)라 하는데, 이 부분을 손가락으로 만지면 세로로 된 하나의 관이 있다. 흥분하여 사정하려는 찰나에 이를 악물고 회음부를 엄지와 집게손가락으로 꽉 쥐면 고조되어 있던 사정욕이 떨어진다. 효과가 있으므로 남성들은 한번 시험삼아 활용해 보는 것도 좋을 것이다.

방중술에서 말하는 사정 억제 방법은 모두 복압법(腹壓法)이다. 호흡의 길이를 변화시켜 흥분을 가라앉게 한다는 것이 요지이다.

호흡이 짧고 빠르면 흥분이 고조되며, 고조된 흥분을 추스리기 위해서는 느린 호흡이 절대 필요하다. 또 순간적으로 주위를 살펴보라고 하는 것은 다른 생각을 하는 여유를 가지라는 것이다. 사물을 본다든가 생각을 전환시키면 성중추(性中樞)의 흥분을 진정시킬 수 있는 것이다.

'교접은 하되 사정하지 않는다'라고 하는 것에는 여러 가지 오해가 있었다. 현대 성과학에서는 오히려 해가 된다고 말하기도 한다. 억지로 사정하지 않는 것이 습관이 되면, 여러 가지 무리가 생기고, 마침내는 사정을 아예 못하게 될 우려마저 있다는 것이다.

그러나 억제의 주안점은 오히려 남녀 화합, 성의 절제, 지속력의 단련 등에 있다고 해석할 수 있다. 남성의 성은 불길처럼 빨리 타올라 고비(사정)를 넘으면 급속히 시드는 특징을 가지고 있다. 반면에 여성의 성은 물처럼 서서히 끓었다가 더디게 식는 특징이 있다. 따라서 남성 위주의 섹스를 한다면 여성이 느끼기도 전에 일방적으로 끝나는 싱거운 게임이 되기 쉽다. 그것은 여성에 대한 큰 무례임과 동시에 인격적 모독이 아니겠는가?

중국인의 '만만디 기질'은 성교에서도 유감없이 나타난다. 그들은 결코 서두르지 않는다. 충분한 전희로 여체를 뜨겁게 달군 후에야 비로소 교접한다. 고대 중국의 선도방중술(仙道房中術)의 '쾌감에 대한 기(技)'를 보면, 전희의 방법이 나온다.

전희의 방법은 손가락 끝에서 어깨까지, 발가락 끝에서 사타구니까지. 참으로 오랜 시간에 걸쳐 애무가 행하여진다. 발의 애무는 엄지발가락과 둘째발가락에서 시작하여 차츰 위로 향해 옮겨간다. 이것은 엄지발가락과 둘째발가락이 몸의 말단에 있기 때문이다.

손가락에 대한 애무도 가운뎃손가락에서 둘째손가락, 넷째손가락의 차례로 번갈아 쓰다듬은 다음 손등으로 옮겨가서 손바닥의 중심부를 쓰다듬는다. 이것이 끝나면 손전체를 쓰다듬고나서 위로 옮겨가는데, 엄지손가락을 제외한 네 개의 손가락으로 팔꿈치 안쪽을 정성들여 애무한다. 이어서 어깨를 오랜 시간에 걸쳐 어루만지게 되는데, 성질이 급한 사람은 도저히 해낼 수가 없다.

간신히 손발의 애무가 끝나면 왼손으로 여성의 등을 끌어안고 오른손으로 중요 부분의 애무를 시작한다. 쥐면 터질까, 불면 날아갈까 하는 심정으로 정말 정성스럽게 여체에 불을 지피려는 손동작이 리드미컬하다.

주요 부분의 애무가 끝나면 입맞춤으로 옮겨가게 된다. 입맞춤에도 단계가 있다. 먼저 코를 상대방 여성의 이마나 눈 밑에 갖다 댄다. 이것은 콧김으로 여성의 신경을 간지럽게 하는 효과가 있다. 그런 연후에 입맞춤으로 이어진다.

입맞춤은 가급적 짧게 끝낸다. 이어서 뜨거운 입김을 토

해내면서 목에서 목덜미로, 귓볼로, 젖꼭지로 입술을 옮기는데, 이때 혀와 이빨을 적절히 활용하는 것이 포인트이다. 목덜미는 마치 아이스크림을 핥듯 감미롭게 공략해야 하며, 젖꼭지는 이빨로 자근자근 깨물어 준다.

이것이 애무의 전 단계에 해당한다. 전 단계가 끝나면 비로소 본격적인 애무로 들어가게 되는데, 이에는 끈기 있게 차례를 밟는다는 것이 요령이다.

이상은 침구술의 경락(經絡)의 통로에 따른 애무 방법이다. 이러한 전희를 거치기 때문에 여성은 성교에 충분히 만족하는 것은 당연하다.

방중술에서는 여성을 먼저 환희의 정점에 이르게 하라고 가르친다. 때문에 전희는 성교의 필연적 조건이다. 여성이 환희의 정점에 달해야 애액이 샘솟고, 그 애액을 받음으로 인하여 연명 장수를 추구할 수 있다고 믿었던 것이다.

나이와 체력에 따른 방중술

방중술은 결코 사정을 하지 말라고 가르치고 있는 것은 아니다. 접촉할 때마다 일일이 사정하는 것은 아니지만, 적정한 빈도로 사정해야 한다는 것을 설명하고 있다. 즉 오랫동안 억지로 사정하지 않으면 종기 같은 것이 몸에 생겨 연명 장수에 해악을 끼친다는 것이다.

이 부분에 대해서는 《한국인과 에로스》〈양생론과 방중술〉에서 비교적 자세히 설명했다. 관심이 있는 독자는 참고하기 바란다(《한국인과 에로스》 P.322 참조)

방중술에서는 체력차, 연령차, 기력차에 의한 횟수의 폭이 있음을 가르치고 있다. 또 계절에 따라 교접의 횟수를 달리해야 한다는 것도 말하고 있는데, 교접에 가장 알맞는 계절은 4월과 5월이라고 한다.

여자의 조건

방중술 전문서는 연명 장수에 도움을 주는 여자의 조건에 대해서도 언급하고 있다. 성교 상대로서 가장 바람직한 규격에 해당하는 여자를 입상연인(入相女人)이라 하는데, 소녀는 이렇게 말하고 있다.

천성이 상냥하고 목소리가 아름다우며, 머리칼은 가늘면서 칠흑같이 검고, 부드러운 살결과 가는 골격의 소유자이다. 키는 크지도 작지도 않고, 몸은 뚱뚱하지도 빼빼하지도 않아야 한다. 가랑이는 길어야 하고, 옥문(玉門)이 위로 치붙어 있어야 한다. 국부에 털이 없어야 하며, 언제나 옹달샘처럼 정액이 넘쳐야 한다. 나이는 25세에서 30세까지로 아이를 낳지 않은 여성을 입상여인이라 한다.

《소녀경》

대체로 목소리가 윤기 있는 여성은 관능적이다.

국부에 털이 없어야 한다는 것은, 무모증(無毛症)의 여성이 호색적인 경향이 강하여 정력이 넘친다고 믿었기 때문이다. 음모의 양은 눈썹, 손발의 체모에 거의 정비례한다고 한다.

중국의 고대 의학서에서는 여성의 호불호를 판별하는 경우, 옥문과 겨드랑이털을 상세히 조사하여 부드럽고 축축한

것을 좋은 것으로 쳤다. 또 누른 털과 붉은 털은 남성의 몸
을 손상시킨다고 하여 꺼려했다.

명기(名器)를 지닌 여성은, 그 용모가 다소 떨어지더라도
환영을 받았다. 명기의 조건 중에서 중요한 것은 옥문을 꽉
죄는 힘이다. 손을 꼭 오므려 잡고 항문을 조이면 덩달아 옥
문도 조여지게 되는데, 이것을 능수능란하게 잘하는 여성을
명기라고 한다.

명기는 타고난 것이 아니라 트레이닝에 의해 만들어진다.
1926년, 북경대학에서 출간된 《성사(性史)》를 보면, 매우 흥
미로운 구절이 나온다. 향주(香姝)라는 이름의 기생이 트레
이닝에 의하여 뛰어난 성의 테크닉을 익힌 과정을 리포트로
작성하여 제출한 것을 그대로 싣고 있다.

방중술은 어려웠다. 기(氣)를 운행시켜 옥문을 수축시키는 데는
그 연습에 많은 애를 먹었다. 적어도 1년 반 이상의 부단한 연습이
필요하다. 성공을 하게 되면 그 후로는 옥문의 수축을 자유자재로
할 수가 있다.

방중술을 실시함에 있어서는 일정한 순서가 있다. 남성이 진입해
오면 문을 느슨하게 하여 진입하기 쉽게 한다. 여기에서 남성은 부
드러운 촉감을 느낀다. 남성이 반쯤 들어왔을 때 갑자기 조여 강한
압박감을 느끼게 하고, 뿌리까지 들어온 다음에 다시 늦춘다. 밖으
로 빼면 다시 조여 쉽게 빠져나가지 못하게 한다. 이것은 남성의 귀
두를 잡아서 미끄러져 나가지 않도록 하는 것과 동시에 문이 죄이
게 되면 뺄 때 매우 쾌감을 느끼게 되기 때문이다. 전후 운동 하나
만 하더라도 이러한 여러 가지 테크닉이 필요한 것이다. (《성사》)

전통사회 중국 여성들은 방중술의 가르침에 따라 자기의 성기를 부단히 명기로 만들려고 노력했다. 남편의 다른 첩보다 테크닉면에서 떨어지면 독수공방 신세가 되기 쉽다. 여러 처첩 중에서 자신의 차례가 되면 모든 것을 동원해서라도 남편을 즐겁게 해주어야 한다. 기생이나 첩보다 뛰어나야 한다는 생각에서 피나는 경쟁을 했던 것이다.

오상의 도

여자가 자신의 성기를 명기로 단련시키는 노력이 성생활의 매너라면, 남자가 지켜야 할 매너도 있다. 이것을 '오상(五常)의 도'라 한다.

소녀는 말한다.

(남성은) 은밀한 곳에 깊숙이 숨어 있으면서 절도로써 자신을 지키며, 안으로 지덕(至德)을 품어 남에게 포시(布施)를 아끼지 않아야 한다. 근본적으로 남성 자신이 상대방에게 베풀음을 주려고 하는 것은 인(仁)의 덕이다. 한가운데가 텅비어 있는 것은 의(義)의 덕이다. 끝에 마디가 있는 것은 예(禮)의 덕이다. 교접하고 싶다고 여기게 되면 일어서게 되고, 교접하고 싶지 않을 때는 일어나지 않는 것은 신(信)의 덕이다. 그 일에 임해서 낮은 곳에서 우러러 쳐다보게 되는 것은 지(智)의 덕이다. (《소녀경》)

소녀는 인륜(人倫)의 '인의예지신'의 5덕에 비유해서 남근이 흥분하는 단계를 다섯으로 나누어서 설명하고 있다. 참으로 예교(禮敎)와 문자의 나라다운 재미있는 비유이다.

오상 가운데서도 가장 중요한 것은 '신(信)의 덕'이다. 남성은 욕망이 동하는 대로 행하지 말고 억제를 하여 욕망을 조절할 수 있어야 한다. 이것은 연명 장수와 직결된다.

교접에 들어가서는 반드시 여성에게 성적 만족을 주어야 한다. 불능이나 조루인 사람이 억지로 침실에 들어가는 것은 '신의 덕'에 위반된다. 여성의 마음을 기대에 차게 해놓고 발기가 안 되어 교접을 못하거나 일방적으로 끝내면 여성에 대한 큰 무례가 된다. 그런 남자는 인도(人道)를 모르는 사람이기 때문에 경멸당한다.

인도(人道)는 사람으로서 마땅히 지켜야 할 도리이다. 본래 이 말은 '음양 교접의 도'에서 비롯된 말이다.

일찍이 중국인은 인간 도덕의 출발점은 남녀의 성에 있다고 보았던 것이다.

놀랄만한 체위의 바리에이션

방중술 전문서에는 체위(體位)와 액션의 실기(實技)를 소상하게 가르치고 있다. 체위에 대한 특징은 성을 즐기면서 장수할 수 있는 강건법이다. 여기에서 소개한 체위는 결코 흥미 위주가 아니다. 성을 충분히 즐기면서 몸의 여러 기관을 강화하는 효과를 설명하고 있다.

방중술에는 '9법・8익・7손(九法八益七損)'이란 24가지의 체위가 있다. '9법'의 아홉 가지 체위는 여성을 기쁘게 하면서 그 정기를 흡수하는 체위이다. '8익'의 여덟 가지 체위는 강정법임과 동시에 여성의 질병이나 고장을 고치는 치료법이다. '7손'은 남성의 몸이 불편할 때에 행하는 해가 없는 양생법이다.

지면 관계상 9법·8익·7손의 체위 중에서 한 가지씩만 소개하면 다음과 같다.

9법의 첫번째는 '용번(龍飜)'이라는 체위다. 동서남북의 4신수(四神獸) 가운데 동쪽의 청룡이 용틀임을 하면서 날고 있는 형상이기 때문에 용번이라 명명했다.

현녀(玄女)가 이 체위를 설명한다.

여성을 반듯하게 눕게 한다. 남성은 그 위에 엎드려 여성의 두 다리 사이에 자리를 잡고 가랑이가 바닥에 가려지는 자세를 취한다. 여성은 허리를 쳐들어 남성을 받아들인다.

남성은 여성의 곡실(穀實;크리토리스)을 찍어누르고 천천히 그 윗부분을 공격한다. 여덟 번은 얕게, 두 번은 깊이 진입시킨다. 물렁할 때 좌벽을 압박하면서 진입시키고, 단단해지면 우벽을 압박하면서 뺀다. …이 체위를 사용하면 만병이 소멸된다. (《소녀경》)

일반적인 정상 체위이다. 성의 리듬은 상하 운동과 마찰 운동의 짜맞춤이라 할 수 있는데, '팔천이심(八淺二深)·우왕좌왕(右往左往)·사왕생환(死往生還)'의 비결을 모두 설명하고 있다.

8익의 첫번째는 '고정(固精)'이다. 소녀는 이렇게 말하고 있다.

여성을 옆으로 눕게 해서 가랑이를 벌리도록 한다. 남성은 그 사이로 옆으로 누워서 29의 18회를 행한 다음 중단한다. 이 체위를 사용하게 되면 남성의 정액을 짙게 할 수 있다. 또 여성의 누혈(漏血;

월경 과다)을 고친다. 이 체위로 하루에 두 번 행하게 되면 여성의
누혈은 15일 만에 낫는다. (《소녀경》)

여기에서 '29의 18회'란 말은, '팔천이심·우왕좌왕·사
왕생환'의 법에 따라 29회의 피스톤 운동을 한 다음에 잠시
여유를 갖고, 그러기를 18회 하라는 뜻이다. 29회에서 말하
는 1회는 여덟 번은 얕게, 두 번은 깊게 진입시키는 동작을
말한다.
7손의 첫번째는 '절기(絶氣)'이다. 소녀는 이렇게 말한다.

마음이 내키지 않는 데도 무리하게 교접을 하게 되면, 기력이 쇠
하여 몸을 망친다. 이것을 고치는 체위는 여성을 반듯하게 들어눕
게 하고 남성은 여성의 두 가랑이를 어깨에 메고 옥경을 옥문에 깊
이 진입시킨다. 그런 후 여성으로 하여금 동작을 하게 한다. 여성의
애액이 흘러나오면 즉시 중단한다. 남성은 결코 쾌감에 이르러서는
안 된다. 이런 체위로 하루에 9회를 행하게 되면 10일 만에 병이 낫
는다. (《소녀경》)

7손의 체위는 공통점을 상하운동을 여성만이 하고 남성은
하지 않는 것이다. 이는 남성의 피로를 덜어 주고 여성이 능
동적으로 움직이게 하여 여성만이 오르가슴에 달하도록 유
도하는 것이다. 또한 남성이 피곤해졌을 때 여성이 주도권
을 쥐고 성교를 하면, 남성의 육체적 소모량이 줄어든다는
것을 가르치고 있다.
앞에서 《성사》에 실린 '향주'라는 기생의 리포트를 소개
했다. 그녀가 가장 실용적인 체위 중의 하나로 추천한 것은

다음과 같다.

여성은 침상가에 반듯하게 눕는다. 남성은 침상 아래에 서서 여성의 두 다리를 든다. 마치 손잡이가 두 개 있는 수레를 밀고가는 듯한 자세로 행위를 한다. 이 체위는 여성이 남성에게 압박될 염려가 없다. 남성도 무릎을 꿇는다든가, 등을 굽히는 등의 불편이 없다. 일직일횡(一直一橫), 일와일립(一臥一立)으로 자유로이 행동할 수 있기 때문에 상쾌하기도 그지없다. 특히 여름에 덥지 않아 이 체위가 가장 알맞다. (《성사》)

일찍부터 중국에서는 침대 생활을 했다. 그래서 침대를 활용한 체위가 많다. 향주가 추천한 체위는 침대를 사용하고 있는 사람이 활용할 수 있는 방법이라 할 수 있겠다.

강정 비방

중국의 역사, 아니 세계의 역사 속에서 권력을 휘어잡은 왕후귀족들은 반드시 아름다운 여자들을 품고 인생을 즐겼다. 자손을 늘리기 위한다는 그럴 듯한 명분을 내세웠지만, 단지 그것만은 아니었다는 것은 모두가 알고 있는 사실이다. 진나라의 시황제는 무려 후궁이 3천 명에 달했다고 하며, 거의 모든 제왕들이 숱한 여자들을 거느렸다.

그런데 매일 다망한 국정에 에너지를 사용하면서 어떻게 그 많은 여자들을 상대할 수 있었을까? 예컨대 진시황제가 초인적인 정력으로 자기의 후궁들을 하루에 10명씩 상대한다 하더라도 300일이 소요된다. 매일같이 10명의 여자를 상대할 수 있는 정력은 어디에서 비롯되는 것일까? 의문이 아닐 수 없다.

그러나 방중술은 유심히 살펴보면 정력 유지의 비결을 알 수 있다.

방중술은 '접하고도 사정하지 않는다'를 가르치고 있다. 여자와 교접함에 있어서는 상대방을 마치 깨진 기왓장이나 돌멩이처럼 생각하고, 자신은 황금이나 구슬처럼 여겨야 한다고 말한다. 만약에 여자가 절정에 달하여 몸부림치기 시작하면 뱀을 본 듯 기겁하여 급히 떨어지라고 충고한다.

여자를 다룰 때는 마치 언제 끊어질지 모르는 썩은 고삐를 쥐고 사나운 말을 타고 있는 듯한 마음 상태를 가져야 한다. 또 날카롭게 빛나고 있는 칼끝이 세워져 있는 수렁의 가장자리에 서 있다고 생각해야 한다. 떨어지면 큰일이다. 자칫 실수하여 수렁에 떨어지면 여지없이 날카로운 칼끝이 살을 파고들 것이다. 크게 다치거나 목숨을 잃는 것은 자명하다. 어찌 두렵지 않겠는가!

잠시라도 방심해서는 안 된다. 마음을 놓으면 큰일이다. 쾌락에 빠지면 생명이 위험하다. 그래서 이를 악물고 사정을 억제하는 것이다. 정(精)은 곧 기(氣)요, 피〔血〕요, 생명이기 때문이다.

이렇듯 사정을 억제하기 때문에 발기력은 더욱 왕성해진다. 끓어오르는 욕망을 시원하게 풀어 버리지 못하기 때문에 남근은 분노에 분노를 거듭하는 것이다.

교접에서 사정을 억제함과 동시에 양생에 힘썼다. 옛날 제왕들이 불로불사의 약을 탐한 이야기는 많다. 왕위에 오른 사람은 반드시 신하에게 이 탐색을 명령했다.

◀ 서태후

　이렇게 하여 찾아낸 것들은 산삼, 인삼, 구기(枸杞), 감초
(甘草), 우황(牛黃), 녹용(鹿茸), 물개, 뱀 등을 비롯하여 동
물의 성선(性腺), 태아의 기관, 젊은 남녀의 배설물에 이르
기까지 이루 헤아릴 수도 없을 정도이다.
　양생의 첫째는 식양생(食養生)이다. 중국에서는 옛부터
"약보(藥補)는 식보(食補)에 미치지 못한다."라는 속담이 전
하고 있다. 옛날 제왕들은 음식물은 모두 약이라고 생각하
여 신중히 먹었다. 미식(美食), 대식가로 유명한 청조 말기
의 서태후(西太后)는 아침 식사 500종류, 점심 식사 150종
류, 저녁 식사 200종류의 요리를 탐식했다.
　제왕들이 상식했던 스태미나 식품으로는 미꾸라지·뱀장

어・잉어탕・누에나방・해마(海馬)・해구신(海狗腎)・뿔도마뱀・사마귀알집・토란즙・진주요리・고양이정력요리・동녀단(童女丹) 등이었다.

식양생과 약초주(藥草酒) 등에 의한 양생, 경혈(經血)요법에 의한 정력 증강에 대해서는 《한국인과 에로스》에서 설명을 했음으로 여기서는 줄인다. 다만 그 책에서 소개하지 않았던 몇 가지를 살펴보면 다음과 같다.

중국에서 애용된 궁중 비약(宮中秘藥) 중에 마늘이 있다. 마늘을 조각내어 껍질을 벗긴 후 물에 넣어 약한 불에 삶는다. 마늘이 연해지면 꿀(마늘 분량의 절반쯤)을 넣고 휘저으면서 계속 삶으면 하얀 크림 같은 것이 생기게 된다. 이것을 '천로(天露)'라고 하는데, 두서너 숟갈씩 복용하게 되면, 수 시간 후에는 참을 수 없을 정도로 정력이 넘쳐나게 된다고 한다.

방중술 전문서에서는 음양곽(淫羊藿)을 미약(媚藥;성욕을 일으키는 약)의 왕자라 소개하고 있다. 음양곽은 삼지구엽초(三枝九葉草)의 잎을 말린 것을 한방에서 생약명으로 이르는 말이다. 중국에는 "양(羊)도 음양곽을 먹으면 왕성하게 음양을 영위한다."는 속담이 있다.

이 속담에 유래된 이야기가 있다. 옛날 어떤 양치기가 놀라운 사실 하나를 목격했다. 양떼 가운데서 하루에 100번이나 교미하는 수컷을 발견한 것이다.

"아니 세상에 저럴 수가……!"

깜짝 놀란 양치기는 여러 가지로 조사해 보았다. 그 결과 이 숫양이 먹은 풀에 그 원인이 있음을 알게 되었다.

"어디 나도 한번……."

양치기는 호기심이 동하여 그 풀을 먹었다. 그랬더니 성욕을 억제할 수가 없게 되었다고 한다.

중국에서 음양곽은 일찍이 성불능의 치료약으로 사용되어 왔다. 이 음양곽의 효용을 약으로 개발시킨 것이 선령비주(仙靈脾酒)이다.

방중술 문헌에서는 이 술을 담그는 방법에 대해서도 말하고 있지만, 필자는 부작용을 염려하여 기술하지 않는다. 관심이 있는 독자는 한의사와 상담하여 자기의 체질에 맞는 처방으로 강장 강정 약주를 담그는 것이 바람직할 것이다.

방중술이 이룬 성지식의 업적

방중술가들이 추구한 장생구시의 노력은 그들이 바라는 만큼의 성과는 얻지 못했다. 그러나 오랜 세월에 걸친 그들의 노력은 매우 중요한 성지식의 업적을 남겼다. 즉 적잖은 방면에서 그들이 주장한 성지식은 현대의 성과학과 완전히 일치하고 있다.

방중술은 성욕을 억압하면 건강에 해롭다고 말하고 있다.

황제가 소녀에게 묻는다.

"얼마동안 교접을 중단하려고 하는데, 어떨까?"

소녀가 대답한다.

"그것은 당치 않습니다. 천지 음양의 두 기는 열렸다 닫혔다 하여 춘하추동, 주야명암(晝夜明暗)의 변천이 있습니다. 인간은 이 음양의 원리에 따라 사계절에 순응해서 생의 영위를 되풀이하고 있는 것입니다. 지금 이 원리를 거역하고 교접을 중단하신다면, 기가 억

제되어서 음양의 길이 막혀 버리고 마는 것입니다."(《소녀경》)

《포박자》 갈홍도 소녀와 같은 말을 하고 있다.

　사람을 해치는 것은 참으로 많지만, 이 모두는 규방에서 비롯
된다. … 하늘과 땅이 서로를 이루어 주듯 남자와 여자도 상대를 완
성시켜 준다. … 하늘과 땅은 음양 교류라는 교접의 원리를 충실히
따르므로 영속한다. 그러나 사람은 교접의 바른길을 벗어났기 때문
에 죽게 되는 것이다.
　(《전상고삼대진한삼국육조문·全上古三代秦漢三國六朝文》)

　사람은 음양의 교접이 없음으로써 질병에 걸리게 된다.
　(《포박자》〈미지〉)

　사람의 음기와 양기가 통하지 않으면 혈기가 엉키고, 막히는 병
에 걸리게 된다. 그러므로 홀아비나 홀어미에게 병이 많으며, 일찍
죽게 된다. (《포박자》〈석체〉)

　독신자는 병이 많고 단명한다는 점은 현대의 성과학에서
도 인정하는 사실이다.
　방중술 전문서에 흐르는 사상은, 성의 윤리는 인간 존재
의 윤리로서 매우 도덕적이다. 일부의 내용은 과학적으로는
물론 도덕적으로도 문제가 있다. 예컨대 "교접하는 젊은 여
자가 많으면 많을수록 좋고, 여성의 음기를 채취해서 양기
를 보충한다."는 이론 등이 그것이다.
　그러나 여기에서 유의할 점이 있다. 그것은 당시의 혼인

제도가 일부다처제였다는 사실이다. 여자를 번갈아 접하라
는 말이 일부다처제와 연관된다면, 즉 모든 아내들을 차별
함이 없이 접하라는 뜻으로 해석한다면, 오히려 도덕적인
일이 된다.

방중술은 여성의 입장을 충분히 고려하고 있다. 《옥방비
결》에는 "여성도 방중술을 통하여 음기를 기를 수 있다."고
가르치고 있다. 더불어 여성을 위한 강정제도 소개한다.

중국 최초의 여제(女帝)가 된 측천무후는 70세가 지나도록
총신(寵臣)을 시중들게 한 정력 절륜의 여성이다. 그녀는 정
력 감퇴를 방지하기 위해 메추라기 술을 마신 다음 즐겼다.

여성을 위한 미약의 으뜸은 뻐꾸기다. 뻐꾸기의 뇌수, 뼛
속의 골수를 고아먹는데, 단옷날에 먹으면 효과가 더욱 뛰
어나다고 전한다. 또 여우의 음부를 지니고 있으면 음력이
강해진다는 속설(俗說)도 있다.

방중술은 남녀간의 조화를 강조한다. 남녀가 감정적으로
완전히 합치되지 않았을 경우, 남자가 여성과 결합해서는
안 된다고 반복해서 경고하고 있다.

　　남성이 접하고 싶다고 생각해도 여성이 즐겁지 않을 때, … 두 마
　음은 화합하지 않고 정기는 서로 감응하지 않는다. (《소녀경》)

이러한 주장에는 분명히 남녀 평등의 사상이 흐르고
있다. 아내의 감정을 무시하고 남편의 욕구 충족을 위해 성
교하는 경향이 아직도 많은데, 그런 남성은 방중술이 가르
치는 여성 존중의 사상을 배울 필요가 있다.

방중술은 결합할 때마다 여성을 절정에 이르게 해야 함을

강조한다.

남성은 오랜 시간 교접을 하더라도 남성 자체가 위축된다든가 하지 않도록 단련하는 것이 중요하다. (《소녀경》)

전희를 충분히 행하여 여성을 극도로 흥분시킨 다음, 그것에 맞추어 행위를 시작해야 한다. (《소녀경》)

무릇 사정을 하고자 할 때에는 여성이 쾌감을 느끼기를 기다려서 여자가 절정에 이른 순간에 사정해야 한다. (《통현자》)

방중술의 이러한 가르침은 부부간에 마땅히 도달하고자 노력해야 하는 이상적인 경지이다.

방중술 전문서가 일관되게 주장하는 것은, 올바른 섹스의 기술을 익힘으로써 좋은 쾌락을 얻을 수 있을 뿐만 아니라, 건강이나 장수도 얻을 수 있다는 점이다. 물론 부분적으로 황당무계한 부분도 없지 않지만, 의학적으로 보아 긍정할 수 있는 부분이 많다. 쓸데없이 다종(多種)의 다채로운 체위를 가르치기만 하는 오늘날의 성교본에 비해 '기와 마음의 일치'를 설명하는 방중술쪽이 훨씬 유익하다고 할 수 있을지도 모른다.

중 국 인 의 성(性)풍 속

1996년 3월 10일 / 1판 1쇄 인쇄
1996년 3월 15일 / 1판 1쇄 발행
2009년 6월 5일 / 2판 1쇄 발행
2013년 9월 5일 / 3판 1쇄 발행
2016년 4월 20일 / 4판 1쇄 발행
2021년 6월 15일 / 5판 1쇄 발행

역은이 | 이 명 수
펴낸이 | 김 용 성
펴낸곳 | 지성문화사
등 록 | 제5-14호(1976.10.21)
주 소 | 서울시 동대문구 신설동 117-8 예일빌딩
전 화 | 02)2236-0654
팩 스 | 02)2236-0655

정 가 | 16,000원